目　录

上海市哲学社会科学研究规划项目
上海市市属高校博士点建设基金项目

与名词动词相关的短语研究

齐沪扬
姚占龙　谢白羽　唐依力
潘国英　章天明　连　蜀　王爱红

北京语言大学出版社

序　一

赵金铭

三年前，当我捧读沪扬兄《现代汉语短语》一书时，深深感佩他捕捉到一个重要的研究课题。这是因为短语（或称词组）在汉语语法中实在是极端重要的一环。朱德熙先生早就指出：汉语句子的构造原则跟词组的构造原则基本一样。词组带上表述性，即可成为小句或句子。基于汉语的这种特点，朱先生提出了词组本位的语法体系，从而把词组的重要性提升到一个前所未有的高度。无疑，这是对汉语语法研究的重要贡献。

沪扬兄这本由世界银行贷款资助的上海普通高校"九五"重点教材，正是本于对短语的深刻认识，全面、系统研究现代汉语短语的一部力作。为此倾注了大量的心血，作为优秀教材而获奖，也是意想之中的事。

作为教材，书中界定了短语的范围，并就作为中间站的短语与词和短语与句子的划界与转化问题，进行了研究。对现代汉语短语的结构类别和功能类别，以及短语的歧义问题，条分缕析，阐释得淋漓尽致。

然而，教材毕竟不同于专著。教材要简明扼要，深入浅出，要富于启迪性，要引导思考，容量也受限。教材的框架，使沪扬意犹未尽，他与他的学生们心之所向的是对现代汉语短语的重新深入思考。他们朝思暮想，寝食不忘，惟短语萦绕于心。功夫不负苦心人。他们终于确定了研究方向，找准了切入点。援引陈寅恪先生的话，就是得以"预流"。何谓"预流"？即要有新材料，要研究新问题，要得预时代之新潮流。他们把"面向中文信息处理"，研究"有形态标记的短语"作为研究宗旨，从研究"与动词和名词相关的短语"入手，跨进短语研究的门槛，升堂入室，研究的成果就是我们面前的这本《与名词动词相关的短语研究》。

书中主要讨论了由动词和名词构成的六种类型的短语：

1. N+V：电话联系、图书借阅
2. V+N：治疗中心、生活方式
3. V的N：看的书、教的人、笑的样子
4. N_1+(的)+N_2：木头椅子、首都北京、铁的纪律
5. N+的+V：文章的修改、书的出版
6. (V+N_1)+N_2：取道日本、起草文件

从中不难看出，这些短语形式，大多为汉语中所独有，反映汉语的特点。语言类型学的研究表明，人类各种不同的语言中普遍存在着名词和动词这两个词类。动词和名词的组合，就构成了客观世界和可能世界一个最简单的表述。因此，无论从研究的角度，还是教学与学习的视角，都值得好好探究。

现代汉语短语，仅从本书所介绍的六种类型来看，也可见其内部关系的复杂。它的构成，不仅受到构成成分之间句法和语义上的制约，还要受到构成成分音节数量上的限制。因此，寻找出这些短语的语法形成和语法意义之间的对应关系，便是我们要解决的主要问题。书中对每种短语的研究程式基本相同：从构成成分的次范畴入手，分析该式短语的功能表现和语义特点，短语的理解与分化，短语歧义的排除。对短语构成成分的分析，尤其细致。对其中的V，或从配价角度进行考察，或从语义特征进行分析；对其中的N，或视其有无生命度，或量其有定还是无定。尤其注意其构成成分之间的语义关系。

总之，书中对短语的整体研究思路十分清晰，例证贴切而丰赡，观察入微，剖析细致，是目前对现代汉语短语研究全面、系统的一部新作。

曾经对现代汉语短语进行过研究的马庆株先生曾说：词组研究的中心问题是意义与词组的构成、变化和分类的关系。在讲到研究方法时，特别提到“词组须要一类类地研究”。我们面前的这本《与名词、动词相关的短语研究》，对词组的研究并没有全面铺开，正是一类类地摆材料，做分析，特别注意构成成分的小类，以及整体转化的条件，有的还注意到说汉语的人对短语的认知心理加工过程。

现在，该说一说本书的作者。赫然列于扉页的八位作者，除沪扬兄外，均是陌生面孔。翻开后记，方得识撰写全书六章及引言的七位作者，原来都是沪扬的研究生。本书是沪扬带领他们做的一个现代汉语短语研究的课题。这是一项“上海市哲学社会科学研究规划项目”，也是“上海市市属高校博士点建设基金项目”。沪扬既为导师，又是课题主持人。披阅之余，我悟出一些道理：

1. 研究生在学习期间由导师导引，边学习，边研究，有助于学生尽快掌握研究路数和研究方法，启发心智，发现研究题目，并学会如何撰写学术论文。

2. 开创一种学习的新路子。师生围绕一个有待于深入探讨，或学术界有不同意见的，大有可为可供挖掘的专题，共同研讨，深入思考，搜集资料，反复讨论，形成观点，多方阐释，便可真正做到“教学相长”。

3. 面对大题目，分开来做，集思广益，最大限度地发展学生的创意思维，有助于发挥导师已形成的对某些问题的初始思索，使问题的研究得以全面、深入地展开。

4. 也得权衡得失。因全书各章由众人分头撰写，框式虽大致不错，内容取舍，多有参差。至若见解高下，也约略可见。有些篇章，尚待打磨。

沪扬是教育部人文社会科学百所重点研究基地北京语言大学对外汉语研究中心兼职研究员。我们虽身处异地，一年总能谋面几次,几年来,合作共事,切磋琢磨,十分融洽。沪扬为人忠厚干练,待人坦诚,乐于助人,深受学生爱戴。当他带领其弟子们完成这一课题后,嘱我写几句话,义不容辞,我谨衷心祝愿他们师生携手,再创佳绩。

序　二

范开泰

有这么一种论调，汉语用词造句全靠“意合”，因此就不必像西洋语言研究那样重视语言结构的分析，不必对语言结构中的各级结构单位、各种结构的形式和意义以及它们的变化进行透彻的研究。说到底，这种意见等于说，汉语没有语法，不必进行语法研究。这种说法是经不起推敲的。一个明显的证明是，持这种论调的诸公至今没有拿出他们自己的足以跟常规的语法研究相比拟的规律描写和机理解释来。与此相反，坚持语言的结构研究的学者们在语言结构形式和结构意义的描写上越来越精细，在语言的形式与意义的对应规律的探讨上越来越深入，在以形表义的机理解释上越来越透彻。放在我们面前的这本专著《与名词动词相关的形式短语研究》就是这种研究的一个新成果。

语言结构的分析，要在句法、语义、语用三个平面上进行。句法分析，是要探究从结构元构成结构体的规律，构成结构体的要素不外乎结构元、结构层次、结构关系和结构功能。这四种要素构成的句法格式，变化多多。造成这种种变化的原因主要在于形式跟意义的不完全对应。这就需要进行语义分析。迄今为止，语义的研究远不及句法研究。目前，分析语义结构的要素主要有结构项的语义特征分析，结构项之间的语义关系分析（动词的配价分析、名词的配价分析、形容词的配价分析，对配价关系的简略式分析——语义指向分析，等等），以及结构体的格式语义分析。造成形式跟语义的不完全对应的原因，还在于在实际应用中各种语用因素的加入。语用因素，涉及语内语境（上下文）、语外语境（包括由角色、场所等等因素构成的交际语境和由社会历史文化背景因素构成的背景语境)。由于语用因素更加复杂,目前,语法研究中的语用分析(也称结构语用学)的研究范围一般限制在上下文因素的分析上。

这本专著探讨的是与名词动词相关的格式,而且是抓住了这方面研究中的一些热点论题进行分析。这本书中讨论的偏正式[N+V]短语、[V+N]定中式短语、[V 的 N]偏正短语、[N_1(的)N_2]短语、“N 的 V”短语、[(V+N_1)+N_2]短语等都是语法研究中的“疑难杂症”。这种抓住难题进行研究的做法体现了一种学术敏感性和探索的勇气。

这本专著的作者们在熟练运用句法语义语用因素分析方法对这六种短语的结构进行分类、结构类型的特征描写和结构歧义解析的同时,进行了一些相当富于创新意义的方法和方法论上的探索,例如,在语义分析中运用了名词项的“生命度”分析、动词项的“动性”分析;在语用分析中运用了整个名词性短语的指称功能分析和焦点功能分析,提出了在结构体的格式构成中语音(音节)因素的影响(书中称为“音组模式”),信息结构因素的影响,语体风格因素的影响。这些方法的运用,使六种结构的句法语义语用特征的分析更加精细,揭示了许多值得进一步研究的新现象,很有启发意义。

更值得注意的是这本专著在结构分析时,引进了认知心理机制的解释,这一特点使这项研究具有了显著的学科交叉意义,并因此具有了更加强烈的探索性质。从文艺复兴开始的近代科学史上曾经出现过达·芬奇这样在诸多领域里都闪现光彩的科学巨人,达尔文、牛顿这样具有广博的学科知识又在各自领域里达到巅峰的科学天才。但是随着科学分析的精细化,学科分类越来越细,科学发展的主要倾向,主要体现在各个学科内部的深入。科学发展到了今天,又有了变化:注意力从单一学科的深入转向多学科的交叉，在着重于精细化分析的同时更加注意到了综合性的分析。当代科学的研究，宏观的和微观的，它们的特点都是在系统论指导下的理论探讨，在控制论、信息论指导下的工程实现。

就理论探讨这方面说，张斌先生在汉语语法学研究中借鉴心理学的研究方法，提出了句子的理解策略①，大大地拓宽了汉语语法学研究者的学术视野。本书作者们踵武增辉，比拟心理认知的过程分析力图建立一种新的语言理解的模式，这种模式对于结构歧义的分析和化解有很明显的解释性。这本著作在语言分析的认知要素和结构歧义的分析方法方面做了很好的基础研究，在这个应用方面有不少亮点。

就工程实现这方面说，对语言理解的认知功能和过程的分析，对于语言教学（语言教学工程）和自然语言理解（信息处理工程）两方面都有重要的基础作用。

语言教学研究是以提高人际语言交际的效率为目的的研究，由于认知心理学对人的认知心理过程的分析跟教学语言学中对人的语言习得机制的分析两者存在着不容忽视的可比拟性，同时认知因素对于语言的理解和表达往往是一个重要的因素，因此在进行歧义的构成分析、实现歧义的消除时借鉴认知心理分析中可以大大加强语言结构的可理解性和可解释性。

要说明认知心理分析在语言研究中的应用机理，让我们先来看看基于结构语言学的应用研究。语言分析有不同的应用目的，不同的应用目的会引导出不同的理论倾向，产生不同的分析思路。着眼于人际语言交际的教学语言学，承认语言在表层（句法

---

① 张斌《句子的理解策略》（《中国语文》1992 年第 4 期），《句子的解释因素》（《语文建设》1986 年第 4 期），《句子的理解与信息分析》（《语言研究》1991 年第 1 期），《谈谈句子的信息量》（《现代中国语研究》第 1 期，2000 年 10 月）。以上论文都已收入《20 世纪现代汉语语法八大家——胡裕树、张斌选集》，东北师范大学出版社，2002 年 12 月。

层面,符号层面)是线性的,但是要理解语言所表达的意思,就必须按照认知心理学的原理,把线性的序列分成若干板块,把这些板块按一定的次序构造起来。换句话说,线性序列必须分析成层次结构才可以理解。"年老的男人和女人"有两种意思,分析为"年老的/男人和女人"或"年老的男人/和女人"才可以把这两种形式和意义的对应性找出来,使这两种结构具有可理解性。对人来说,理解这个句子中的歧义并不困难,因为人脑中有丰富的语言知识库。Bloomfield 说:"任何一个说英语的人,如果他有意来分析语言形式,他会肯定地告诉我们:Poor John ran away 的直接成分是 Poor John 和 ran away 这两个形式;而这两个形式又各自是一个复合形式;ran away 的直接成分是语素 ran 和复合形式 away,后者的成分是语素 a-和 way;Poor John 的直接成分是语素 poor 和 John。"[①] 好一个"任何一个说英语的人"! 在任何一个说英语的人眼里,这样分析直接成分既简单又自然,容易操作。这是教学语言学的思路。

计算机的自然语言理解跟人的理解途径不同,得有另外的分析和操作思路。自然语言理解研究就是以探索人机交际为目的的研究,这就要求面向计算机自然语言处理的基础研究中尽量把语言结构的分析形式化、规则化,便于计算机处理。计算机是一个"不会英语的人",他只能抓住表层的线性序列,进行顺向的扫描分析和逆向的扫描分析。"上海大学学生"顺向扫描可以得到"上海大学"和"学生"两个合法的语言形式,逆向扫描得到的"上海"和"大学学生",但是"大学学生"是一个不合法的语言形式,因此这个语段只能理解为"上海大学——学生"。"上海大学生"顺向扫描的结果"上海大"和"学生"两个语段不符合组配规则,因此只能分析为"上海——大学生"。"上海大学招生",顺向扫描的结

① Bloomfield《语言论》中译本,商务印书馆,1980 年版,第 196 页。

果“上海大学”和“招生”,逆向扫描的结果“上海”和“大学招生”却都合乎法式。因此这个语段有歧义。这种分析方法不由得我们想起上个世纪三四十年代美国描写语言学家的工作。当时他们要记录整理一大批濒临死亡的美国印第安语,他们自己并不是“会说印第安语的人”,不得不琢磨用另一种方法来分析。Wells的《直接成分》中对“The king of England”这个语段进行分析时,反复比较了分析为“The king / of England”和分析为“The / king of England”的理据和利弊得失,做了详细而富有逻辑性的论证。[①]由教学语言学培养出来的习惯了人的语言理解方式的我们在初次接触这种繁复的分析程序时往往难以理解它的用处,今天结合计算机自然语言处理的需要,我们再回过头来看 Wells 的分析就可以理解这种“形式化”分析的用处了。计算机自然语言处理的原理其实是一种仿生学的方法,形式化的语言结构分析方法为计算机自然语言处理提供了一种模拟、仿制的基础。计算机自然语言处理时运用的“顺向扫描”和“逆向扫描”法,在原理上跟认知心理学中人的两种知觉加工方式——“自下而上”和“自上而下”法毫无二致。

这本专著的作者们把研究定位于“面向信息处理的基础研究”上,力求注意到汉语信息处理的研究需要这个特点。在收集和整理语料时,作者们普遍地应用了语料库的技术,在较大规模语料的基础上进行的概率统计分析,提高了分析论证的说服力。我想提的一点建议是,进行概率统计时最好能对语料的来源,包括语料库的性质、规模、语料的语域分布、时效分布等等做明确的说明,对于分析中用例举方式进行论证的,最好能用附录的方式提供全部例证。这样,就能使研究的成果具有可检验性,提高论证的科学性。

① Wells, Immediate Constituents, 见 *Readings in Linguistics*。

这本专著是一群年轻人在他们的导师指导下研究的成果，带有明显的学术朝气。例如这本专著中运用认知心理学原理进行的语言结构的理解机制分析，提出了“组块认知规则”就是一个探索性的尝试。他们在某些分析上也许还有些不够成熟，也还有一些例外现象有待分析，他们的表达也许还应该更加流畅些，使人看起来不至于这么累。但是，青年人的大旗上写的是“探索精神”，这一点是值得称道的。他们在各种结构的类型分析、歧义化解的分析中思路活跃，涉及的理论方法面广路宽，分析的风格求精求细，这是不是体现了一种新的时代精神和积极意义上的“海派”风格呢？当然，这项研究是由他们的导师齐沪扬教授主持的，这本专著也是由导师齐沪扬教授主编、改定的，首先体现了导师、主编的风格特点，同时我们也可以明显地感觉到他们的研究受到了上海师大语法研究语法学者群，特别是为他们授课的张谊生教授、陈昌来教授等老师们在理论、方法、风格上的影响。当代学术是讲究方法、作风和风格的传承的，当代学术又讲究转益多师、择善而从。这批年轻学子们从以他们的师祖胡附文炼、林裕文为代表的华东学者群身上学到了在方法和方法来的研究上孜孜追求，锐意创新的精神，从京津学者群身上学到了融会中外语言学理论，结合汉语特点，精深分析，引领主流的作风，从华中学者群身上学到了在分析和描写的精到细致、鲜活灵巧的风格。江山代有人才出，我们的汉语语言学研究大有前途。

引　言

短语[1] 是介于词和句子之间的一级重要的语法单位。短语由词构成，是比词高一级的语法单位，但在语法结构中的作用和词却一样，是造句材料；短语也不同于句子，是比句子低一级的语法单位，句子有表述性，而短语没有表述性，但它们的构成方式却是一样的。所以，“从语素到句子，如果说有一个中间站，那绝不是一般所说的词，而是一般所说的短语。”（吕叔湘，1979/1990：531）传统语法认为句子是由词组成的，句子成分同词是对应的。然而，通过研究就可以发现，日常交际的话语很少是单纯由词构成的，大量存在的是由词构成短语，再由短语和词共同构成句子。层次分析法的引进和运用最终确立了短语在句子中的地位，而且承认了各种句子成分并不处于同一层次上。

朱德熙在《语法讲义》中，以短语为中心建立起了汉语的语法体系。他认为“以词组为基点的语法体系里，只有词和词之间是组成关系（词组是由词和词组成的），词组和句子之间则是一种实现的关系（realization）”。这样“词组和句子的关系就不是部分和整体的关系，而是抽象的句法结构和具体的‘话’之间的关系。”（朱德熙，1982：14－15）所以，短语在“实现”为句子或句子的组成部分之前，是静态的备用单位，是抽象的句法结构。由此，我们就可以从两个角度对短语进行研究：一是从短语内部的构成成分之间的结构、语义关系的角度入手；二是从整个短语实现为句子或句子成分能力的角度入手。

---

① 这里所说的短语仅指由实词和实词构成的只有一个层次的自由短语，不包括粘着短语。

短语的内部关系极为复杂。它的构成，不仅受构成成分之间句法和语义上的限制，还要受构成成分音节上的制约。例如，我们可以说“吃大碗”，但却不能说“吃碗”，“大碗”和“碗”都可以表示吃的“工具”，为什么前者能说而后者不能说呢？这主要是受句法语义的影响。而句法上解释不了的“救急、看病、躲清静”等（张斌主编，2002：373），之所以为人们所接受，是因为“急、病、清静”都可以看作是动作的“目的”，可见，它们的存在还是有深层语义基础的。而且此种类型的短语必须在语言中积累到一定的量，形成类，才能普遍为人们接受。音节在短语的构成中也有很重要的作用，“小王的离去”可以说，而“小王的去”却要依靠一定的语境方能成立。一般而言，单音节的动词动作性强，双音节的动词有名词化的倾向，所以，作整个定中短语的中心语时就比较自由。然而并不是所有的双音节动词都是这样的，如“小王的散步”就不可以说，很明显，双音节动词内部的构成对其功能也是有影响的。本书讨论的主要是这方面的问题，认为这方面的问题是需要作进一步的深入研究的。

另外，短语是构句材料，能充当各种句法成分，如果借助于完句成分的帮助，短语也能单独实现为句子，其功能只能在句子中进行研究。但这些问题在本书中不着重讨论。

本书讨论的短语主要指由动词和名词构成的六种类型的短语，主要包括偏正式“N + V”① 短语，定中式“V + N”和“V 的 N”短语，“N_1 +（的）+ N_2”短语，“N + 的 + V”短语和“（V + N_1）+ N_2”短语。这六种类型的短语与动词和名词之间的韵律、句法、语义、语用的选择关系有着密切的联系，由此也反映出短语的复杂性。

汉语中由动词和名词构成的短语作为一个抽象的语符序列，

---

① N 代表名词，V 代表动词。关于“N + V”短语，我们只讨论定中和状中两种结构的短语，不讨论主谓短语。

无论是在结构上还是在语义上都有可能是一个多义结构。从句法结构上看，“N + V”有可能是状中结构，如“电话联系”；也有可能是定中结构，如“身体检查”。“V + N”可能是述宾结构，如“学习语法”；也可能是定中结构，如“参赛选手”。从语义结构上看，“N + V”可以构成受动关系，如“资金投入”；也可以构成结果和动作的关系，如“产品开发”；还可以构成方所和动作、范围和动作、工具和动作等多种语义关系。“V + N”可以构成动作和施事的关系，如“演出代表”；可以构成动作和受事的关系，如“测试对象”；也可以构成动作和当事的关系，如“下岗工人”；还可以构成动作和时间、动作和处所、动作和程度等多种语义关系。可见，不同的语符序列或不同的动名搭配可以构成不同的结构类型和语义关系，即便是语符序列和动名搭配完全相同的短语，其结构类型和语义关系也还有可能不同，从而导致其句法功能不同。譬如，“N + V”式短语“北京会面”①，有可能是状中短语，形成处所和动作的关系，可以作谓语；也有可能是定中短语，形成修饰和被修饰的关系，可以作主宾语，不能作谓语。“V + N”式短语“红烧鲤鱼”，有可能是述宾短语，形成动作受事的关系，可以作谓语；也有可能是定中短语，形成修饰和被修饰的关系，可以作主宾语和定语，不能作谓语。这些短语都是歧义短语。

语法研究的最终目的是要找出语法形式和语法意义之间的关系。动词和名词之间既然能够形成如此复杂的句法结构和语义关系，那么，我们在区分这些不同的句法结构和语义关系时，就必须从动词和名词的次范畴入手，兼顾动词和名词的音节对短语构成的影响，必要时参考整个短语的句法功能。只有这样，才能找出这些短语语法形式和语法意义的对应关系。

① 参见齐沪扬《现代汉语短语》(2000:260)。《现代汉语短语》和其他著述中所用的“动宾、动补”这样的术语，在本书中都改为“述宾、述补”这样的术语。

下面我们以“N + V”短语和“V + N”短语为例，考察动名构成的短语的句法语义问题。

一　“N + V”短语研究

首先，从动词出发，考察“N + V”和“V + N”短语的句法语义问题。

(一)“N + V”短语中 V 的次范畴

从理论上讲，如果现代汉语动词中有两类次范畴，一类与名词组合只能构成定中关系，一类与名词组合只能形成状中关系，那么只要把动词的这两类次范畴找出来，“N + V”短语的句法结构问题就解决了。

1. 通过考察我们发现，“N + V”短语中的确有一部分动词与名词组合时，只能构成定中关系，这样的动词有“调动、安排、保养、编写、处理、筹备、(研究、制造、建设、提炼、总结、流通、交流、预告)”等等，这类动词可以称为“定心动词”。例如：

工作调动　人事安排　机器保养　教材编写　资料查询

只能构成定中式“N + V”短语的动词一般都是双音节的，它要求与其组合的名词一般也是双音节的。从整个短语的音节构成上来看，单音节的 N 和单音节的 V 组合，一般构成主谓短语，如“天亮、他笑”等；单音节的 N 和双音节的 V 组合一般构成的是偏正短语和主谓短语，如“核试验、水处理、我学习、心发慌”等；双音节的 N 和单音节的 V 组合一般构成主谓短语，如“北风吹、汽车开”等；双音节的 N 和双音节的 V 组合构成的短语最为复杂，可以构成主谓短语和偏正短语(定中短语和状中短语)，如“红旗飘飘、文学研究、电话联系”；而且有时还可能有歧义，如“经济发展、北京会面”等(齐沪扬，2000：260)。

为什么构成定中式“N + V”短语中的 V 主要是双音节的呢？

过去，很多人曾对V的性质提出过质疑，并提出了名动词说、兼类说、动名词说、动词说、动词化说、名物化说等等。陈宁萍（1987）采用Ross的连续统词类分析模式，使用一系列分布标准来测定汉语的动词和形容词是否有名词的功能，从而得出"汉语的名词类正在扩大，双音节是移向名词的必要条件，使汉语由普遍动词型向普遍名词型漂移"的结论。张伯江（1994c）、张国宪（1994）也分别从功能游移和功能增殖的角度阐述了汉语动词的体词化。目前大部分学者都趋向于把这些能充当定中式"N+V"短语中心的词看作为真正的动词，而且大部分是及物性的动作动词，一般与N具有逻辑上的述宾关系，还有一部分是致使动词。

定中式"N+V"短语内部的语义关系非常复杂，N可以是V的受事、结果、关涉对象、目的、致使对象等。例如：

身体检查（受事）　文件起草（结果）
教育研究（关涉）　总统竞选（目的）
经济复苏（致使）

而且，如果"偏正式'N+V'已经完全指称化，成为一种专用名称时，只能看作定中式"（齐沪扬，2000：260）。这样的短语有：

口头翻译　大会发言　年终总结　太阳能发电
电脑写作

2．现代汉语中还有一部分动词与其前面的名词组合后，既可以构成定中关系也可以构成状中关系。这样的动词主要有"联系、表达、翻译、会面、会谈、练习、往来"等，可称之为"状定两心动词"。例如：

①北京会面　西雅图会谈　课外练习[①]

---

① 以上例证取自齐沪扬（2000：260）。

②电话联系/业务联系　文字表达/情感表达
　书信往来/商业往来

①组中的短语中间既可以插入“的”，或前加数量短语，也可以在N前加上一定的介词，所以都是有歧义的，这类动词与前面的N一般构不成逻辑上的主谓或述宾关系。而②组中的动词与不同的名词组合，有时会构成定中短语，有时会构成状中短语。

研究发现，有歧义的偏正式“N+V”短语的性质是由其所在的句法位置赋予的。例如：

现在电话联系很方便。

我们电话联系。

第一句中的“电话联系”处于主语位置，体现的是名词性功能，为定中式；第二句中的“电话联系”处于谓语位置，体现的是动词性功能，为状中式。

定中式与状中式“N+V”短语的主要区别在于：

(1)定中式“N+V”短语中间能插入“的”，而状中式不可以；

(2)定中式“N+V”短语不可以在N前添加“在、用、按”，而状中式可以在N前加“在、从、用、按/凭”等介词；

(3)有的定中短语可以在前面加上“这次、本次、这项、本项”等指量短语，而状中短语前不可以(参见齐沪扬，2000:260)。

可见要判断有歧义的偏正式“N+V”短语是定中式还是状中式，应依据它所出现的句法位置而定。

3. 对于偏正式“N+V”短语，我们还没有发现V与前面的N组合只能构成状中式“N+V”短语的例子。至于“见、负、刃、执”等古汉语词，由于已极少单独使用，所以能否算作一个词是有争议的。

由此可见，完全依据动词的次范畴，“N+V”短语的问题是无法全部解决的，我们还必须求助于V前N的研究。

(二)"N+V"短语中N的次范畴

现代汉语中如果有一部分N与其后的V组合只能构成定中结构,有一部分N与其后的V组合只能构成状中结构,那么,只要我们把这两类N找出来,就可以解决偏正式"N+V"短语的区分问题。

1.现代汉语中有一部分N与动词组合后只能构成定中关系。能够进入定中式"N+V"短语的名词多是表示抽象意义的抽象名词和个体名词中的非实体名词。因为定中式"N+V"短语往往表示的是复杂的客观事物,要选择能够体现类别指称义的名词,而体现类别义的名词的意义往往是抽象的,抽象名词自然就成了首选。例如:

信息发布　人口控制　行业竞争　文艺复兴　文物管理

从整个名词系统的生命度序列来看,N的生命度也会影响整个"N+V"偏正短语的结构。生命度序列为:

人称代词＞指示代词＞专有名词＞有生名词＞机构名称＞实体名词＞集体名词＞抽象名词＞无指名词

从中可以看出,生命度越低,构成定中式偏正短语的可能性就越大;反之,可能性就越小。这也很好地印证了抽象名词加动词构成定中结构的结论。

2.现代汉语中也有一部分N与其后的V组合只能构成状中关系。进入状中式"N+V"短语的N多是表实体的个体名词、时间名词和处所名词。从整个名词的生命度序列来看,作状语的N往往是生命度较高的名词。例如:

①电话联系　机器翻译　文字表达

②业务联系　语言翻译　情感表达

第①组的名词是表示实物的个体名词,所以具有较强的空间性和可感性，在人们的认知过程中就易于与其建立心理联系，因此只能来作状语。而②组中的名词是表示抽象意义的，生命度较低，空间性和可感性弱，不易于作状语，一般情况只能作定语，修饰限制其后的动词。

3．定中和状中兼类的"N + V"短语，其名词多为表示时间、处所、材料、工具和依据等意义的名词。例如：

课外练习（时间）　灯光照明（工具）
核能发电（材料）　道德审判（依据）
上海会面（处所）

这类短语我们可以依靠它们在句中是否具有指称功能，来区分它们什么时候是定中短语，什么时候是状中短语。如果它们在句中可以为其他的成分所回指，那就说明这个"N + V"短语是定中短语；反之，就是状中式的。

以往的语言研究认为汉语的名词不能作状语，至少不能直接作状语。然而近年来，越来越多的语言事实表明，汉语确实存在着名词作状语的情况，而且这种情况正处于进一步发展的趋势。据孙德金（1995）的考察，除了表示时间、处所、方位、比况的名词外，能直接作状语的一般名词数量很少，在《汉语水平词汇与汉字等级大纲》的所有名词中，可以直接作状语的名词有 56 个。而王珏（2001：354 - 355）的研究表明，在《汉语水平词汇与汉字等级大纲》的所有名词中，约有 60 个能够直接作状语的名词（有的名词可以带"地"），不仅作状语的名词的范围又增加了材料、方式、范围、依据、数量等几类，而且有些名词从古汉语开始就一直有作状语的用法。

通过以上分析我们发现，偏正式"N + V"短语是定中短语还是状中短语的决定因素，是 V 前 N 的性质。

二　"V+N"短语研究

"V+N"也是一个具有潜在歧义的语符串，它不仅可以构成述宾短语、定中短语和同位短语。例如：

看电影　考试时间　洗澡问题

还可以构成述宾和定中兼类的歧义短语(齐沪扬，2000:169)。例如：

出租汽车　研究办法

"V+N"语符串构成的同位短语，由于数量比较少，而且短语中经常有同位短语的标志"这个、这、这件、一"，或者可以通过给它们加上这些表示同位关系的标志，很容易将它与述宾短语和定中短语区分开来。所以我们把研究重点放在前两者上，从动词的次范畴和名词的次范畴同时入手，考察"V+N"语符串构成述宾、定中短语的因素，及二者兼类问题的分化条件。

(一)　"V+N"短语中V的次范畴

我们假定汉语动词中存在两类次范畴，一类与其后的名词组合只能构成述宾关系，一类与其后的名词组合只能构成定中关系。只要将这两类动词找出来，就可以解决述宾和定中短语的问题了。

1. 在"V+N"组合中，确实有一部分动词与其后的名词组合后只能构成述宾关系。这样的动词有"画、种、看、买、知道、告诉、准备、喜欢"等等，可以称其为"唯述宾动词"[①]，例如：

买衣服　看电影　有钱　喜欢孩子　告诉你们

---

① 参见傅承德(1993a)。本文中的"唯述宾动词、唯定中动词、定中述宾两用动词"都采用傅承德的说法。

这类动词大部分是及物动词、一部分不及物动词[①]和粘宾动词。

2. 在“V + N”组合中，也有一部分动词与其后的名词组合后只能构成定中短语。这样的动词有“飞、开会、革命、解决、活动”等等，可称其为“唯定中动词”，例如：

飞碟　开会时间　革命方针　解决方法　活动场所

这类动词大部分是严格的不及物动词，甚至不包括带施事宾语的不及物动词。

3. 现代汉语中，还有一部分动词与其后的名词组合时，既可以构成述宾短语又可以构成定中短语。这样的动词有“爱、炒、研究、认识、出租、生产”等等，可称其为“定中述宾两用动词”，例如：

爱人/爱孩子　研究人员/研究情况
出租汽车[②]　生产工具/生产糖

由此可见，仅从动词的次范畴入手还不能完全解决“V + N”短语的区分问题。

(二)“V + N”短语中 N 的次范畴

研究表明在“V + N”短语中，除 N 为“处所、方位”时只能与前面的动词构成述宾短语外，大部分名词都既可以与前面的动词构成述宾短语，又可以构成定中短语。例如：

造设备　洗澡设备　进口设备
查资料　写作资料　参考资料

从语义上看，在典型的述宾式“V + N”短语中，N 主要是 V 的受事、结果、致使、对象、关系事物、心理活动所涉及的对象，但也可以是施事或系事。那些非典型的述宾式“V + N”短语，其语义关

① 指不能带宾语和能带施事宾语的动词。
② “出租汽车”是一个歧义短语，有时是定中，有时是述宾。

系主要是工具、方式、时间、处所等。而述宾和定中式“V + N”短语的划界不清的问题往往出现在后一类上。例如：

浪费时间/出发时间　寻找办法/解决办法

制造武器/进攻武器

所以，仅从名词的次范畴入手依然解决不了“V + N”短语的划界问题。

(三)从动词和名词的次范畴入手，对“V + N”短语的结构关系进行区分

傅承德(1993a)对这一问题有详尽完备的论述，我们将其简要概括如下。

1. 凡是述宾定中两用动词后边跟一个方位名词、带方位名词的名词性成分、专有名词或指人指处所代词，那么“V + N”短语就是述宾式的。例如：

吓唬他　去北京　到北边　考北京大学

2. 有些述宾定中两用动词后若是一个抽象名词，那么“V + N”短语就是定中短语，若是一个非抽象名词就构成述宾短语。例如：

奖励机制　驾驶技术　分配方式　(定中短语)

奖励学生　驾驶汽车　分配粮食　(述宾短语)

这类动词又可以构成“述宾定中两用动词”的一个次类，主要有“打捞、奖励、缝补、驾驶、照看”等。

3. 有些述宾定中两用动词后若是非抽象名词，就一定是述宾短语，若是一个抽象名词，就有可能既是定中短语又是述宾短语。这样的动词主要有“分析、检查、批评、整理、人事”等。例如：

分析作品　评论文章　整理文件　检查行人(述宾短语)

分析质量　评论方式　整理方法　检查内容（述宾/定中）

4. 有些定中述宾两用动词后若是一个抽象名词，就一定构成定中短语，若是非抽象名词，就有可能既是定中短语又是述宾短语。这样的动词有“印刷、流行、教育、建筑、包装”等。例如：

印刷质量　流行方式　教育经验　包装质量（定中短语）

印刷工厂　流行服装　教育经费　包装机器（定中短语）

印刷传单　流行疾病　教育专家　包装成品（述宾/定中）

5. 有些述宾定中两用动词跟单音节名词时只能组成定中短语，若跟一个多音节名词（主要指双音节名词），就既可能构成定中短语，又可能构成述宾短语。这样的动词有“创作、投递、欢迎、广播、汇报”等。例如：

创作组　　欢迎会　　广播稿　　汇报信　（定中短语）

创作小说　欢迎来宾　广播新闻　汇报思想（述宾短语）

创作时间　欢迎仪式　广播器材　汇报演出（定中短语）

6. 有个别定中述宾两用动词与上一类正好相反，但后面是一个单音节名词时只能构成述宾短语，而带上一个多音节名词（主要指双音节名词）时，就既可能构成述宾短语又可能构成定中短语。这样的动词有“认识”。例如：

认识他　　认识路　（述宾短语）

认识方式　认识水平　认识过程　（定中短语）

认识事物　认识世界　认识他们　（述宾短语）

由此可见，“V + N”语符串是极为复杂的，不仅因为它可以构成不同类型的短语，而且即使是同一类型的短语内部也是有很多问题的。如述宾短语内部的歧义就可以分成四种：

(1)“换小李”含有“拿某人换小李”“从小李那儿换”和“换给

小李”三种含义，动词为“借、租、分、匀”等的“V+N”短语都有这种歧义。

(2)“推选班长”含有“推选班长为～”和“推选出班长”两种含义，动词为“选、提、考、称、评、评选、安排”等的“V+N”短语都有这种歧义。

(3)“挖路”有“挖出路来”和“把路挖掉”两种含义，动词为“修、盖、想、掏”等的“V+N”短语有这种歧义。

(4)“怕人”有“怕的是人”和“使人怕”两种含义，动词为“恨、爱”等的“V+N”短语有这种歧义。(齐沪扬，2000:178)

“V+N”短语和“N+V”短语是现代汉语中出现频率极高的短语，从形式上对其进行严格精确的分类和描写，不仅对完善现代汉语语法理论是必要的，就是对对外汉语教学和计算机自然语言处理也是迫切需要解决的问题。

三　“V+N”和“N+V”语符串的自然语言处理

现代汉语语法应用方面的挑战主要来自两个方面：一是对外汉语教学；二是中文信息处理(参见陆俭明、郭锐，2000)。就目前情况看，基础研究与应用研究的脱节依然是比较突出的现象。这种脱节现象的产生有多方面的原因，如语法研究的水平、计算机技术的状况等，但目的性不明确也是形成这种现象的原因之一。这一问题的解决有待于两个学科甚至更多学科研究者的深层次的合作与沟通。应用需要语法理论的支撑，但更应该强调可操作性，另外还要清楚地了解到两种应用对语法理论和语法知识的要求是不一样的。

与以往的语法研究相比，面向汉语信息处理的语法研究，其特点是更加注重语法规则的形式化和精密化，更加注重从计算机自动理解和自动生成句子的角度来提取语法规则，换一句话说，研究的重点和方法应该是：抓住计算机可以理解的“形式标记”,对显示句法结构功能类别的标记词(语)、功能词(语)进行语法属性的精细描写,对由这些功能词(语)构成的语法结构框架进行精细描写。汉语表层的句法结构分析远远不能满足自然语言理解的需要,词与词、词组与词组之间的句法关系和语义关系是问题的关键,因为它们之间的句法和语义关系是错综复杂的,我们不能从构成成分的性质来判定成分之间的句法结构,也不能仅仅根据句法结构就来判定成分之间的语义关系,往往要求助于语境(上下文)和人们的百科知识。

不管是自然语言还是人工语言,动词和名词都是组成短语或句子最基本的单位。自然语言处理最根本最关键的问题是,指出各种语言形式出现和变换的条件,这些条件从本质上说,就是不同的语言单位之间的分界。自然语言,人们可以依靠语境和背景知识达到理解的目的,而人工语言理解必须依靠事先给定的“条件”,给出什么样的条件,机器就做出什么样的“动作”。这也就是自然语言处理的学者们提到的“‘条件→动作’偶对”的概念。

“N + V”和“V + N”语符序列,无论是在句法上还是在语义上都有可能是一个多义结构,构成歧义短语。歧义是自然语言的计算机理解所面对的一个最严重的问题。自然语言处理中面临的问题,有许多也是和歧义联系在一起的。人依靠大量的背景知识和对母语使用所积累的经验,日常语言交际中的歧义大部分可以消除,产生歧义理解的可能性不大。但是,计算机不可能把一个人的全部知识贮存在机器中,它所容纳的同语言理解有关的背景知识与人相比更是少得多,而且,由于科技发展的局限,计算机还不具有思辨的能力,还不能理解语言中众多的嬗变现象,导致产生歧义理解的可能性大大增加。这种情况,在汉语中特别严重。因此,分析汉语中歧义产生的种种原因,并据此建立起一些有效的规则,就成了亟待语言学家和中文信息处理学家们致力解决的问题。

(一)自然语言中的同形歧义[①]

自然语言的歧义问题,实质上是意义和形式之间的矛盾问题。同一形式与不同意义相联系,就必然会产生歧义,这是自然语言不同于人工语言的一个主要方面。

1. 词汇歧义和结构歧义

汉语中的词汇歧义主要体现在多义词和兼类词上。词汇歧义的自动切分,可借助一部汉语常用词用法词典来解决(参见冯志伟,1996a:483)。结构歧义的问题,很多学者注意到并研究了这些问题。目前在自然语言的计算机处理中面对的主要是结构歧义的问题。例如,因为介词的不同辖域,"关于教师的小说"是有歧义的:"关于"可以只管辖"教师",也可以管辖到"教师的小说"。

朱德熙(1980)在《汉语句法中的歧义现象》一文中,用"歧义格式"的术语来概括汉语同形歧义结构的类型。这是因为语言中的任何一个结构歧义的形式,都不是孤零零地存在着,它往往代表具有某种格式的许许多多形式。

2. 潜在歧义

(1)潜在歧义理论的提出。冯志伟(1996a)在研究计算机处理歧义问题时,提出了"潜在歧义"的理论。他认为,朱德熙提出的"歧义格式",所反映的类别的歧义,在具体的语言中有时存在,有时不存在。因此,歧义格式中所反映的歧义,并不是现实的歧义,而是一种潜在的歧义;当用具体的词去代替歧义格式中的范畴符号时,在所形成的具体的短语或句子中,潜在歧义有可能继续保持,有可能不再继续保持而消失。可见,抽象的歧义格式所包含的歧义实际上只是一种潜在的歧义。这是自然语言歧义格式研究与一般的句法上的歧义研究的不同之处,是自然语言歧义

① 此部分内容参见齐沪扬(2000:251-254)。

格式研究的一个主要特点。

(2)潜在歧义理论的运用。用潜在歧义理论来分析汉语的歧义结构时，可以得到比较满意的结果。汉语的“VP + 的 + 是 + NP”是一个歧义格式，例如“反对的是少数人”，既可以理解为“提反对意见的是少数人”，也可以理解为“所反对的是少数人”。同样的例子还有：

看的是病人　关心的是她母亲　援助的是中国

相信的是傻瓜　扮演的是一个演员

但是，如果歧义格式“VP + 的 + 是 + NP”为“关心的是分数”时，只可以理解为“所关心的事是分数”，“关心的”不能是施事，只能是受事，歧义格式中的潜在歧义消失。同样，“反对的是战争”，也只有一种理解，即只能理解为“被反对的事是战争”，“反对的”也只能是受事，歧义格式中的潜在歧义消失。

潜在歧义理论也可以分析汉语的歧义短语。例如“搜索顺序”这个短语，可以解释为“搜索某种顺序”，是述宾关系；也可以解释为“搜索的顺序”，是定中关系。但是，用“排顺序”代替到这个“V + N”格式中，潜在歧义消失，只能解释为述宾关系；用“工作顺序”代替到“V + N”格式中，潜在歧义也消失了，只能理解为定中关系。

(二)歧义的消歧方法研究

1.“制约”方法和“优选”方法

在自然语言的计算机处理中，普遍采用的消歧方法是“制约”(constraint)方法和“优选”(preference)方法。

(1)所谓制约，就是利用句法、语义制约条件，排除不能满足制约条件的结构，从而达到消除歧义的目的。例如“三个学校的实验员”是有歧义的，主要是量词“个”造成的。我们可以对量词进行限制，把“学校”的量词规定为“所”，或把“实验员”的量词规定为"位"。这样,如果是"三所学校的实验员",那么"所"不能与"实验员"搭配,这个结构只能理解为"(三所学校)的实验员";如果是"三位学校的实验员",那么"位"不能与"学校"搭配,这个结构只能理解为"三位(学校的实验员)"。采用这种对词类次小类的研究,就可以在潜在歧义结构实例化的过程中,利用这样的句法语义制约条件,达到消歧的目的。

(2)所谓优选,就是在若干个存在歧义的候补结构中,选出一个最优的结构,从而达到消歧的目的。例如"小王说故事很有趣"这个结构,可以理解为"小王说/故事很有趣","说/故事很有趣"是述宾关系;也可以理解为"小王说故事/很有趣",是一个主谓短语作主语的结构。根据述宾结构的优先度大于主谓短语作主语的结构的原则,排除以主谓短语为主语的结构,消除了歧义。但是"优先度"确定的根据是语感,而语感又有着强烈的主观色彩。因此,"优选"方法缺乏客观性,要和其他的方法一起运用才有效果。

2."受限汉语"方法

由于"优选"方法有一定的局限性,语言学家在自然语言理解中采用的消歧方法大都是"制约"。俞士汶(1997)提出了"受限语言"的理论。他认为"实用的自然语言处理系统对自然语言总是自觉不自觉地进行了某些限制,这使人们认识到受限语言的研究是有价值的"。受限汉语就是对汉语加以限制,造成一种带有人为色彩的自然语言,降低自然语言的复杂度,在语言系统的精确度和表达意义的自由度之间找到一个合适的平衡点。例如,从歧义格式和实例歧义间还存在着对应关系,歧义结构对上下文有不同的影响程度等方面出发,在对汉语的短语结构进行受限研究时,考虑上述因素,可以选择无歧义或歧义程度低的结构作为汉语句法结构系统最基本的核心部分,然后,在此基础上,考虑表达需要作适当的增补,就能得到比较合理的受限汉语的短语结构系统。

目前,短语的形态类型研究,如对"N+V""V+N"结构的分析,正是与自然语言处理联系在一起的:"N+V"结构在何种条件下是主谓关系,在何种条件下是定中关系,在何种条件下是状中关系;"V+N"结构在何种条件下是述宾关系,在何种条件下是定中关系;要使这些结构不产生歧义的条件是什么。也可以这么说,短语形态类型的研究,是自然语言处理研究中要做的最基本的工作。

第一章　偏正式[N+V][1] 短语研究

"N+V"这一配列组合是现代汉语的基本短语形式，其内部组合方式多样。总的说来，有主谓式（如"他笑、花开、小河流淌、关系破裂"）和偏正式两种。其中偏正式又包括"定+中"（如"新闻联播、财务管理、经济发展、信息处理"）和"状+中"（如"电话联系、网上谈情、技术支持、口头创作"）两类。本文研究的是偏正式[N+V]短语。

第一节　现代汉语中的偏正式[N+V]短语

一　偏正式[N+V]短语的功能及意义

（一）偏正式[N+V]短语的内部层级

现代汉语中绝大部分句子都包含有"N+V"语符串。例如：

〔1〕大会开始了。

〔2〕日期我们知道了。

〔3〕学生们知道考试延期了。

〔4〕经济发展的速度很快。

〔5〕洪水冲垮了桥梁。

〔6〕价格竞争是基本的竞争机制。

〔7〕他们心目中，鸿渐的地位比教党义和教军事训练的高不了多少。

〔8〕文件起草工作已基本就绪。

---

① 各章专门讨论的短语，用分括号标注短语（[N+V]短语）；非各章专门讨论的短语或语符串，用引号标注（"N+V"）。

〔9〕这就意味着他的智力发展跃进了10年。

〔10〕便恭敬地捧过来，打开看见毛笔写的端端正正宋体字，……。

〔11〕那红木铺造的马路上真热闹呀！

〔12〕鹏图在什么银行里做行员，这两天风声不好，忙着搬仓库，所以半路下车去了。

〔13〕克里姆林宫朝着五角大楼怒目而视，泼妇骂街，同时却朝着白宫笑脸相陪，卖弄风情。

但是这些"N+V"的性质是不同的，有的是语法形式，有的不是语法形式。所谓语法形式，即语言符号之间存在直接组成成分关系。而非语法形式的语符串内部符号之间不构成直接成分关系。是语法形式的语符串，才具有短语资格。例〔5〕中的动词"冲垮"与宾语"桥梁"一起作名词"洪水"的谓语，其本身与"洪水"没有直接的语法关系，因此"洪水冲垮"不是一个语法形式，排除在我们讨论的范围之外。

[N+V]短语可分为主谓式和偏正式两类，偏正式又可分为定中式和状中式。两个层级的划分标准不同。第一层级主要依据的是语法意义①，主谓式[N+V]短语中V是对N的陈述，偏正式[N+V]短语中V受N的限制或修饰。第二层级主要依据的是句法功能，名词性的偏正式[N+V]短语中N为定语，V为中心语，称为"定中式"；动词性的偏正式[N+V]短语中N为状语，V为中心语，称为"状中式"。

主谓式[N+V]短语的主要功能是构成主谓句（如例〔1〕）或充当主谓谓语句的谓语（如例〔2〕），有时也出现于其他位置（如例

---

① 朱德熙(1982:21)认为这种分类的依据是"内部构造"，可究竟是如何依据的，并未详细论述。实际上各家在划分短语的类别的时候，都是根据语法意义。比如朱德熙就认为"前一部分修饰或者限制后一部分"的是偏正短语。

〔3〕)。定中式[N+V]短语是名词性的,通常占据主语(如例〔6〕)、宾语(如例〔7〕)、定语(如例〔8〕)及定语中心语(如例〔9〕)的位置。状中式[N+V]短语是动词性的,主要占据谓语的位置①(如例〔12〕〔13〕)。可在实际的语句中,[N+V]短语的区分并不是如此泾渭分明的,如例〔4〕〔10〕〔11〕中的[N+V]短语是主谓式的还是偏正式的,是定中式的还是状中式的,就很难判定。下面我们就从功能和语义两个方面进行考察。

(二)偏正式[N+V]短语的功能表现

由于定中式[N+V]短语是名词性的,状中式[N+V]短语是动词性的,所以在偏正式[N+V]短语内部便存在着名词性与动词性的对立。这种对立的句法表现就是,定中式[N+V]短语占据主语、宾语、定语、定语的中心语的位置,状中式[N+V]短语占据谓语的位置。我们要依据句法位置对偏正式[N+V]短语进行判定。比如:

〔14〕国王的电视讲话对稳定全国人心、孤立叛军起了重要的作用。

〔15〕希特勒德国刚刚向莱茵非军事区开进了军队,又在积极武装干涉西班牙,顿时,战争危机笼罩着欧洲。

例〔14〕中"电视讲话"处于定语的中心语位置,是定中式[N+V]短语。例〔15〕中的"干涉"充任句子的谓语动词,"武装干涉"是状中式[N+V]短语。

对于述宾短语、述补短语这些动词性短语而言,短语的性质是由其自身所决定的,不因句法位置的改变而改变。而定中式[N+V]短语和状中式[N+V]短语的性质却是句法位置赋予的,因此具有不稳定性。比如:

---

① 这里的占据谓语位置是指充当谓语动词。

〔16〕现在电话联系很方便。

〔17〕我们电话联系。

两例中的"电话联系"处于不同的位置，前一句处于主语位置，体现的是名词性，为定中式；后一句处于谓语位置，体现的是动词性，为状中式。当短语处于主、宾语位置时，体现的是名词性；当短语处于谓语位置时，体现的是动词性；当短语处于定语位置上时，其功能又是怎样的呢？比较以下两例：

〔18〕这使他在伦敦名誉扫地，未履行外交辞职手续便卷席回国了。

〔19〕那红木铺造的马路上真热闹呀！

例〔18〕中的"外交辞职"和例〔19〕中的"红木铺造"都是以名词为中心的名词性短语的定语，但是它们的名词性却不相同，"外交辞职"的名词性强于"红木铺造"。表现在前者作定语可以加"的"(外交辞职的手续)，也可以不加"的"(外交辞职手续)，后者作定语必须加"的"(* 红木铺造马路)。"的"是体词化的手段，只有名词性弱、动词性强的词或短语作定语才必须借助"的"。可见，在偏正短语内部，名词性、动词性的体现并非离散的，同样处于一个连续统之中。如图所示：

名词性 ——————————————→ 动词性

[N+V]n	[N+V]n	[N+V]v	[N+V]v
(作主语、宾语、定语的中心语)	(直接作定语)	(加"的"作定语)	(作谓语)

此连续统表明：

(1)作主语、宾语、定语的中心语的是典型的名词性[N+V]短语；

(2)作谓语的是典型的动词性[N+V]短语；

(3)能够直接作定语的[N+V]短语体现出较强的名词性;

(4)需要借助标记“的”作定语的[N+V]短语的名词性较弱,动词性较强。

不过,有一部分(且是很大一部分)由述宾短语转化而来的偏正式[N+V]短语,总是体现为名词性,如“文件起草、信息处理、天气预报”等。动、名之间的超常搭配是其体现为名词性的基础。可见,偏正式[N+V]短语中,短语体现何种功能的现实性,与其所处的语法位置有关;而体现何种功能的可能性,与其自身的构成有关。

(三)偏正式[N+V]短语的语义特点

同其他名词性、动词性成分一样,定中式[N+V]短语具有指称义,状中式[N+V]短语具有陈述义。但定中式[N+V]短语还具有类别义,表现在随着N的改变,[N+V]指称不同的相关类别,比如“价格竞争”和“质量竞争”为不同的竞争机制,相对于“军事训练”又有“体能训练”“思维训练”等不同的训练内容。它们可以用“什么V?”来提问。而状中式[N+V]短语的陈述义表现在它对动作、行为、状态变化的形象描述。例如:

母亲去世,一家星散。

“星散”含有比喻的意思(“像星星一样散落”),形象地描写出一家人分散到四处的情形。

与名词性、动词性的强弱相照应,偏正式的类别指称义和陈述义也构成一个连续统,它们分别处于连续统的两端。如图所示:

类别指称义 ———————————→ 陈述义

[N+V]n	[N+V]n	[N+V]v	[N+V]v
(作主语、宾语、定语的中心语)	(直接作定语)	(加“的”作定语)	(作谓语)

可见,名词性强,类别指称义就强;反之,动词性强,陈述义就强。由述宾短语转化而来的偏正式[N+V]短语总是体现出类别指称义,其他的偏正式[N+V]短语体现出的语义不定。

从共时平面看,偏正式[N+V]短语内部存在着两个互相照应的连续统,一个是功能的,一个是意义的。从历时平面看,这种功能与意义的照应同样存在。定中式短语的概念整合性是随着其功能的典型化而固定下来的。看下面的例子:

〔20〕我们每个星期四下午都有[政治学习]n。

〔21〕昨天下午[政治学习]v了吗?

在中国“政治学习”是一个固定的、专门的名称,可在上面两例中的“政治学习”体现出来的性质并不一样:例〔20〕中“政治学习”作“有”的宾语,体现出名词性;例〔21〕中“政治学习”作谓语,体现出动词性。这种不同,说明具有整合性的“政治学习”这一概念的形成是一个由分离到整合、由动词性到名词性的过程。对例〔21〕的另一种似乎更合乎句法的划分更能证明这一点:

〔21′〕昨天下午//政治n/学习v了吗?

显然,处于分离状态的“政治学习”,其概念的整合性被完全破坏了,失去了它的特定含义。因此我们可以构拟“政治学习”的发展脉络如下:

学习v政治n ⟶ 政治n学习v ⟶ [政治学习]v ⟶ [政治学习]n

所以说定中式[N+V]短语具有概念化的倾向,但并非一经出现就能作为整体概念被接受,需要经历一个渐变的过程。目前,大多数定中式[N+V]短语都正处在这样一个变化过程中。

二 偏正式[N+V]短语内部的语义关系

(一)语义关系类型及鉴别标准

动、名之间的语义关系十分复杂,各家对语义关系的概括众说纷纭。我们根据鉴别标准,通过对实际语料的考察,归纳出十三种语义类型。

1. N为V的受事

这里的"受事"是狭义的受事。鉴别标准是可进入"把"字结构。例如:文物抢救——把文物抢救(出来)。另有:

身体检查 资金投入 干部培养 产品出口
古籍收购 国家建设 金融监管 学校管理
图书借阅 信息处理 器官移植 日程安排
混凝土搅拌

2. N为V的结果

即N所代表的事物是在V所表示的动作的作用下产生或发生状态变化的。这类短语都可在动词后加"成/出来"进行如下变换。例如:小说创作——创作出小说。另有:

文件起草 产品开发 住宅建设 机械装配
食品烹饪 飞机设计 服装裁剪 汽车制造
乐器生产

3. N为V的关涉

即N所代表的事物只是与V所表示的动作相关的对象、内容,并不在动作的作用下发生任何改变。另有:

家庭调查 生态保护 道德评判 地质勘察
环境监测 资格审查 教育研究 单位普查
理论宣传 武器核查 天气预报 财政监督

它们可进入“对”字结构。例如:客流调查——对客流进行调查,但有些也能进入“把”字结构。例如:地质勘察——把地质勘察(一下)。因此单靠上述的形式标准并不能有效地区分第1类和第3类,有必要借助意义标准。三类的语义区别可列表如下:

	产生	变化
受事	−	+
结果	+	+
关涉	−	−

4. N表领域

此类可进入“……方面的”框架。例如:精神追求——精神方面的追求。另有:

民事合作　思想准备　精神准备　价格竞争
经济联系　商业投机　市场竞争　知识竞赛
住房消费　经济赔偿　学术交流

5. N表范围

此类可进入“(在)……上/中/里”框架。例如:国际支持——国际上的支持。另有:

全军比武[①]　国际支持　高层互访　军方对话
全球保护　社会实践　国际联络　宏观调控
多领域合作　全方位出击

---

① 本文倾向于将两个单音节语素构成的词(或短语)都看作词,因为它们结合得非常紧密,处于词和短语的中间地带。

6. N表方所

此类也可以进入“在……上/中/里”框架。例如：岗位成才——在岗位上成才。与“范围”类不同的是，此类的N是指占据一定空间位置的地点、场所。另有：

森林防火　社区服务　地下工作　大会发言
异地就业　课堂教学　陡坡开荒　岗位建功
低空飞行　怀揣

区分表领域、范围、方所的N还可借助意义，列表如下：

	空间	
	具体	抽象
领域	−	−
范围	−	+
方所	+	−

7. N表手段、方式、依据

此类可前加“凭、用、利用、通过”或进入“以……方式”的框架。例如：自费留学——以自费的方式留学/掌声欢迎——用掌声欢迎。另有：

集体采访　福利分房　声音定位　军事打击
小组出线　网络服务　技术操作　行政干预
点球获胜　体制保证　职务犯罪　中介服务
科学防火　公款吃喝　现场直播　肩负
手刃　手执　行扫描　钱说话　程序性商谈

8. N表工具

此类可进入“用……”框架。例如：沙锅炖(豆腐)——用沙锅炖豆腐。另有：

车子接送　电脑打字　电视监控　电话委托　罐装　盆栽

9. N表材料

此类可进入“用……V成的”框架。例如：石砌(桥墩)——用石头砌成的桥墩。另有：

石印(的小说)　红木铺造(的马路)　樟木做(的箱子)　翡翠雕刻(的一样)　混凝土浇注

方式、工具、材料三者语义上的区别可用以下表格表示：

	实　体	抽　象	损　耗
工　具	+	−	−
方　式	−	+	−
材　料	+	−	+

另有“高声尖叫、轻声问道、同声念道、满口答应”一类短语，其中的“高声、轻声、同声、满口”都是以名语素为中心的偏正式复合词，它们表示V的方式。由于这类词只作修饰语，且限于修饰动词，所以有人将其单列为“状态词”(陈一，1989)。类似的还有“满心、赤膊、通身、空口、婉言、徒手、健步、亲眼”等。这类词将排除在研究范围之外。

10. N表时间

此类的N为时间名词。例如：

期中考试　年终结算　季度考核　暑期辅导
课外阅读　终身从事

由于事件发展的过程也是时间点的延续过程，所以把表示阶段性的、事件性的名称也归入其中，如“考试作弊”可用“什么时候”提问。

11. N表原因、目的

此类可进入“因为……”或“为了……”框架。例如：友情出演——为了友情出演。另有：

婚姻介绍　总统竞选　食物中毒　友情出演
煤气中毒　过失犯罪　细菌感染　药物过敏

12. N表情状

N表情状的古代汉语中较多，比如“蚕食、蛇行、席卷”等，但现在已凝固成词。现代汉语中此类[N+V]短语比较少。例如：

歌星打扮

13. N表主体

此类易同主谓式混淆，它们与主谓式的区别，下文将有所论述。例如：

经济发展　大队核算　个人领导　烟雾扩散
人身伤亡　汽车排气

(二)语义关系的混杂现象

1. 偏正式[N+V]短语内部的语义交叉现象

在偏正式[N+V]短语中，相同的动词与不同的名词组合或者相同的名词与不同的动词组合，都会形成不同的语义类型，这种现象我们称之为语义交叉。比如：

(1)(不同的)N+(相同的)V

a. 住宅建设(结果)/ 国家建设(受事)

b. 舆论宣传(方式)/ 法律宣传(关涉)

c. 产品开发(结果)/ 石油开发(受事)

d. 现象透视(关涉)/ X光透视(方式)

(2)(相同的)N+(不同的)V

a. 集体补助(主体)/ 集体采访(方式)

b. 质量竞争(领域)/ 质量保证(关涉)

c. 文字表达(方式)/ 文字处理(受事)

这种复杂的语义现象与N、V都有关系，我们在下一节将深入考察。

2. 定中式[N+V]短语与状中式[N+V]短语之间的语义重合现象

定中式[N+V]短语与状中式[N+V]短语之间存在着语义关系的重合现象，比如两种短语中都存在着N表时间、方所、方式等语义关系。这是它们语法功能具有连续性的表现。定中式[N+V]短语与状中式[N+V]短语之间本来就没有明确的分界，它们的性质是由[N+V]短语所处的语法位置所决定的。比如在下面的例子中：

〔22〕各种音乐竞赛也大大促进了当代音乐的发展。

〔23〕他进行过规范的体育锻炼。

〔24〕在电脑发达的美国，珠算被作为新文化引进并已开展珠算教育。

N表内容的[N+V]短语分别在句中作主语(例〔22〕)、宾语(例〔23〕〔24〕)，体现出名词性。

而有些[N+V]短语在句中的位置不定，处于游离的状态，时而表现出名词性，时而表现出动词性。所以就出现了表示相同语法关系的同一短语属于不同性质的[N+V]短语的情况。例如：

〔25〕对面楼上正在进行紧张的混凝土浇注。

〔26〕哥哥这儿所有的缝儿都抹死了，混凝土浇注。

两例的N、V相同,语法关系也一样,都是N表材料。但例〔25〕中"混凝土浇注"作定语中心语,是名词性的,例〔26〕中的"混凝土浇注"作谓语,是动词性的。在各种语义类型中都存在这一现象,如N表手段、方式的有:

〔27〕前些年由于村子小,四十多户人家一直是集体生产和统一分配。

〔28〕他父亲赫尔曼撞在钢索上割伤了头,但还能双手抓紧钢索。

〔29〕由于小学不愿放弃其进行教育的权利,大学教授们最初只是对杰伊提供私人辅导。

〔30〕把通讯干事安排在这里办公,显示了县委领导对舆论宣传工作的重视。

其中例〔27〕〔28〕是动词性的,例〔29〕〔30〕是名词性的。

N表工具的有:

〔31〕我爱吃沙锅炖豆腐。

〔32〕你明天电视讲话讲什么?

例〔31〕是动词性的,例〔32〕是名词性的。

这都充分说明了[N+V]短语的功能是不定的、变化的。

三 偏正式[N+V]短语的音组模式

能够构成偏正式[N+V]短语的音组模式有1+1、1+2、2+1、2+2四种,为了找出四种模式功能上的倾向性,我们在举例时,尽量显示出其所处环境。

1. 1+1式

偏正式[N+V]短语中,这种音组模式所占的比例非常小,只占所得语料的5%左右。例如:

罐装(啤酒)　石印(的小说)　户办(水利)
(权贵)南迁　鞭打　手刃(仇敌)
圈转(马来)　远谈(希腊)　腰缠(万贯)
怀揣　肩负(的责任)　(天方)夜谈
面交(主席)　手执(球杆)　笔战

词类[N+V]短语多为动词性的,N与V之间是状中关系,N多表示工具、材料、方式。另外,由于是单音节与单音节组合,构词倾向非常强烈。古汉语中以短语形式存在的“蚕食、鲸吞”等现在就已经凝固成词了。

2. 1+2式

此类音组模式受所考察的实际语料的文体限制,仅发现“核打击(力量)、核污染(事件)”两例。但在专业性书籍中较多,例如:

行扫描(技术)　核试验(工程)　字处理(软件)
胃切除(手术)　肾移植(计划)　热处理
枝嫁接　筒浇灌　水处理

它们多为专业术语,V的动词性较弱,“N+V”体现出较强的名词性,N与V之间通常构成定中关系,N多表示受事、方式。1+1式中的V与其后的名词性成分存在着述宾关系,比如:罐装啤酒——装啤酒 / 石印的小说——印小说;1+2式中的V与其后的名词性成分之间不是述宾关系,比如:核试验工程——＊试验工程 / 胃切除手术——＊切除手术。

3. 2+1式

此类音组模式常见的有:

毛笔写(的字)　沙锅炖(豆腐)　铁板烧(牛肉)
一线牵　单腿跪

其中N都表示工具。这也是动词性较强的偏正式[N+V]短语，因为处于定语位置上的动词与其后的名词存在着支配关系，从另一种意义上讲，是单音节动词的强动词性为它的宾语提供了同现机会，如“毛笔写(的字)”中“写”与“字”之间存在着支配关系，“毛笔写”体现出较强的动词性。

4. 2+2式

此类音组模式占已考察偏正式[N+V]短语的90%以上。例如：

动物保护　汽车走私　产品出口　财务管理
版面编排　体育竞赛　声音定位　武器禁运
信息发布　机场建设　人口控制　政治谈判
行业竞争　住房消费

它们的结构关系及功能体现很复杂，既有定中式的，也有状中式的。这里要特别提一下N表主体的偏正式[N+V]短语。例如：

大队核算　烟雾扩散　人身伤亡　文官管理
个人领导　经济复苏　事业振兴　文艺复兴
个人承包　经济发展

这类[N+V]短语的特点是N为一价动词的当事或二价动词的施事，可用“谁”或“什么”提问。N与V之间可以构成陈述与被陈述的关系，即主谓关系。但是当它们位于主语、宾语或定语的位置上时V的动词性已大大减弱，从而可作为偏正关系来看待，N表示V的主体。

除上述几种类型之外，还有“3+2”“4+2”的个别例子，如“计算机模拟、无线电管理、程序性商谈、人道主义援助”等。现代汉语中的名词不仅有双音化趋向，还有向三音节或多音节发展的趋势。所以,多音节名词加双音节动词的音组模式数量还会增加,不过它们的性质特点与“2+2”模式相同。

不同音组模式的偏正式[N+V]短语的不同还可通过“的”字测试出来。动词性强的1+1、2+1式作定语修饰其他名词时,加上“的”所构成的“的”字结构表示转指,可以替代中心语。如(其中[　]表示宾语位置、Ø表示空位,n_1表示动词前的名词,v表示动词,n_2表示动词后的名词。当n_1或n_2出现于宾语位置上,用n'_1或n'_2表示。):

石印的小说——(用)石(头)n_1 印 v[n'_2]的小说 n_2

罐装啤酒——(用)罐(子)n_1 装 v[n'_2](的)啤酒 n_2

毛笔写的字——(用)毛笔 n_1 写 v[n'_2]的字 n_2

沙锅炖(豆腐)——(用)沙锅 n_1 炖 v[n'_2](的)豆腐 n_2

而动词性弱的1+2、2+2式作定语修饰其他名词时,加上“的”所构成的“的”字结构表示自指,不可以替代中心语。例如:

核试验(工程)——核 n_1 试验 v[n'_1](的)工程 n_2

字处理(软件)——字 n_1 处理 v[n'_1](的)软件 n_2

情报监听工作——情报 n_1 监听 v[n'_1](的)工作 n_2

舆论宣传工作——(利用)舆论 n_1 宣传 v[Ø](的)工作 n_2

经济发展水平——经济 n_1 发展 v(的)水平 n_2

通过以上分类讨论,我们发现在四种音组模式中动词的音节数对短语的性质影响很大。单音节动词作中心语时,动词性仍然很强,即使处于定语的位置,与其后的名词仍存在述宾关系。双音节动词作中心语时,动词性减弱,名词性增强,动词的典型功能丧失,比如不能加时态助词、不能再带宾语。而1+1、1+2、2+1、2+2式数量上的差异——2+2式远远多于前三种,不仅是双音节名词在名词中占相当大的优势(刘丹青,1996)的又一体现,而且说明双音节动词的特点不如单音节动词典型,这也是它能出现在与名词共现的非典型位置上的原因。

第二节 偏正式[N+V]短语中的V和N

一 双音节动词的配价考察

双音节动词不仅是偏正式[N+V]短语的重要组成部分,而且在双音节名词与双音节动词的搭配关系中起着支配作用。短语中出现的双音节名词往往在一般主谓句中作为动词的一个配价成分而存在。那么在偏正式[N+V]短语中与动词共现的名词在句中都充当动词的什么成分?哪些是必有的,哪些是可有的?由于偏正式[N+V]短语的性质难以确定,涉及功能的纠纷、语义关系的混杂、各种关系与语义之间的边界模糊等问题。我们先确立一个原型范畴,对原型范畴加以讨论。状中式[N+V]短语中V体现的是动词的典型功能,我们将其排除在考察范围之外。定中式短语的特殊性在于动词处于非典型位置上,即动词不是谓语动词。最明显的表现是其后出现的名词是中心语而非宾语,如"经济发展水准"。所以我们将要考察的是可以出现在此种环境里的双音节动词的配价情况。

本文动词的价将依据构成一个最小的意义自足的主谓结构所不可缺少的成分(即动元)的数目来确定[①]。由于判定一个主谓结构意义是否自足易受主观的影响,所以具体操作时还有一些问题亟待解决。(1)生命度不同的名词作主语时,对句义的完整性有影响。[-有生]名词作主语可能构成意义自足的句子,如"经

① 主要参照范晓的观点,他提出可根据构成一个最小的意义自足的主谓结构所不可缺少的成分(即动元)的数目来定价。此结构中介词后的词语若是不可缺少的成分也可看作动元。

济发展”，而[+有生]的名词作主语却无法构成完整的句子，如“*我们发展”（完整的句子是“我们发展经济”）。这便影响到动词的价数。因此在测试时，我们原则上将[+有生]名词（或人称代词）置于主语位置。（2）加不加表时态的词对句子的完整性也有影响。加了，会使在一定语境下可以省略成分的句子表义明晰，如“他在学习”。而不加，会使一些完整的句子显得语义不完整，如“她批发一箱苹果”。所以，在测试时我们会把在句子中加入助词作为辅助的手段，同时也将考察动词所联系的其他可有成分，以便更好地考察能够出现在[N+V]短语中的V及N的特点。

（一）定中式[N+V]短语的配价情况

我们将分两部分考察：一部分考察“配价语义搭配”，主要考察句子结构中与V共现的必有成分的语义角色；一部分考察“[N+V]短语语义搭配”，主要考察[N+V]短语结构中与V共现的语义角色。

1. 一价动词

配价语义搭配为：

（1）施事+V：他辞职。/学生旅行。

（2）当事+V：国家统一。/情况变化。

[N+V]短语语义搭配为：

（1）施事+V：君主登基（仪式）　私人集邮（者）
全民健身（计划）

（2）当事+V：工作进展（情况）　人员伤亡（数字）
水土流失（严重区）　经济增长（方式）
技术进步（速度）　土地沙化（面积）

（3）方式+V：外交辞职（手续）　技术治国（论）
职务犯罪（案）　行政执法（机关）

（4）工具+V：电话订货（部）　火车旅行（方式）

(5)领域+V:金融违法(案件)　经济合作(项目)

(6)地点+V:大会发言(组)　课堂教学(手段)

(7)时间+V:会议休息(时间)　战时流亡(人数)

(8)原因+V:手术感染(面积)　煤气中毒(事件)

可见,能够进入偏正式[N+V]短语的N不仅是V的必有成分,还有其他可有成分。一价动词内部的构词方式多为联合式和述宾式,各类语义成分与不同构成方式的动词的搭配能力不同,如施事一般与述宾式搭配,当事一般与联合式搭配。原因在于,述宾式V的内部蕴涵着一个配价成分(配价成分不仅可以是显性的语义成分,即作为句法成分而存在的,也可以是隐性的语义成分,即作为构词成分而存在的),如“订货”中“货”其实是“订”的受事,这个配价成分可体现出施事对动作行为的控制能力,所以此类动词常与施事搭配。而当事对动作行为没有控制能力,也就不能与述宾式搭配。“技术进步速度”中当事“技术”能与述宾式动词“进步”搭配,是因为此处“进步”体现的已不是本义,而是引申义。

另外,还有一类通常被称作“致使动词”的词,如“发展、摇摆、扩大”,其价数是可变的。当其在句法中表现为二价时,联系的是致事和使事,如“我们发展经济”;当其在句法中表现为一价时,联系的是性质、状态发生变化的主体,这里我们也称为当事,如“经济发展”。

2. 二价动词

配价语义搭配为:

(1)施事,受事:学生布置教室。/罪犯走私文物。

(2)施事,结果:秘书起草文件。/工人制造机床。

(3)施事,目的:他考研究生。/她竞选主席。

(4)施事,原因:我们庆祝新年。/他发愁考试。

(5)施事,领域:他擅长体育。/他善于辩论。

(6)施事,依据:我们执行计划。/他遵守制度。

(7)施事,工具:他吃大碗。/车夫抽鞭子。

(8)施事,方式:我唱高音。/他写大字。

(9)施事,时间:我熬夜。/我们过暑假。

(10)施事,方所:我留在后方。/他上前线。

(11)施事(致事),当事(使事):国家发展第三产业。/农村扩大耕地。

(12)施事,关涉:国家监督金融。/我们调查市场。

(13)施事,与事:我们为他送行。/学生向政府示威。

(14)施事,同事:他们打架。/我和他谈判。/我们合作。

[N+V]短语语义搭配为:

(1)施事+V:牙科大夫治疗(室) 法医鉴定(人) 证券指定(报刊)

(2)受事+V:学校管理(委员会) 彩票发售(点) 导弹发射(键) 结构调整(项目)
树木蓄积(量) 垃圾排放(站)

(3)关涉+V:新闻检查(制度) 民意测验(结果) 质量保证(卡)

(4)结果+V:卡车制造(工人) 食品烹调(能手) 香水制造(公司) 产品开发(业务)
燃气生产(厂家) 科技出版(基金)

(5)工具+V:电视演播(室) 钢琴独奏(演员)
无线电通讯(装置)

(6)方式+V:志愿服务(人员) 政治协商(制度) (综合)技术服务(业)

(7)依据+V:制度约束 道德评判 计划执行(过程)

(8)方所+V:门诊治疗(手册) 市场销售(规模) 市场竞争(力)

(9)范围+V:国际联络(小组)　全球保护(系统)

(10)领域+V:理论创造(精神)　资产负债(表)

工业设计(专家)

(11)目的+V:总统竞选基金招募(说明书)

晚会筹备(处)

(12)原因+V:核污染(事件)

(13)时间+V:期中考试(时间)

二价动词构成上的特点是绝大部分是联合式,如"约束、保护",个别是偏正式,如"独奏、专用"。比较句子的语义框架和[N+V]短语的语义框架,我们发现虽然句子中与V相连的大部分语义角色在[N+V]短语中都有所体现(除去与事、同事、致使、使事),但是并不是投射的关系。原因在于:

(1)出现在[N+V]短语中的N既有V的可有成分,又有V的必有成分。如"志愿服务"中"服务"的必有成分是施事和与事(如"他为国家服务"),而与之共现的"志愿"是可有成分,表方式(不能是"*他为志愿服务/*他服务志愿",只能是"他志愿为国家服务")。

(2)动词的必有成分可以是不同的语义角色,而这些语义角色充当论元的强度不同。如"唱"的必有成分可以是施事和内容(如"她唱民歌")或施事和方式(如"她唱美声")。当"唱"的内容和方式这两个必有成分同时出现时,必有一个降为可有成分,如"她用美声唱民歌"中方式降为可有成分。又如"独奏"的必有成分是施事和内容(如"他独奏了一支曲子")或施事和受事(如"他独奏钢琴"),但是当内容与受事同时出现时,如"他(用)钢琴独奏了一支曲子"中"钢琴"就不仅由必有成分降为可有成分,还由受事成为工具。从中我们可以推断出动词所联系的论元有强弱之分。表受事、关涉的是强论元,表方式、工具、时间的是弱论元。在句子结构中动词的强论元作为必有论元而存在,位于动词后;

弱论元通常作为可有成分而存在，位于动词前（有时用介词引介）。而在短语结构中若 V 的前后同时出现两种论元，也是按照此序排列（“$N_1 + V + N_2$”），可见弱论元有进入偏正式[N+V]短语的优势。比如：

〔33〕浇水＋他浇地→他用水浇地→水浇地

〔34〕他唱女声＋他独唱这支歌→他用女声独唱这支歌→女声独唱歌（曲）

3. 三价动词

配价语义搭配：

(1)施事，与事，受事：学校颁发给我一张奖状。/他向灾区捐赠了粮食。/国家补贴他三千块钱。

(2)施事，与事，结果：他给我介绍了一个女朋友。/他安排我上学。

(3)施事，与事，关涉：他盘问我那件事。/他把手艺传授给徒弟。

(4)施事，共事，受事：他和我交换礼物。

(5)施事，共事，关涉：他同我争论问题。/他们交流学术。

(6)施事，共事，结果：他跟我攀亲戚。

(7)施事，材料/工具，受事/结果：他用劳动换取信任。政府用现代化武器装备他们。

(8)当事，与事，关涉：他拖欠银行一笔钱。

(9)致事，使事，补事：他动员我参军。/他领导我们闹革命。

[N+V]短语的语义搭配：

(1)受事＋V：信息传递（系统）　器官捐赠（仪式）
　　　　　　数据传输（系统）　骨灰安放（仪式）
　　　　　　服装展示（会）　房屋转让（信息）

(2)工具+V:电话委托(业务)

(3)结果+V:婚姻介绍(所)

(4)关涉+V:笔迹咨询(所)　　　学术研讨(会)

(5)领域+V:精神寄托(方式)

(6)范围+V:国际援助(方案)

(7)时间+V:战前动员(大会)

(8)方所+V:海外输出(计划)

比较两个语义框架,我们发现动词配价语义框架中的众多角色,如施事、共事、与事并没有出现在[N+V]短语的语义框架中。这与两个因素有关,一是充当施事、共事、与事等的多为有生名词(通常用代词来指代),这一类词对动词来说,没有区别性作用,基本上不出现于[N+V]短语中,而充当补事的是动词性成分,自然也不会出现;一是从层次上讲,受事、结果、内容等都是动词的直接成分(工具有时是,有时不是),与动词的联系更为紧密,而施事、与事等都是属于另一层次的语义成分,与动词的联系不如内层成分紧密。

(二)定中式[N+V]短语的特点

1. V多为二价,约占所考察的能前加名词的双音节动词的70%以上。

2. V前的N多在最小的意义自足的主谓结构中充任受事格,占60%以上,其他依次为方式格、内容格、工具格、目的格、原因格等。

3. 修饰某一动词的名词可以是不同的语义角色。时间格、方所格、工具格等属外围格,活动的领域非常广,可以修饰任何价数的动词(此特点在状中式[N+V]短语中更加明显)。

4. 动词的配价往往因动词的语义变化或考察动词的义项不同而改变。如"布置"在"他布置了房间"中是二价的,在"老师给他布置了一项任务"中是三价的。不过,它无论以几价的形式出现,在[N+V]短语中都是与受事、内容、结果等语义角色相配。所以从一定意义上讲,动词的价数对[N+V]短语的形成没有什么影响。

二　非典型位置上动词的功能特点和语义特点

(一)非典型位置上的弱化动词

从上文的考察中我们得知,在定中式[N+V]短语中可以与V直接搭配的语义成分有多种,既有必有成分,又有可有成分,其自由度和广度远超过作句子核心的V。我们在考察中还发现,动词对进入组合的名词的要求也大大降低,比如对于系生动词"追踪"来说,处于其前的名词应为[+有生]名词,可在定中式里也可出现[-有生]名词(如"电子追踪(器)")。这些现象都与动词的弱化有关。

动词的弱化是指动词的动词性减弱。我们知道动词的主要功能是充当谓语动词,谓语位置是动词的典型位置,充当谓语动词时它可以与时态助词、副词同现,可以带宾语,这正是动词性的体现。而定中式[N+V]短语中的V不能加时态助词(如"*骨灰安放了仪式"),不能加副词(如"*战前刚动员大会"),也不能带宾语(如"电子追踪敌人仪器"),可见其动词性非常弱。

从表面上看V的动词性降低与其所处的非典型位置有关,即定中式[N+V]短语主要作主语、宾语、定语、定语中心语,一般不作谓语,实质上是受动词的配位需求的影响。比较下面两句话:

〔35〕他负责起草v文件n。

〔36〕他负责文件n起草v。

虽然两句中的N、V组合都作宾语,但〔35〕中,"文件"占据"起草"后面的宾语空位,使"起草"的动词性得以体现;而〔36〕中,"起草"后面的宾语空位无词占据,"起草"的动词性无法体现。可见,此处动词的宾语移位是导致动词的动词性降低的主要原因。

(二)有关动名兼类的问题

构成偏正式[N+V]短语的双音节动词当中有被人们称作"名动词"和"动名兼类"的两类词,前一类是朱德熙(1985a)提出的,是指可以充任准谓宾动词的宾语、可直接修饰名词、可直接被名词修饰的动词。而通过上面的讨论,我们已经看到能进入偏正式[N+V]短语的动词并非只有名动词,如"表达(逻辑表达式)、运输(铁路运输)、展销(服装展销)、征服(武力征服)"等大量的动词就不是名动词。而且很多名动词本身不能受名词的直接修饰,如"翻修、反抗、抚养、付出、核对"等。

处于定中式[N+V]短语中的动词的动词性减弱,名词性增强,于是有人认为它已经转化为名词,或者认为它成为动名兼类词。我们认为:(1)据我们考察,能够进入此短语的双音节动词非常多,且处于不断增多的过程中,因此不宜将其再另归一类;(2)在给动词定性时,不能以它在某一场合的功能表现为据,应该以它在典型位置的功能体现为据。动词在定中式[N+V]短语中体现出名词性,是受整个短语框架的制约因而动词性未能实现的结果,而非动词本身固有的、稳定的性质;(3)典型的动名兼类词,如"导演、编辑、计划、报告"等作为名词出现时,都有客观的指称物,而定中式中V的指称性需要通过整个短语来表现。所以短语中的V仍是动词。

若某一个动词经常出现于名词性[N+V]短语环境中,它的独立指称能力就会逐渐增强,最终取得名词的地位。所以,当可以出现于名词性[N+V]短语环境中的双音节动词逐渐增多时,不是这类兼类词逐渐增多,就是人们为了减少兼类词的数量,而取消兼类。

(三)双音节动词的语义特点

从语义上讲,典型动词的所指应是与人(人的肢体)或可活动的物体(物体的某部分)相关的空间位移,是有形的客观存在。如"走"就指"人或鸟兽的脚交互向前移动"的动作。单音节动词所指一般都是这样的具体动作。而双音节动词所表示的动作在有形、位移方面往往是模糊的,它们具有以下特点:

1. 双音节动词所代表的动作具有事件性,是由多个动作组合而成的,可以用"活动"来同指。比较:

滑雪(活动)——*滑(活动)
游泳(活动)——*游(活动)
表演(活动)——*说、唱、跳(活动)

2. 双音节动词所代表的动作具有场景性,包括了动作及与动作相关的事物。如"竞选"包括了演讲、投票等活动及场景,"登基"包括了宣誓、授权等活动及场景。

3. 双音节动词所代表的动作具有过程性,是由多个环节构成的。如"出版"包括编辑、校对、印刷等环节,"训练"包括准备、练习、测试等环节。

这三个特点往往是交织在一起的。可见双音节动词在语义上体现的并不是单一的、具体的动作,而是多维的、立体的。这一特点与其在句法功能上所表现的弱动词性相一致。

三　N的分类考察

(一)N的音节考察

根据前面对[N+V]短语音组模式的考察,我们发现在[N+V]短语中的N多为双音节的,这一情况与现代汉语中双音节名词的数量居多有关。这不仅表现为古汉语中的单音节名词被含有该语素的双音节词所替代,而且表现为在新生事物由双音节词所指代的同时,出现了许多适合于双音节词的结构框架。偏正式的[N+V]短语就是其中之一。

无论是定中式[N+V]短语还是状中式[N+V]短语在古汉语中都有迹可寻。名词直接修饰动词的用法并非只是受其他语言的影响而产生。古代的单音节名词修饰单音节动词的句法现象大多已经随着双音化变为构词方式。偏正式[N+V]短语的真正发展是在近几十年。科学技术日新月异,新事物、新现象不断涌现,单靠词汇的增加已不能满足客观发展的需要,于是语言系统内部重新调整,使旧有的偏正式[N+V]短语结构框架与新产生的双音节词结合起来,以完善其功用。

现将考察中所见名词列举如下:

X光	版面	报刊	笔迹	彩票	产品	产业	常规
病毒	玻璃	财务	财政	大厦	单位	淡水	地质
陡坡	工作	公费	住宅	电气	电视	电子	动物
钢琴	岗位	高层	智商	儿童	法医	飞机	翡翠
广东	广告	国防	国会	高中	个人	工程	工业
核能	红木	宏图	婚姻	公款	公民	古董	工资
机械	肌肉	基层	基建	国际	国民	海洋	浩劫
技巧	技术	家事	家庭	后方	后勤	湖边	化学
结核	金融	经济	精神	火车	货币	机场	机构
君主	科技	科学	空气	基因	集体	计划	环境
劳务	乐器	理论	力气	障碍	旅游	建材	轿车
结构	粮食	领土	露天	军队	军方	军费	军事
面条	民事	民意	民族	空中	垃圾	来客	证券
汽车	器官	卡车	情报	历史	利率	联邦	人员
闪电	上身	社会	社区	障碍	文物	门诊	秘密
石油	时机	时文	文史	模式	墓地	能源	企业
世界	手帕	书店	文官	情况	燃气	人口	人身
私人	私刑	思想	物资	人质	日夜	软件	森林

天气　天文　通宵　物质　身体　身心　生态　声音
网络　体力　体育　体制　时装　实况　实物　食品
武装　文艺　问题　武器　书刊　数据　水文　司法
陶器　项目　小组　心理　同志　图书　外交　万事
文学　学术　学校　硬件　灾难　战况　现场　现金
现象　一生　志愿　制度　新书　新闻　行政　质量
性病　银行　种族　珠算　血管　烟草　烟雾　样式
叶片　语素　宗教　总统　医学　艺术　议会　异地
音乐　职务　组织　资产　优势　邮政　舆论　宇航
宇宙　政务　政治　直线　智力　中介　终身　资金
资源　子女　全国　全军　重病　高薪　双手　哥弟
生化　肩　鞭　笔　罐　手　面　怀
腰　草　案　行　无线电　计算机　核化学
混凝土　细胞核　东西方　多领域　人道主义

可见,双音节名词在[N+V]短语中占绝大多数。此外还有少量的单音节、三音节及四音节名词。单音节名词修饰动词,易被看作构词语素(有的本身已成为语素,如"面(交)")。三音节名词在现代汉语中有增长的趋势,但其数量及增长速度远远赶不上双音节名词。四音节名词除少数是公认的词之外,大多数都被看作短语。因此,下面我们主要对双音节名词作一考察。①

(二)双音节名词的分类

我们依据名词的功能将其分成大类,再参照意义划分小类。我们设立的分类系统为:

第一级　普通名词/抽象名词/无量名词/专有名词/方所名词/时间名词

① 不包括以双音节形式出现的单音节名词的重叠形式(如"夜夜")及缩略语(如"生化")。

第二级　(将普通名词分为)个体名词/集体名词

第三级　(将个体名词分为)人或动物/机构单位/客观实体/事件活动

前两个等级主要按功能分类,第三等级主要按意义分类。具体分类如下:

1. 普通名词。此类名词的功能特点是可以与特定的量词搭配。语义特点是表示客观存在的人或事物。其下又分为:

(1)个体名词。此类词的特点是有自己特定的个体量词。例如:

A. 表人或动物([+有生])

大夫　法医　来客　浪子　君主　人质　同志　干部
海豚　文官　公民

B. 表机构、单位或团体([+等级])

书店　大队　单位　集体　机构　基层　国会　银行
小组　家庭　军队　民族　企业　议会　组织　高中
学校

C. 表客观存在的实体([+空间])

钢琴　电话　卡车　陶器　机场　汽车　彩票　榕树
光线　文物　计划　情报　手帕　电视　住宅　飞机
白云　青山　报纸　文章　广告

D. 表事件活动([+时间])

灾难　浩劫

(2)集体名词。此类可与度量词、容器量词、集合量词、不定量词等非个体量词搭配。例如:

现金　资金　公款　工资　公费　军费　图书　军火
船舶　粮食　沙滩　沙漠　天空　淡水　词汇　亲友

院校 夫妻 子女 书刊 资产 机械 物资

2. 抽象名词。此类词只受“种、类、点、些”等种类量词或虚化的个体量词修饰。语义上指无形的存在。例如：

系统 产业 常规 财务 财政 电力 国防 天文
水文 工业 婚姻 纲领 基建 技巧 技术 家事
风气 方法 工资 机械 劳务 结构 样式 民事
功能 外交 战况 金融 经济 时机 模式 规模
情况 流程 网络 物资 环境 岗位 信息 体制
实况 实物 武装 项目 生态 利率 行政 环境
社会 思想 民意 理论 宗教 司法 法规 文学
文艺 艺术 科学 科技 知识 道德 精神

3. 无量名词,此类名词不受数量词的修饰,或只受动量词修饰。例如：

私人 个人 上身 身心 人身 人力 胸口 地面
掌声 智商 智力 常规 笔锋 脑力 五官 天空
狂风 军方 外科 城乡 金融 商业 低温 风暴

从语义上看,无量名词既有指客观存在的,也有指抽象事物的。

4. 专有名词

广州(表示地名时出现)

5. 处所名词

低空 地面 地下 后方 湖边 空中

6. 时间名词

通宵 暑期 夜间 秋后 年终

通过考察，以上几类名词都可以进入偏正式[N+V]短语，但是在数量及角色的分配上差别很大。总体数量上抽象名词最多、个体名词次之。进入定中式[N+V]短语数量最多的是表示抽象意义的抽象名词和个体名词中的非实体名词，进入状中式[N+V]短语数量较多的是表实体的个体名词、时间名词和处所名词。这与影响偏正式[N+V]短语存在的客观需要是一致的。定中式[N+V]短语用来指称复杂的客观事物，要选择能够体现类别指称义的名词，而从个性到共性的总结是一个不断抽象化的过程，所以体现类别义的名词的意义往往是抽象的，抽象名词自然就成为首选。状中式[N+V]短语用来准确、生动地陈述事物的运动、变化，要选择表义与具体的时空相联系的名词，于是允许表实体的个体名词、时间词及处所词优先进入。以上分析表明，名词的抽象程度与其所进入的短语的性质存在着相当大的关系。名词越抽象，其进入名词性[N+V]短语的机会就越多；反之，进入动词性[N+V]短语的机会就越多。同时，对偏正式[N+V]短语而言，进入其中的名词越抽象，短语体现名词性的可能性就越大，反之，体现为动词性的可能性就越大。

(三)不能进入短语的名词的特征

虽然能够进入偏正式[N+V]短语的名词很多，但仍有一部分名词不能进入，这主要与语体色彩有关。我们发现，政论新闻体中[N+V]短语出现的数量远远多于小说。可见[N+V]短语是在书面环境中产生并发展，继而影响到口语的。因此，带有口语色彩的名词，即使是双音节的也不能进入[N+V]短语。比如一些带有特定词缀的名词：

瞎子(比较：盲人)　票子(比较：钞票)

念头(比较：想法)

一些表示称谓的名词：

爸爸 大娘 大爷 嫂子

一些不带词缀标记的名词：

好处 红人 熟人 祸害 丫头

四 名词的语义特征对短语的影响

什么样的名词能进入[N+V]短语与名词本身的音节数和语体色彩有关。而名词实际能进入哪个[N+V]短语则决定于名词与动词之间的选择搭配关系。这种选择是以动、名词的语义特征为基础的。由于动词是核心，起决定性作用，所以我们着重讨论名词的语义特征对短语的影响。

(一)生命度(Animacy)

生命度原本是生物学的概念，因这种生物学上的分类在广泛的语言里与句法结构相关，对一些语言现象有深刻的解释力，所以逐渐成为一个普遍使用的纯语言学概念。生命度的基本等级序列(Comrie, 1981)为：人类＞动物＞无生命物，不过它在实际语言中又存在着程度的差别。张伯江(1994b)将汉语名词的倾向性生命度等级描述为：

人称代词＞指示代词＞专有名词＞普通名词＞抽象名词＞无指名词

下面我们将借用这一等级来分析[N+V]短语中动名的搭配关系。首先比较一下下列各短语的不同：

*我们讨论 / 集体讨论 / 语法讨论

所含名词的生命度序列为：我们(人称代词)＞集体(普通名词)＞语法(抽象名词)。

对于三个短语内部的语法关系，我们用能不能加宾语进行测试：

	后加宾语(如“他的问题”)	主谓关系	前加“进行”后不能加宾语	偏正关系
我们讨论	+	+	−	−
集体讨论	+	+	+	+
语法讨论	−	−	+	+

测试表明在等级序列中，处于两端的“我们”和“语法”均以单一的方式与“讨论”组合。而处于中间的“集体”与“讨论”组合时却体现出两种关系。可见，名词的生命度影响着 N+V 短语的性质。生命度最高的人称代词“我们”出现在动词前时，激活了动词的典型功能，动词后有加宾语的强烈趋势，因此无法构成偏正关系。生命度低的抽象名词“语法”与动词组合时，动词失去了激活它动词性的原动力，也就失去了带宾语的功能，于是和名词之间只能实现偏正关系。而介于二者之间的“集体”，当其生命度体现得充分时，与动词构成主谓关系；其生命度体现得不充分时，与动词构成偏正关系。

总之，偏正式[N+V]短语排斥高生命度名词，人称代词、指示代词、专有名词都无法进入其中。

生命度的高低也影响着作为修饰语的名词的性质。作状语的往往是生命度高的名词，比较：

a. 电话联系　机器翻译　文字表达

b. 业务联系　语言翻译　情感表达

a 为表示实物的个体名词，生命度较高，具有较强的可感性和空间性，人们在认知过程中易与其建立起心理联系，因此常用来作状语;b为抽象意义的名词,生命度较低,不宜作为状语,通常用来作定语限制动词。

鉴于典型名词是"离散的、有形的、占有三维空间的实体",结合名词所指的生命特征,我们将能进入[N+V]短语的双音节名词按生命度高低排列如下:

有生名词＞ 机构名词＞实体名词＞集体名词＞抽象名词

整个名词系统的生命度序列可排列如下:

人称代词＞指示代词＞专有名词＞有生名词＞机构名词＞
9 8 7 6 5
实体名词＞集体名词＞抽象名词＞无指名词
4 3 2 1

(二)有指与无指

有指和无指是有关名词的指称性的一对概念。如果一个名词性成分的表现对象是话语中的某个实体,我们就说它是有指的;反之,是无指的。我们可以用能不能回指判断一个名词性成分是有指还是无指。偏正式[N+V]短语中的名词都是无指成分。比较下面两句中的"总统竞选"及其回指代词:

〔37〕总统竞选是美国重大的政治活动,它是美国民主政治的体现。

〔38〕总统竞选有没有希望,就看他的施政计划能不能满足人民的需求。

例〔37〕中的"它"回指的是"总统竞选",例〔38〕中的"他"回指的是"总统"。回指的范围不同,与短语在句中体现出来的表达功能不同有关。前者体现的是偏正式[N+V]短语的指称性功能,后者体现的是主谓式[N+V]短语的陈述性功能。前者的"总统"是一个类化的概念,表示身份,后者的"总统"是一个个体化概念，指代客观世界中的某一个人。所以，例〔37〕中的"它"只能指代"总统"所在的整体"总统竞选"，而例〔38〕中的"他"可以指代"总统"。

我们从中受到的启发是：可以借用回指的方法来判别短语的类别。例如：

〔39〕商品降价(这一)行为是否合理？

〔40〕价格竞争(它)并未导致企业亏本。

〔41〕银行贷款的前提，是借款企业的产品必须有市场，有效益，企业守信誉，能(向它)按期还本付息。

例〔39〕中插入的代词"这"回指的是"商品降价"，非"商品"，"商品降价"是偏正式短语；例〔40〕中插入的代词"它"回指的是"价格竞争"，非"价格"，"价格竞争"同样是偏正式短语。而例〔41〕中插入的"它"回指的是"银行"，非"银行贷款"，因此"银行贷款"是主谓式短语。

第三节 偏正式[N+V]短语的理解与分化

一 句子理解的心理加工

实际语言中[N+V]短语总是处于一定的语符串之中。句子的理解靠的就是人们对这些线性排列的符号的心理加工。受人类短时记忆限制的影响，人们在接收到一个个语符信息的同时，要不断进行组合、拆分，然后在这些组块之上完成对句子的理解。这种语义理解上的组块分隔与自然语言的语音停顿不一定相同。比较下面两句话：

〔42〕工厂制造轮船需要大量工人。

〔43〕汽车制造公司需要大量工人。

例〔42〕和例〔43〕自然停顿的位置是相同的：

〔42′〕工厂 / 制造轮船 / 需要 / 大量工人。

〔43′〕汽车 / 制造公司 / 需要 / 大量工人。

但是组块理解的过程却是不同的：

〔42″〕工厂 / 制造轮船 / 需要 / 大量 / 工人
　　　1 1　2 2 3 1　2 2　3 3　4 1

〔43″〕汽车制造 / 公司 / 需要 / 大量 / 工人
　　　1 1 2 1　2 1　2 2　3 3　4 1

例〔42″〕的组块分隔位置与语音停顿位置相同，例〔43″〕却不同。不同产生于名词与动词的搭配关系。例〔42″〕中的“工厂”是高生命度的名词，其后出现及物动词“制造”时，二者相互激活对方的典型功能。于是人的认知心理就会预测将有一个名词来填补“制造”后的宾语空位。宾语“轮船”出现后，对“制造”有强吸附力，使“制造”与“工厂”的联系相对疏远。而例〔41″〕中的“汽车”是无生名词，无法激活“制造”的典型功能，人的认知心理就会逆向作用将这两个词当作一个组块单位保存下来，使之继续与其他词相组合。如例〔41″〕“汽车制造”便与其后出现的名词“公司”组合成一个更大的组块。

了解了人们对语符串的加工过程，我们就可以试着将这种心理过程演化为符号处理的计算过程。“语言的计算分析指用某种形式化体系来表示语言的有关知识(包括事实和规则)，并在这种知识表示下合理地推导出有意义的语言学论断”(袁毓林，1996)。如通过上面的例子我们就可以总结出有关“N + V + N”内部语法关系的一条判定规则：当“N + V + N”位于主语位置上(句首)时，如果 N 的生命度大于 4(参见第二节)，且 V 为二价及物动词，则“N + V + N”为“主语 + 谓语(V + O)”结构，否则，“N + V + N”为“(定语 + 中心语) + 中心语”结构。同样，我们还可以通过对比分析，总结出其他的规律。如下面含有“Prep + N + V”语符串的句子：

〔44〕我们 / 在沿线 / 设立交通站。

1 1　2 3 2　3 3 4 4 1

〔45〕我们 / 为红军 / 采购物资。

1 1　2 3 2　3 3 4 1

〔46〕我们 / 在沿线 / 设立交通站/__传递信息。

1 1　2 3 2　3 3 4 4 1　2 2 3 1

〔47〕我们 / 为红军采购物资/ 提供方便。

1 1　2 3 3 4 4 5 2　3 3 4 1

“Prep + N + V”语符串在句中有两种组合方式：一种如例〔44〕〔46〕“（在/p 沿线/n）设立/v 交通站”或例〔45〕“（为/p 红军/n）采购/v 物资”（S +（Prep + N_1）+ V_1 + …），即介词与名词构成介宾短语作动词的状语；一种如例〔47〕“{为/p（红军/n 采购/v 物资）}提供/V 方便”（S + [Prep +（N_1 + V_1 + …）] + V_2 + …），即介词与其后的名词没有直接关系。由此，我们还可以看出，通过心理加工过程分析出来的结果，与直接成分分析法有部分相同之处。其规律为：当含有“Prep + N + V”语符串的句子中只有一个 V 或 N 的生命度小于 5 时，N 作 Prep 的宾语，“Prep + N”和 V 之间是偏正关系；反之，Prep 与 N 之间没有直接关系。

二　[N + V]短语的心理加工

下面我们采用以上办法，来分析[N + V]短语的出现环境，并据此对“N + V”的性质加以鉴别。由于主谓式[N + V]短语和状中式[N + V]短语体现的是动词的典型特征，处于谓语位置，情况单一，以它们为基点考察，不易揭示出[N + V]短语的复杂性，所以我们考察的“N + V”是有可能成为定中式[N + V]短语的“N +

V”，即出现在主语、宾语、定语、定语中心语位置上的“N + V”，其中 N 为非强生命度的名词(个别情况除外)。

(一)N + V_1 + V_2(实质是“N + V”在句中作主语的情况)

例如：

〔48〕价格竞争是基本的竞争机制。

〔49〕价格上涨是正常的经济现象。

从句法角度解释，例〔48〕中的“竞争”是交互类二价动词，可是其前只有一个抽象名词“价格”，未给其实现动词性的机会，因此此处“价格竞争”是一个定中式的[N + V]短语。从心理加工的角度看，当一个名词首先出现于人们的头脑中时，人们就会进行“怎么样”的语义期待(预测)，能够进入“怎么样”的是与名词语义相连的动词性词语。如“价格”一词在语义上优先激活的是“上涨”一类一价动词，当其后出现的是二价动词“竞争”时，人们就会将预测的内容“价格怎么样”改变为“什么竞争”。可表示如下(其中“┈┈>”表示心理预测的过程与途径，“⟶”表示组块的过程与途径，“⌒v”表示预测过程中的组合，“⌒v”表示理解组合块，“1、2、3……”表示心理加工的顺序)：

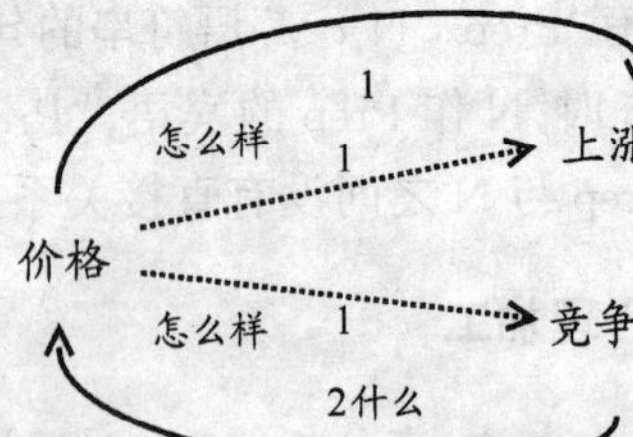

图一

可是参看例〔49〕，我们又发现“价格”与“上涨”匹配后，其后仍有谓语动词存在，则我们还会返回，将其看作一个偏正式短语(因为

“价格”本身是抽象的)。如图:

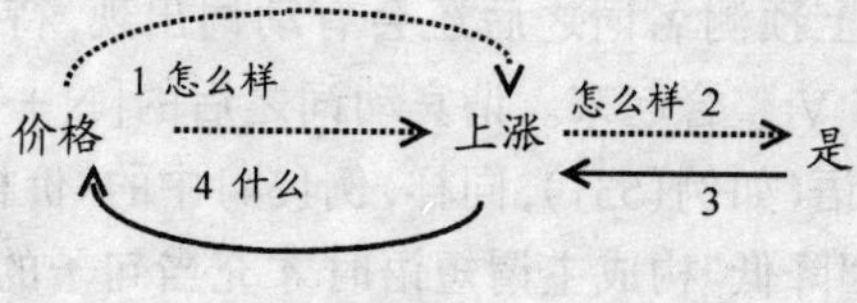

图二

那么,是不是所有的“N + V”出现在句首都是整合起来作主语呢?我们发现并非如此,比较:

〔50〕价格竞争得很激烈。

〔51〕价格竞争不过她们。

〔52〕价格竞争很激烈。

例〔50〕和例〔51〕中在“竞争”后面出现的不是动词,而是体现它动词性的补充、说明成分,于是“竞争”的动词性得以激活。此时“价格”和“竞争”的语义联系变得松散,整个句子的结构成为“主语 + 动词 + 补语”。对例〔52〕的理解可以有两种:一种如前两例为述补结构作谓语,一种为形容词作谓语的主谓结构。而“价格竞争很合理”中不能加入“得”,此时,“价格竞争”之间仍存在偏正关系。所以可总结规律如下:

规则一　当“N + V”语符串位于句首时,若 N 后有动词性成分出现(N + V_1 + V_2/A),则“N + V”为定中式[N + V]短语;若 N 后有补语标记“得”或其他补语格式(如“不过……”),则“N + V”为非语法形式。

(二)V_1 + N + V_2(即“N + V”作宾语的情况)

对于“V_1 + N + V_2”这一字符串,我们先要区别的是 V_1 是谓宾动词还是非谓宾动词。当 V_1 为谓宾动词时。例如:

〔53〕禁止露天游泳

〔54〕希望价格降低

当名词“露天”出现在谓宾动词“禁止”之后，人们不会将其放入宾语空位，心理上预测名词之后还会有动词出现，待动词“游泳”出现，才将N与V整合起来。谓宾动词之后的[N+V]短语是状中式[N+V]短语(如例〔53〕)，同样，例〔54〕中的“价格”不会占据宾语空位，待与“降低”构成主谓短语时才充当句子的宾语。图示如下：

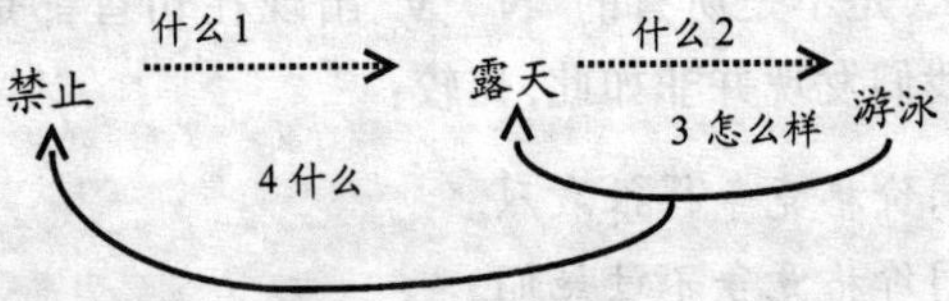

图三

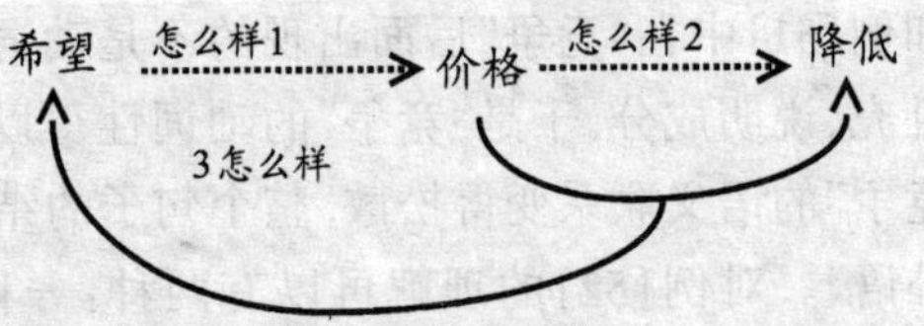

图四

当 V_1 为非谓宾动词(包括体宾动词、准谓宾动词、体谓宾动词)时。例如：

〔55〕普及电脑教育

〔56〕进行国会选举

〔57〕看见火山爆发

例〔55〕中“普及”是一个二价动词，人们在认知过程中会将其后出现的名词填入受动词支配的宾语位置，这样当“电脑”后出现新的动词时，心理预测就会赋予它强动词性。可是，二价动词“教育”之后不再出现名词，其动词性不能得以体现，于是，人们只能再将其与“电脑”匹配，以偏正短语的形式作“普及”的宾

语。因此,此处的[N+V]短语是定中式的。其心理加工过程如图所示:

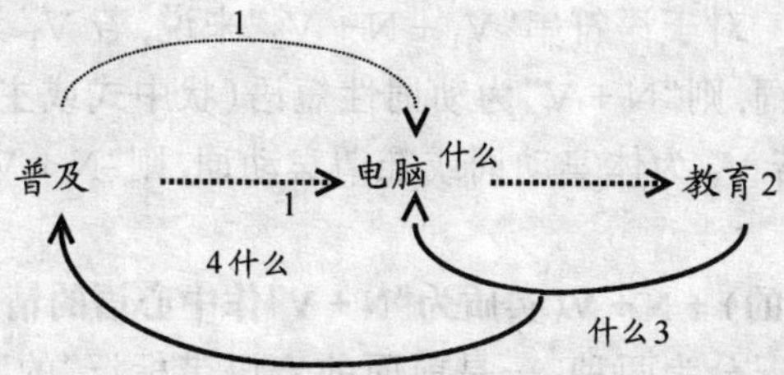

图五

"进行"等准谓宾动词,本身没有实际的语义,需要作其宾语的动词与其配合完成充当谓语的功能。如例〔56〕中名词"国会"出现在"进行"后时,"进行"的功能未得到体现,它和"国会"不能构成任何关系。待动词"选举"出现,"进行"和"选举"之间发生了动词性转移,"进行"获取"选举"的动词性,充当谓语,而动词性减弱的"选举"与"国会"组合,充当"进行"的宾语。再看"从事飞机设计研究",其中"从事"也是非谓语动词,根据前面的分析,"从事飞机设计"已是一个完整的述宾短语,当其后又出现一动词"研究"时,其组块分析的过程同例〔55〕,二价动词"研究"与"飞机设计"组合成偏正短语作"从事"的宾语。

对于既能带体宾、又能带谓宾的"看见"这一类词来说,其情况为例〔55〕与例〔56〕的综合。如图:

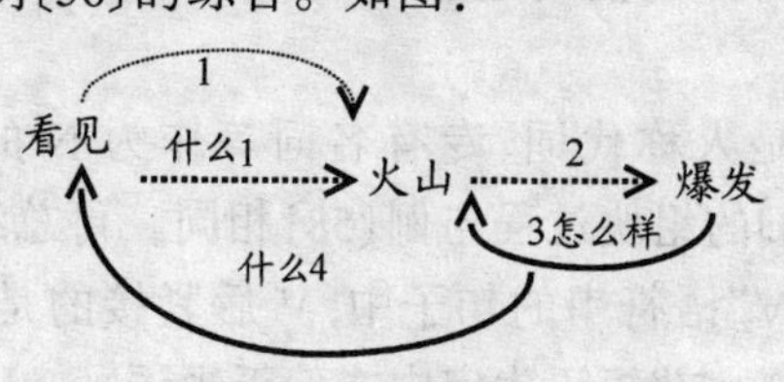

图六

也可以将其同例〔54〕一样处理，因为此类动词的宾语并不具有类别指称义。所以，可总结规律如下：

规则二　对于语符串“V_1 + N + V_2”来说，若 V_1 为谓宾动词或体谓宾动词，则“N + V”为动词性短语（状中式或主谓式）或非语法形式；若 V_1 为体宾动词或准谓宾动词，则“N + V”为定中式偏正短语。

（三）X（的）+ N + V（实质为“N + V”作中心语的情况）

这种情况分为两种：一是前面的定语带标记“的”；一是前面的定语不带标记“的”。

1. X + 的 + N + V（X 指修饰成分）

举例如下：

〔58〕许多人对庞大的宇航支出感到十分担心。

〔59〕这就意味着他的智力发展跃进了 10 年。

〔60〕尼克松上任后，由于世界局势的变化，美国的外交活动大大多于他的前任时期。

例〔58〕为“A + 的 + N + V”，形容词“庞大”用来形容事物的体积或资金的数目，当其后出现名词“宇航”时，被激活的是用来形容体积的语义，“A + 的 + N”已是一个完整的名词性偏正结构；动词“支出”出现时，人们的认知预测它为强动词性，将充当谓语动词，可“支出”后并无名词受其支配，于是动词性无法体现，只能与它前面的名词构成名词性短语。如图所示：

“的”前也可以是人称代词、专有名词等作为 N 的修饰语（如例〔59〕〔60〕），它们的组块过程与例〔58〕相同。可总结规律为：如果含有“的 + N + V”语符串的句子中，V 后紧接的是谓语动词或动词性成分，则“N + V”短语为定中式偏正短语。

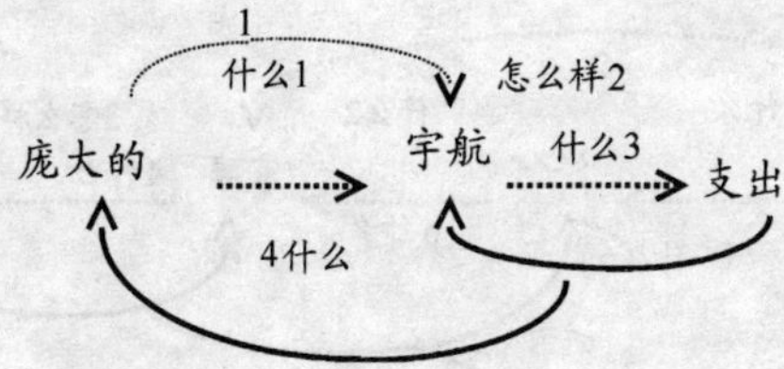

图七

2. X+N+V

此类"N+V"短语作中心语,前面没有形式标记"的",充当修饰语的主要有:专有名词(如例〔61〕〔62〕)、普通名词(如例〔63〕〔64〕)、代词或形容词(如例〔65〕〔66〕):

〔61〕据美国1975年的盖洛普民意调查,有41%的美国公民认为……

〔62〕近年来西德乐器生产增加了6倍。

〔63〕后经查明,原来引起震波的是一场摇摆舞音乐演出,……

〔64〕1985年世界军费开支为8000亿美元。

〔65〕各种音乐竞赛也大大促进了当代音乐的发展。

〔66〕她明确表示,不参加我们的任何家事讨论。

它们在句中所处的句法环境有所不同。如例〔61〕〔66〕修饰语前有标记"的";例〔63〕前有数量词组;而修饰语前没有这些成分的,通常作主语,如例〔62〕〔64〕。

我们首先对例〔66〕作一下分析:"的"后出现"任何","任何"不能独立充当中心语,这就需要其后有名词出现,名词"家事"出现后,正好与"任何"组合充当中心语。随后出现的"讨论"就有了作谓语动词的可能,但其后无任何词充任它的宾语,其动词性无法实现,只能再与前面的名词"家事"组合成偏正结构,其过程如下所示:

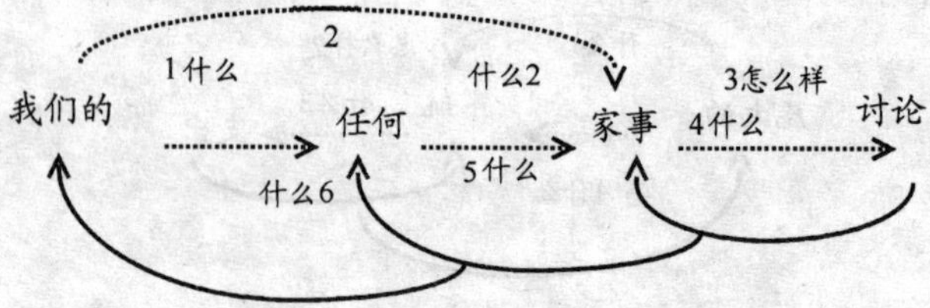

图八

而“$N_1 + N_2 + V$”的例子很复杂：

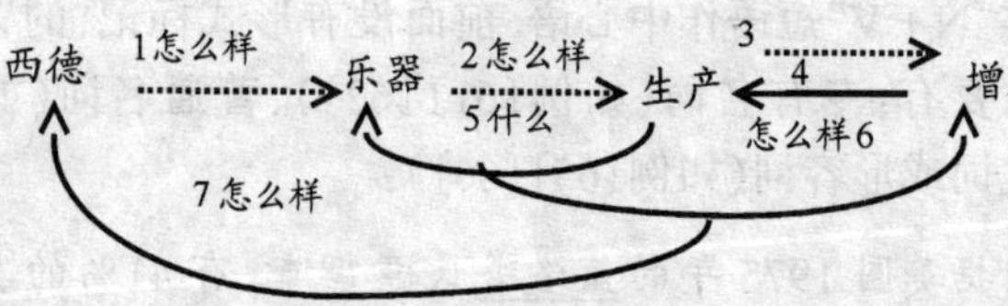

图九 a

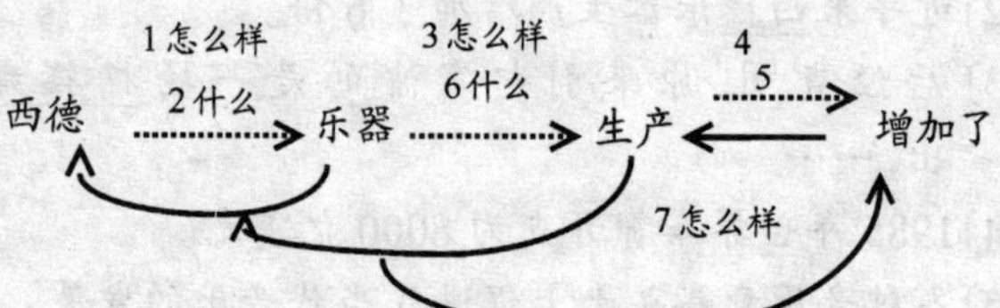

图九 b

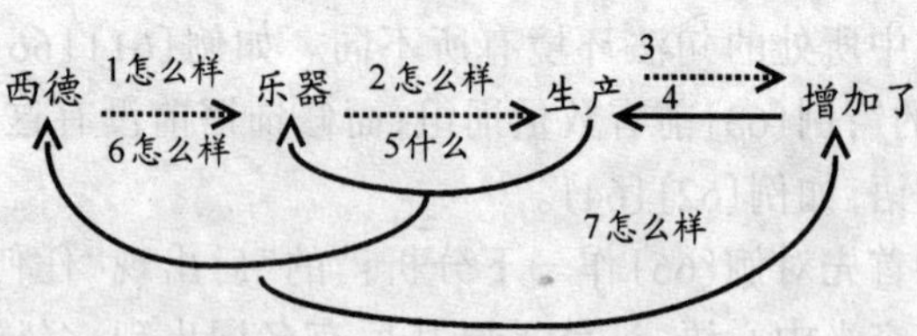

图九 c

由此可见，对于“$N_1 + N_2 + V$”语符串（排除 N_1 和 N_2 是同位关系）来说，存在三种组块的可能（可加“的”进行区别），一为“$N_1 + N_2 + V$”（如“西德/乐器生产”），一为“N_1 + 的 + $N_2 + V$”（如“西德的乐器生产”)，一为“$N_1 + N_2 +$ 的 $+ V$”(如“西德乐器的生产”)。前一种为非语法形式，后两种为语法形式。不过，不管沿哪一条路径来理解这句话，动词“生产”在其中的动词性表现都是一致的，因此为了简化问题，我们不妨规定就按照第二种可能进行处理，这样也才能够体现“N+V”短语的类化意义。从而，我们可以总结规律如下：

规则三　当句中出现“N_1/R/A+(的)+N_2+V”语符串时，若V位于句子的末尾，或V后为其他的动词性成分(V/VP/A/AP)，则“N+V”短语为定中式偏正短语。

如“中国经济发展”这一个语符串不能构成一个完整的句子，只有加“了”成为“中国经济发展了”或补充其他非名词性成分“中国经济发展很快”才能成句，才能体现“发展”的动词性，可见“中国经济发展”本身只是一个名词性短语。又如下面的例子中“$N_1 + N_2 + V$”语符串是非语法形式：

革命导师马克思一生钟爱音乐。

因为“$N_1 + N_2 + V$”之后出现了能够激活“钟爱”动词性的名词“音乐”，N_2 和V之间就成为状中关系，“马克思”和“一生钟爱”之间不存在直接关系。

上述规律也有一些不适合的情况。例如：

〔67〕亚美罗浩劫报道——下午5时，空中落下一阵细灰，然后是倾盆大雨。

此例不能分析为“亚美罗的浩劫报道”，原因在于“亚美罗”与“浩劫”存在同一关系，可加入代词指代，如“亚美罗这场浩劫”，但“$N_1 + N_2 + V$”整体定性不违反上述规律。

〔68〕……大力倡导有利于社会主义市场经济发展的思想道德文化。

此例不能分析为"社会主义市场的经济发展",原因在于"市场经济"已具有整合的意义,但"N_1+N_2+V"的整体定性仍符合上述规律。

(四)N_1+V+(的)$+N_2$(实质为"N + V"作定语的情况)

"N + V"作定语修饰名词,有带标记"的"和不带标记"的"两种情况,下面分别分析:

1. N_1+V+N_2　如:

〔69〕总不能说兄弟民族的经济发展水平高于我们啊!

〔70〕他还建立了严格的新闻检查制度,未经允许,不许播放各外国通讯社的新闻。

〔71〕我也会给你一份我的身体检查报告,…

〔72〕国民教育经费有 4300 万美元。

〔73〕越来越多的人开始怀念以东方快车为代表的火车旅行方式。

"N_1+V+N_2"是"N + V"短语主要的出现环境,当 V 体现出动词性时,N_1 与 V 之间是非语法形式或状中关系,当 V 的动词性体现不出来时,N_1 与 V 之间是定中关系。例如:

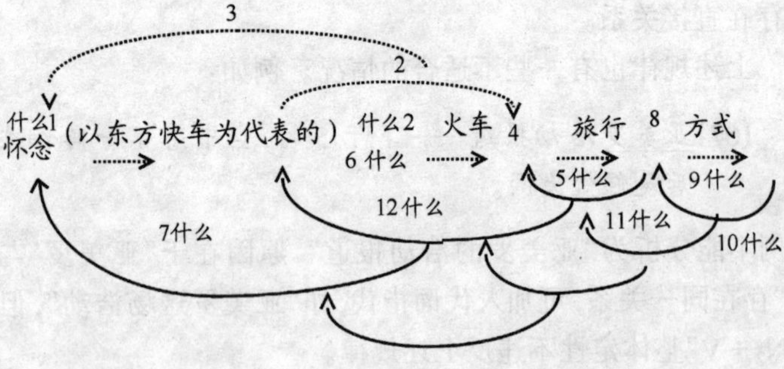

图十

"旅行"是一价动词,且要求配价成分为有生名词,可其前名词"火车”不符合此要求，于是“旅行”动词性降低，只能与“火车”构成定中式偏正短语。名词“方式”处于句尾，无可依附，只能向前寻找联系成分，于是与“火车旅行”构成偏正短语。

再看一下处于句首位置上的“N_1+V+N_2”：

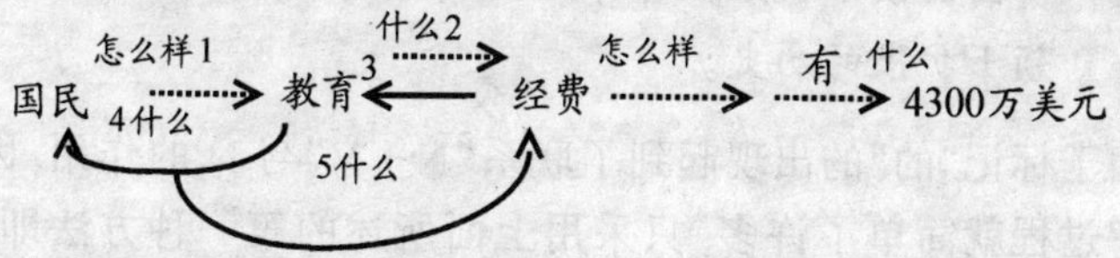

图十一 a

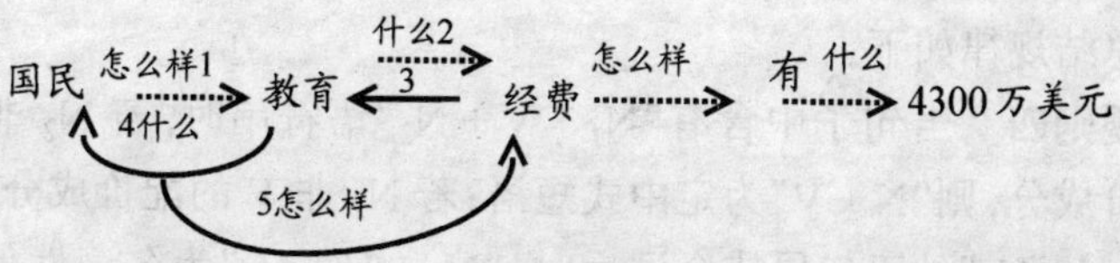

图十一 b

可见，处于句首的“N_1+V+N_2”短语要比处于句尾的情况复杂一些，既有同上的情况(即“N_1+V+N_2”为偏正式名词性短语)，又有为非语法形式的情况(即“N+V”短语作主语)。但是“N+V”短语始终是定中式的。选择哪种分析方法，应看具体情况。如“技术进步速度之快难以估计”就可以采取两种分析方法。而下面两例“N_1+V”与 N_2 之间有同位关系，因此，只能采取第一种分析方法。例如：

〔73〕企业降价<u>行为</u>是否合理

〔74〕汽车制动<u>问题</u>造成的交通事故多达200起。

对于那些经常出现在“N+V”后的单音节语素(或词)，由于不能独立充当语法成分，自然将与“N+V”合成一个整体，如“病毒携带者、婚姻介绍所、电话订货部、公司管理层”等。

2. N_1 + V + 的 + N_2　例如：

〔75〕杜邦一家一直站在科技发明的前列。

〔76〕无线电广播的音乐越来越抑郁了。

〔77〕美国国旗不仅象征着行政区域的划分，而且记载了美国领土扩张的历史。

由于标记“的”的出现起到了联系“N + V”与 N 的作用，因此其理解过程就简单了许多，只采用上面所述的第一种方法即可，即把“N_1 + V + 的 + N_2”分析为名词性偏正短语，其中“N + V”短语为定中式短语。

总结规律如下：

规则四　当句子中含有“N_1 + V + N_2”语符串时，若 N_2 非 V 的配价成分，则“N + V”为定中式短语；若 N_2 非 V 的配价成分，且“N_1 + V + N_2”处于句尾或介词后时，“N_1 + V + N_2”为名词性偏正短语；若 N_2 非 V 的配价成分，且“N_1 + V + N_2”非处于句尾或介词后时，“N_1 + V + N_2”或者为名词性偏正短语，或者为非语法形式。

规则五　若句子中含有“N_1 + V + 的 + N_2”语符串，则通常情况下，此语符串都为名词性偏正短语，其中“N + V”为定中式短语。

通过对处于不同句法环境中的“N + V”语符串的认知考察，我们进一步认清了定中式[N + V]短语的性质、句法成因，从而初步掌握了判别处于不同位置的“N + V”的性质的方法，也因此进一步明晰了主谓式“N + V”短语与偏正式[N + V]短语的区别与联系：

1. 在实际的句子中，主谓式“N + V”短语其实很少，因为实际的句子中 V 后经常有后续成分(如宾语、补语、联合成分或“了/着/过”等)，加上这些成分后，主谓关系的构成成分便为 N 与 VP，而非 N 和 V，“N + V”语符串成为非语法形式。而偏正式[N + V]短语无论在句中还是在句外都是一个语法形式。

2. 当V相同时,N的生命度对[N+V]短语有一定的影响。高生命度N激活V的动词性,实现主谓关系;低生命度N抑制V的动词性,实现偏正关系。

3. 当N处于句首时,由于句首是主语的典型位置,因此人们往往会因此预测到主谓短语,即"接收了指称信息,总是预测下边有陈述信息出现"(文炼,1992)。可见,在句子理解的过程中,主谓式"N+V"短语是一种优势框架。

4. 在分析"N+V"短语的过程中,有许多殊途同归的现象,即按照不同的理解路径来理解句子,"N+V"短语在其中的功能表现都是一致的,究其原因,V的动词性表现是决定"N+V"短语性质的关键,从而再次证明了动词是句子的核心的论断。

三 句型判定与歧义分化

以上分析为我们判定句型、分化结构歧义提供了帮助。不过,总结出来的规则仍嫌宽泛,需要参照动词、名词的各项特征、性质继续补充、修正。下面我们就将综合利用各方面的条件,解决一些实际问题。

(一)句型的确定

"句子的结构分析的终极目的,是为了确定句型"(胡裕树主编,1995),分清N与V之间的语义关系,对人们或计算机正确处理短语结构关系、确认句型都有帮助。

1. 一般动词句与连动句的区分。比较:

〔78〕我给你们提供/技术咨询。

〔79〕我给你们提供房间/休息。

例〔78〕中二价动词"咨询"后宾语空位,"咨询"动词性降低,与名词"技术"构成定中式短语,因此整句话只有"提供"一个谓语动词，所以该句是一般的动词谓语句。例〔79〕中"休息"是一价动词，其后不带宾语，在此处动词性得以体现，所以此句有两个谓语动词，为连动句。可见，动词的价对结构关系的影响很大。另外，据此我们可将规则二的后一部分完善为"若 V_1 为体宾动词或准谓宾动词，则"N + V"短语为定中式偏正短语（V_1 非一价动词）或非语法形式（V_1 为一价动词）"。

2. 一般动词句与兼语句的区分。比较：

〔80〕我建议学校创办公司。

〔81〕我建议病人注射新斯的明。

〔82〕我建议肌肉注射新斯的明。

三例有所不同。前两例为兼语式，后一例为一般的动词谓语句。因为前两例中的"学校""病人"都是高生命度名词，可以作"建议"的接受者，同时可以作"注射"的施事或与事，而后一例中的"肌肉"是低生命度名词，只能作"建议"的内容，且不是"注射"的必有论元施事或与事之一，所以只能作状语。可见，生命度也是影响结构关系的重要因素。我们可将它引入规则二，将规则二的前一部分完善为"对于语符串'V_1 + N + V_2'来说，若 V_1 为谓宾动词，且 N 的生命度大于 4，则"N + V"短语为主谓短语或非语法形式；若 V_1 为谓宾动词，且 N 的生命度小于 5，则"N + V"短语为状中式偏正短语"。

3. 一般动词句与主谓谓语句的区分。比较：

〔83〕他/个人支付了三千元。

〔84〕他们/单位支付了三千元，（个人支付了三十元。）

例〔83〕中"个人支付"为状中式偏正短语，例〔84〕中的"单位支付"为非语法形式。例〔83〕中"他""个人"都可作"支付"的施动者。但是当它们同时出现时，生命度低的"个人"就降为修饰性成分。

例〔84〕情况不同。如果认为“他们”与“单位”之间没有直接关系，则只有“单位”是“支付”的施事，“单位支付”为非语法形式。若认为“他们”与“单位”之间是领属关系，则“他们”处于从属地位，此时“单位”仍是生命度的主要体现者，“单位支付”仍是非语法形式。从中我们可以得知：A. 当生命度不同的名词共现时，名词与动词之间的语义关系首先决定于名词与动词之间的语义关联。如“剧团衣服购买了很多”，其中“剧团”和“衣服”一为动词的施事，一为动词的受事，在语义角色上没有冲突，此时“衣服”就没有必要改变语法位置为它提供的典型身份。B. 当生命度接近的名词于动词前共现时，若它们可充当相同的语义角色，则动词在语义联系上遵循就近的原则，如例〔84〕。

(二)偏正式[N+V]短语内部层次关系的区别

1. 比较下列句子的层次划分：

〔85〕学校管理委员会

〔86〕电话订货部

前面已经提到当 N_2 为单音节词或语素时，V 先与 N_2 结合，然后再一起同前一名词组合，所以这种情况下，划分方法为“$N_1+(V_2+N_2)$”。而许多双音节动词加上单音节名词后，逐渐获得了稳固的、普遍的意义，比如“研究所、演唱会”。若 N_2 为双音节或双音节以上名词时，就可能有两种划分组合方法，如“学校管理 / 委员会”或“学校 / 管理委员会”。如果前一名词是动词的配价成分，则第一种划分方法占有优势，如“国民教育 / 经费”“动物保护 / 协会”。如果前一名词非动词的配价成分，则第二种划分占有优势，如“地面 / 控制中心”“议会 / 辩论记录”。

2. 区别短语的内部关系，是以名词和动词的类别特征为基础的。如下面一组例子：

〔87〕学生服务人员

〔88〕国家服务人员

〔89〕餐厅服务人员

三个短语的内部语义关系不相同,比较:

学生服务人员——服务人员是学生 / *学生的服务人员 / *在学生服务的人员

国家服务人员——*服务人员是国家 / 国家的服务人员 / *在国家服务的人员

餐厅服务人员——*服务人员是餐厅 / 餐厅的服务人员 / 在餐厅服务的人员

在深层结构中"学生""国家""餐厅"都可以作"服务"的与事,但是在表层结构中这种一致性却难以体现,表现出来的关系很复杂:A.[N+V]短语的内部关系分别为:"学生服务"(主体/关涉)、"国家服务"(关涉)、"餐厅服务"(关涉/方所)。B."国家""餐厅"可以与"服务人员"构成领属关系,而"学生"不可,但是"学生"可以与"服务人员"构成同一关系,这与名词的特征有关。"学生"为表人的个体名词,与"人员"一样为[+有生]名词;"国家"和"餐厅"为表示机构、单位的个体名词,具有等级性且处于等级的上端;而"餐厅"又可表示地点。

第二章　[V+N]定中短语研究

动名组合序列的定中结构是一种特殊的定中句法形式，是汉语句法结构的显著特点之一。本章着重于定中式[V+N]短语的研究，在详尽描写的基础上，从认知的角度对[V+N]定中式短语的各项功能作出分析。

第一节　现代汉语中的[V+N]定中式短语

一　[V+N]定中式短语的功能及意义

(一)[V+N]定中式短语的词汇化分析

从传统的分析角度出发，可以找出许多影响"的"字隐现的因素，但其中最重要的基本因素很难找出来。我们可以权宜地把不需要带"的"而直接组合的定中构造看作熟语形式甚至语法词，或在词库中一一注明它们的搭配条件，但由于形名组合和名名组合都是开放性的，若这样处理，汉语里熟语和词的范围就太大了。

自陆志韦等(1964)开始，人们常用所谓"扩展法"来区分复合词和短语。下面的例子出自朱德熙(1982)：

*生姜(生的姜)　*金笔(金的笔)
生肉(生的肉)　金表(金的表)

尽管这种从意义的整合性看词和短语的区别的传统观点常为人诟病，但它无疑反映了人们的语感，即不可加"的"的紧密的形式组合往往对应于紧密的意义组合。

我们利用这种方法来区分定中式动名组合序列中的两类不同的结构。

A 治疗中心　指挥中心　毕业典礼　结婚典礼　扩大会议
　协商会议　旅行手册　工作手册　教育战线　统一战线
　代表人物　领导人物　驾驶执照　营业执照　互助条约
　合作条约　希望工程　建筑工程

B 生活方式　控制对象　觉悟程度　进攻时间　调解情况
　剥削行为　交际手段　整顿范围　了解程度　学习条件
　演出人员　抢救措施　交货地点　追求目标　考试规则
　活动能力　筹备情况　联络手段

A组一般是不加“的”的，具有明显的成词倾向，无论从结构上还是意义上都具有结合紧密、凝固性高的特点，具有明显的称谓性(称谓性指的是能构成一个类名去称谓某个或某类事物的定中结构的特性)。如果加上“的”，如“治疗的中心”和“指挥的中心”，则往往具有强调的作用。因此，吕叔湘(1979/1990)、朱德熙(1982)认为类似A组的短语可看作一种“语法的词”，或“功能相当于一个单一的名词”，陆丙甫(1993)更明确主张将它们分析为复合词。

B组的动词与名词之间的结合要松弛得多，通常可以在动词和名词之间加上“的”，如“觉悟的程度”“进攻的时间”等。它们是典型的短语。

同时我们也可以从动词和名词之间的概念距离这一角度来加以区分。通常说来，越靠近词汇化程度较高的一端，名词性短语中定语的分类性就越差。比如“死人”，如果说还有“活人”与之相对的话，那么最具原型性的复合词“押金、靠山”等，则根本没有分类性(？金、？山)。这也就是说，词汇化的程度越高，动词与名词的概念距离就越小，如“押金、靠山”类；短语化程度越高，动词与名词的概念距离就越大，如“觉悟程度、进攻时间”。

所以，定中式[V＋N]结构在词汇化程度方面也应该视为一个连续统。程度最高的一端是通常所说的典型复合词(如“死期、押金”),其次是“飞鸟、活人、烧饼”之类,居于中间的是近于复合词,凝固性很高的“治疗中心、毕业典礼”一类,最低的一端是典型的定中式短语“管理制度、考试规则”一类。

词——————————————————————短语

“死期”类　　“飞鸟”类　　“治疗中心”类　　“管理制度”类

这实际上也与音节有关。在动名组合序列的双音节定中结构中,当名词作为不成词语素出现时,整个构造一般是典型的复合词;当名词作为成词语素出现时,整个构造一般倾向于复合词。而在动名组合序列的四音节定中结构中,我们一般将它们看成是短语。只是有些四音节短语由于结合紧密,使用频繁,具有极强的成词趋势,如“毕业典礼、治疗中心”。但这毕竟是少数。

由此可见,“ V+N”定中式短语具有概念化的倾向。但并非一经出现就作为整体概念被接受,而是经历了一个渐变的过程。它体现了语言现象的一个最基本的原理。

(二)[V+N]定中式短语的功能与意义

汉语里原型的定中短语通常指的是形名组合,其原型形式表现为领属性的和修饰性的。而动名组合序列的定中短语中的动词一般是表限制的,也有少数是描写性的,但必须加标记词“的”。这也说明了动词充当定语是原型的定中短语中定语的一种扩展形式。动词充当定语时的词性保持不变。根据[V+N]定中结构中V的及物性与不及物性以及N的抽象义与具体义等各方面的要求,本章论述的[V+N]定中结构主要包括以下几类:

1. 争夺范围　欣赏水平(也可加“的”)(表限制的)
2. 参考书目　下岗工人(习惯上不加“的”)(表限制的)
3. 进口设备　下放干部(歧义)(表限制的)

定中式短语属于名词性短语,指称性和空间性都很强。而指称形态反映在语法上就是体词性成分，因此定中式短语在句法功能上与名词的句法功能相类似。但它不能作谓语、状语，这又是与某些名词不一致的地方。

主语：

(1)我的游泳技术从来没有发挥得这么好。

(2)接待规格又升了一级。

动词宾语：

(3)妈妈像最普通的老百姓那样度过她解放后的工作生涯。

(4)我剪下这条新闻，辞去刚刚承包的运输任务，到C城来了。

(5)陈正在让他写冒名顶替市委领导的交待材料呢。

(6)每次，她总是欣慰地在预计的时间、预计的位置望见丈夫宽厚的背影，特别是那只经丈夫设计，由她改制的帆布旅行背包，她总默默地对着那脊背、那背包送去她的祝福。

(7)正说着，来了省电台两个记者搞录音采访，致使那女人一阵忙乱。

(8)李亦东却持了否定态度。

(9)亦东说，以往他是喜欢在这里。可这会儿，他是通缉要犯，知道咱把宾馆都盯死了。

例(3)－(6)都是定中短语充当宾语的中心语，后三句是定中短语直接作宾语。从搜集的五十万字语料来看，在所有充当动词宾语的例句中，前者占了86%，后者只是极少数。

介词宾语：

(10)就在那次批斗大会上，她当场吓得瘫在地上。

(11)导演对我的排练成绩很满意。

(12)这是我将离婚证书寄给孙悦的时候她写给我的一首诗。

(13)他以切身经历否定了他自己的理论。

定语：

(14)粞的父亲是收到回来落实政策的通知而从乡下回家的。

(15)星子那天拿了大学招生考试的报纸一路狂奔地来找粞。

(16)如果他是所名牌大学的大学生而不是一个搬运小队的小队长或助理员之类，星子会如现在这样拒绝他么？

(17)此间又新成立了“舒适”出租汽车公司。

[V+N]定中短语虽然属名词性短语，但在作定语时，通常要加“的”，否则是不能成立的。这也是[V+N]定中短语作定语与名词作定语的不同之处。如，在“出租汽车公司”和“落实政策的通知”中，二者都是以[V+N]定中短语作定语的，但是这两个定中短语的名词性却不相同。“出租汽车”的名词性强于“落实政策”。表现在前者作定语时既可以加“的”（出租汽车的公司），也可以不加“的”（出租汽车公司），后者作定语时必须加“的”（*落实政策通知）。因为“的”是体词化的手段，只有名词性弱、动词性强的词或短语作定语才必须借助“的”。既然只有在名词性弱、动词性强的词或短语作定语时才必须借助“的”，那就说明，整个[V+N]定中短语并没有完全变成名词性短语，它还有某些动词性短语的特点。所以，在充当定语的[V+N]定中短语里面，可以分为两类：一类是定中短语直接作定语，名词化的概念更强，如“昨天他去了出租汽车公司”；一类是定中短语加上“的”后作定语，如“定语”中的(14)(15)(16)句。

根据[V+N]定中短语充当句法功能的表现，我们可以看到这类短语由名词性短语向动词性短语转化的过程：

[V+N]n ——————————————→ [V+N]v

（作主语、述宾、介宾） （直接作定语） （加“的”作定语） （作谓语）

这一连续统表明：

1. 作主语、述宾、介宾的是典型的名词性短语，即定中式[V+N]短语。

2. 作谓语的是典型的动词性短语，即述宾式[V+N]短语。

3. 能够直接作定语的[V+N]短语体现出较强的名词性。

4. 加“的”后作定语的[V+N]短语名词性较弱，动词性较强。

在语言信息的分析中，指称和陈述是同等重要的。现代汉语中的所有名词性短语都具有指称性。当名词性短语占据了主语和宾语的位置时，指称功能便得以实现。与名词性、动词性的强弱相照应，[V+N]短语由述宾关系转化为定中关系的过程，也就是由陈述义向指称义转化的过程。因此，对应于名词性和动词性的强弱情况，[V+N]定中短语的指称义也由强至弱，构成了一个连续统。

指称义 ——————————————————→ 陈述义

[V+N]n	[V+N]n	[V+N]v	[V+N]v
（作主语、述宾、介宾）	（直接作定语）	（加“的”作定语）	（作谓语）

二 [V+N]定中式短语内部的语义关系

[V+N]定中短语的语义关系多种多样。概括起来，主要有以下几种：

1. 动作—施事

此时，V是及物或者不及物动词，N是具有[+有生]语义特征的表人名词或者是与[+有生]语义特征相关的表团体组织的名词，是动作行为的主动发出者。因此，这种语义关系下的[V+N]结构无法理解为述宾关系，而只能理解为偏正关系。V和N可以颠倒，变成主语为施事的主谓短语，可以理解为NV，也可解释为“正在V的N”。这类短语的词汇化程度很高。其中有的已经成词，如：劳动模范、统治阶级，但多数还是短语。如：

演出代表 访问学者 主讲教师 辩护律师 执法人员
参赛选手 教学模范 生产标兵 谈判对方 出版单位
建设兵团 游行队伍 主管干部 革新能手 上访群众
来访读者 救命恩人 献花儿童

以上词组可解释为“代表演出”“学者访问”“教师主讲”“律师辩护”等，或者解释为“正在演出的代表”“正在访问的学者”“正在主讲的教师”“正在辩护的律师”等。

2. 动作—受事

此时，V是及物动词，这里的“受事”指的是广义上的受事，不仅指“动作动词的动作行为的承受者或接受者”，也指动作行为所关涉的对象。可以把这类短语用“把”字结构来变换。例如：研究课题——把课题研究(一下)。在[V+N]定中短语中，表受事的名词明显少于表施事的名词。其他表受事的[V+N]定中短语还有：

保护动物 伪造证件 补充教材 压缩饼干 移植器官
检查内容 翻译小说 译制影片 密封仓库 移动目标
随带行李 测验结果 复印文件 特邀代表 出口物资
怀疑对象 资助对象 攻击目标 进口设备 预定时间

当N是一些表人的有生名词时，便出现了歧解。这时的N既可理解为动作的发出者，又可理解为动作的受动者。所以[V+N]短语是述宾关系和定中关系的糅杂。例如：

评论专家 指导教师 代理厂长 监督干部

这主要也跟动词是低向动词和高向动词的糅杂，而名词是高控制度词有关。但从认知角度来看，人们更倾向于将其理解为定中关系。如“监督干部”，“干部”是个高控制度词，当它与“监督”结合在一起时，人们习惯将“干部”理解为“监督”这一动作行为的发出者,即“干部监督别人”。“评论专家”也是一样,“专家”是个高控制度词,容易将它理解为动作“评论”的发出者,即“专家在评论”。

有时,虽然V与N具有动作—施(受)事的语义关系,但由于V与N之间具有特定的语义制约关系,因而不会产生歧解。例如:

护理伤员(述宾) 审判罪犯(述宾) 悼念烈士(述宾)
护理护士(定中) 审判庭长(定中) 悼念群众(定中)

不过,在大多数情况下,仍需要通过上下文,凭借语境来辨析。

当N是表物的非有生名词时,仍然有歧解。如“出口物资”,既可理解为述宾关系“物资被出口”,也可理解为定中关系“被出口的物资”。

3. 动作—当事

死亡人员 退休工人 毕业学生 下台干部 中毒民工
流亡政府 退役军人 退伍军人 转业军人 住院患者
临产孕妇 离任总统

在这种语义搭配关系中,V是不及物动词,N是具有[+有生]语义特征的普通表人名词,是动作行为的主体。它与施事的区别在于表当事的名词都是表人名词,但它不是动作的主动发出者,即对动作行为没有控制能力。也就是说,在这种语义搭配关系中,动词多属于非自主动词。这种语义关系可理解为NV,但有些短语一般不可理解为“正在V的N”。如“死亡人员”“退休工人”可理解为“人员死亡”“工人退休”,但若理解为“正在死亡的人员”“正在退休的工人”,似乎不太合理。

4. 动作—处所

这一语义关系下的名词主要是表示动作行为发生的处所、空间、范围等的抽象名词。可将之变换为:“介词(在/朝/沿/从)

+ N+ V”。例如:培训基地→在基地培训,谈判地点→在某地点谈判,努力方向→朝某方向努力。这类短语的词汇化程度很低。例如:

培训基地　搬运工地　批发市场　生产车间　移民中心
租赁场所　出发地点　流行区域　停靠位置　直播现场
活动范围　工作范围　旅游路线　前进方向　研究领域
发音部位　调和余地　发展趋向　学习园地　投资环境
避暑山庄　前进趋势　交际场合　行车方向

5. 动作—时间

V是及物或不及物动词,N是表动作行为发生的时间,多为抽象名词。这一类短语可以变换为:“介词(在什么时间)+ N+ V”。例如:游览时间→在(什么时间)游览。在[V+N]定中短语的各种语义关系中,表时间的名词所占比例很大,这显然和动词具有时间性密切相关。例如:

放假日期　分手时间　承包期限　外出期间　采访时机
吃饭工夫　离别时刻　掌灯时分　抗战时期　播种季节
销售旺季　出国机会　出发前夕　建国初期　生产间隙
工作空隙　准备阶段　理解过程　改革进程　写作过程
截止日期　收获时节　旅游淡季　成长过程

有时也造成述宾和偏正两种关系的糅杂。例如:规定期限。

但有时V作为及物动词时,特殊的语义特征决定了当它后面跟上某些表时间或处所的名词时,只能理解为述宾关系。例如:

耽误时间　消磨日子　选择位置　安排地点

现代汉语中的动词对名词有各种不同的语义选择限制,我们应该根据动词的语义选择限制来决定名词的搭配。动词“耽误”具有[+时间]的语义特征,它与名词“时间”组合时,只能构成述宾关系。动词“安排”具有[+有生]或[+时间]或[+处所]等多种语义特征，所以当它与名词“地点”组合时，只能理解为述宾关系。

6. 动作—方式

V 或者是及物动词，或者是不及物动词，N 是一些表动作进行的方式、方法或根据的抽象名词。V 后如果跟宾语的话，通常跟的是表具体事物的名词；但由于表方式的名词语义比较抽象，因此，V 与 N 只能构成定中关系。这一类定中短语可以理解为“V 所采取的 N”。例如：承包方法→承包所采取的方法，行动方针→行动所采用的方针，等等。这一组结构在语言运用时语义上通常不能自足，需要加以一定的限制说明。例如：

承包方法　行动方针　跳舞姿势　包装式样　进攻步骤
改进措施　表现手法　斗争策略　促销手段　钻探技术
纺织工艺　出国手续　议事日程　选拔程序　观察角度
游戏规则　奖惩条例　互助条约　编写体例　作战方略
分配方案　处世原则　定货合同　领导体制　进货渠道
登山经验　采访风格　服务态度　衡量尺度　捐赠仪式
结婚典礼　开发计划　竞争机制　进攻要领　评估标准
停火协议

如果要构成述宾关系（仅限于及物动词），这些名词前必须有某些修饰语。例如：

承包（土地的）方法　包装（产品的）式样

7. 动作—工具

V 是及物动词，但这类动词不表示已经实施、正在实施，或者将要实施的动作行为、发展变化，而是把它们表示的动作行为、发展变化凝固成了一种抽象事物，动作性明显减弱。根据张国宪（1989，1990）的研究，从共时的角度看，大多数 $V_{双}$ 兼有名词的某些特点,是一种动/名双功能词;从历时的角度考察,则可以认为$V_{双}$正处在向名词一端漂移的过程中。N一般是一些表物的普通名词。所谓"工具",既包括严格意义上的"工具",如"测量仪器""洗澡毛巾",也包括非严格意义上的"工具",后者只是表示在特定情境下作为动作发出的凭借。因此,这一语义关系下的定中结构,多是一种在特定情境下存在的"非常式构造"的理解分析,它与作"常式构造"理解的述宾结构形成交叉。它与表方式的名词的区别是后者多是一些抽象概括的方式、方法,而前者多是表示具体实在的工具、材料。这一类短语可以变换为:用来/用于V的N。例如:洗澡毛巾→用来洗澡的毛巾,照相器材→用于照相的器材。这类短语在[V+N]定中短语中占很大的比例,而且词汇化的程度很高。例如:

测量仪器 洗澡毛巾 摆渡木船 交际工具 消防器材
广播设施 输电设备 引爆装置 进攻武器 载重汽车
援外物资 咨询电话 生活用品 比赛奖品 驾驶执照
防毒面具 防弹玻璃 表达能力 想像能力 隔离病房
防空系统 安家费用 奖励基金 学习经费 就业指南
联络暗号 建筑材料 批判文章 结婚证书 宣传标语
印刷材料 参考数据 学习文件 救济粮食 建设资金
邀请信函

8. 动作—程度

名词是表示动作行为的程度。通常表程度的名词就是"程度"一词。而作定语的动词也往往具有[程度]的语义特征。这类短语可以理解为:"V到何种程度"。绝大多数表程度的动词都是心理动词,可以用程度副词"很"来修饰。例如:

厌恶程度 重视程度 鄙视程度 尊敬程度 喜好程度
理解程度 宠爱程度 敬佩程度 羡慕程度 亲近程度

怀疑程度　信任程度　体谅程度　想念程度　仰慕程度
爱惜程度　迷信程度　依恋程度

少数动词不能受“很”修饰。例如：

教育程度　下降程度　损坏程度　发展程度　腐化程度
混合程度

9. 动作—类属

这一类语义关系中，名词表示的是动作行为所从属的概念。这是非常开放的一类。可以变换为“V 是一个/种 N”或“V 这个/种 N”。例如：求实精神→求实这种精神，暗杀行为→暗杀是一种行为。这类短语所占比例很大，而且颇具书面语色彩。名词多是抽象名词。这类短语不能成词。例如：

射门动作　飞行任务　销售情况　破坏作用　坚持精神
生活问题　消费习惯　犯罪组织　起飞状态　重建方面
娱乐活动　偷袭行动　剥削行为　抄袭行为　调解工作
解放事业　抗议事件　老化现象　服务项目　协作关系
鄙视态度　填充作用　厌战情绪　昏迷状态　畏惧心理
出租业务　退缩思想　僵持局面　罚款处分　撤军问题
犯罪活动　欺诈行为　翻译工作　支配关系　保险公司
批发公司

10. 动作—因果

主要指及物动词或不及物动词后面跟上一些表原因、结果或条件、目的的抽象名词，构成定中关系。这类名词数量很多。例如：

审查结果　实现条件　迟到原因　研究目的　作案动机
收视效果　审讯结论　创作结晶　学习心得　研究成果
弃权理由　缺席原因　劳动果实　涂改痕迹　谈话用意

服务宗旨 创作意图 居住条件

11. 动作—数量

主要指谓语动词后面跟上表示动作行为发出者的数量或动作行为的动量的名词，或者是表示跟动作行为相关度量的名词。这类名词大都含有数量的概念。可以理解为"VN 是多少"。例如："就业人数"可理解为"就业人数是多少"。其他还有：

旅游次数 就业人数 出现次数 重复次数 参观人数
发生频率 赔偿金额 贪污金额 生产定额 批发价格
种植面积 受灾面积 种植密度 抗震强度 奔跑速度
往返路程 飞行高度 跨越长度 退休年龄 生产总值
攀登高度 加工精度 学习进度 生产年限

通常说来，越抽象的名词越容易被理解为定中关系。例如：评审标准、研究目的。"标准"和"目的"作为抽象名词，按照思维的常式，通常不被理解为动作的承受者，因此不可能作为述宾关系而存在，除非有理解不通的情况或者有歧义的可能。例如：预定时间。而在[V+N]定中短语中，充当处所、时间、方式、工具、类属、程度、因果、数量等语义关系的名词又绝大多数是抽象名词，因而表这一类语义关系的名词在动名组合序列中倾向于理解为定中关系；表示"动作—受事"关系的短语。例如：打击敌人、解放中国，最容易被理解为述宾关系(这里的受事是广义上的受事)；表"动作—施事"和表"动作—当事"的语义关系。例如：演出代表、死亡人员，这一类表施事和当事的名词一般都是表人名词，作为表人名词，在与动词结合时，首先会被理解为动作的发出者，即"从事某事的人"。表"动作—当事"的语义关系中，由于动词是不及物动词，所以整个短语只能理解为定中关系；而表"动作—施事"的语义关系中，在首先把表人的名词理解为动作的发出者之后，有些短语也可能有歧义的理解，如"访问学者"。在将之理解为“学者访问”之后，也可将之理解为“某人访问(某个)学者”。故而，在将动名短语理解为定中关系的倾向上，表施事的名词要略弱于表当事的名词。总的说来，表“动作—施事”和“动作—当事”语义关系的动名短语最容易被理解为定中关系。所以根据其语义关系，名词充当的语义角色进入[V+N]定中结构的优势序列为：

当事＞施事＞处所/时间/方式/工具/类属/因果/程度/数量＞受事

三　[V+N]定中式结构的音组模式

不论[V+N]定中短语的音组模式是怎样的，部分学者已经从各个角度论证了不带“的”的定中短语在认知语法里都可视为复合名词。只是作为特殊的定中短语，动名结构的定中短语在目前并没有完全演化为复合词，但是具有明显的成词趋势。我们列出了[V+N]定中结构的音组模式，之所以称为“结构”，是因为里面既包括了定中短语，也包括了动名组合的词。

1.“2+2”式

在语音形式上，能进入框架的动词和名词一般都是双音节形式。“2+2”式是其基本形式。

(1)V不及物：枪战场面　订婚戒指　下岗工人　接货地点　服务小姐

(2)V及物：领导水平　经营机制　改革速度　改革作风　出口商品

这类音组模式是整个[V+N]定中短语的主体模式，占语料的90%以上。

2.“1+1”式

(1)单音节动词一类是“飞、死、活”等少数几个不及物动词，如“飞鸟、死人、活鱼”；一类是“烤、炒、烧、煎”等表烹调义的动词以及“剩”等少数几个及物动词，如“炒菜、烧酒、煎饼、剩饭”等。

(2)当单音节动词语素与单音节名词语素组合时，通常构成的是词，而非短语。例如：

收据　巡警　死期　卧铺　押金　靠山　悼词

3.“1+2”式

少数单音节动词能直接修饰双音节名词，这种定中组合形式比较凝固，整体性强，一般视为复合词。例如：

死胡同　活菩萨　炒三丝　烤红薯

4.“2+1”式

跟“1+1”式和“1+2”式一样，这种定中结构整体指称某种人或物。对于这类模式的结构定性尚有争议。有人认为是短语，有人则把它看作词。我们将这三类都视为复合词。这三类音组模式约占语料的6%。

驾驶员　急救室　设计院　检票口　保健品
退休费　服务台　出租车　宣传部　毕业班

以下的四类多音节短语，我们也将之算为[V+N]定中结构之列，它们约占语料的1%。

5.“2+多”式　革命委员会　演讲报告团　投资有限公司

6.“多+1”式　故意伤害(偏正)罪　入党申请(偏正)书

7.“多+2”式　调离申请(偏)报告　租赁登记(偏正)手续

8.“多+多”式　现代化海洛因

在五十万字的语料中，[V+N]定中结构主要有以上八种音组模式。其中涉及定中短语的主要是“2+2”式，“2+多”式，“多+1”式，“多+2”式和“多+多”式五种。而[V+N]述宾短语主要有“1+1”式，“1+2”式，“2+2”式，“1+多”式和“2+多”式五种。

我们把“飞鸟、炒三丝、检票口”之类的定中结构都看作词。根据这些表现我们绘制出了音组模式与句法结构关系的关系表。

<table>
<tr><th>结　构</th><th>音组模式</th><th>结构关系</th><th>语　料</th></tr>
<tr><td rowspan="3">词</td><td>1+1</td><td>定中关系</td><td>飞鸟</td></tr>
<tr><td>1+2</td><td>定中关系</td><td>炒三丝</td></tr>
<tr><td>2+1</td><td>定中关系</td><td>检票口</td></tr>
<tr><td rowspan="12">短语</td><td>1+1</td><td>述宾关系</td><td>杀人</td></tr>
<tr><td>1+2</td><td>述宾关系</td><td>洗衣服</td></tr>
<tr><td rowspan="2">2+2</td><td>定中关系</td><td>降落方式</td></tr>
<tr><td>述宾关系</td><td>驾驶飞机</td></tr>
<tr><td>2+2</td><td>定中/述宾关系</td><td>承包工程</td></tr>
<tr><td>多+1</td><td>定中关系</td><td>故意伤害罪</td></tr>
<tr><td>1+多</td><td>述宾关系</td><td>走资本主义道路</td></tr>
<tr><td>多+2</td><td>定中关系</td><td>调离申请报告</td></tr>
<tr><td rowspan="2">2+多</td><td>定中关系</td><td>革命委员会</td></tr>
<tr><td>述宾关系</td><td>扫除封建残余</td></tr>
<tr><td>多+多</td><td>定中关系</td><td>现代化海洛因</td></tr>
</table>

我们同样可以用一个连续统来表示它们之间的关系：

[V+N]n ——————————————→ [V+N]v

2+2/多+1/2+多/多+2/多+多　2+2　1+1/1+2/2+2/1+多/2+多

四 [V+N]定中式短语的扩展形式

[V+N]定中短语具有多种扩展形式。其中V和N都可用多种方式来扩展,构成多种复杂形式。

1.[V+N]中V扩展为V′后,仍与名词N构成定中短语。其中V′具有多种结构形式。

V′1=V+宾语

V′2=状语+V

V′3=V+V

其中V′1是V向后扩展,构成"(V+宾语)+N"定中短语。例如:

侵略行为→侵略国土行为

指挥能力→指挥作战能力

销售中心→销售产品中心

V′2是V向前扩展,构成"(状语+V)+N"定中短语。例如:

停火阶段→正式停火阶段

奔跑速度→飞快奔跑速度

整顿时期→全面整顿时期

V′3是V并列扩展,构成"(V+V)+N"定中短语。例如:

学习纲领→学习研究纲领

考试方法→考试考查方法

领导水平→领导组织水平

2.[V+N]中N扩展为N′后,仍与动词V构成定中短语。其中N′具有两种结构形式。

N′1=定+N

N′2 = N + N

N′1 是 N 递归扩展，构成"V +（定 + N）"定中短语。例如：

比赛规则→比赛基本规则

生活用品→生活必需用品

开膛母鸡→开膛老母鸡

N′2 是 N 并列扩展，构成"V +（N + N）"定中短语。例如：

开会时间→开会时间和地点

服务对象→服务对象和项目

评审标准→评审标准和方案

从收集的语料来看，在 N 的扩展中，N′2 式比 N′1 式自由度要高些，用例也多些。N′1 式受其前名词定语的限制，用例少。动词定语 V 修饰的中心语一般是双音节名词，扩展成定中短语后要受很大限制。以往的研究中，认为"动词作定语时其中心语不能递归扩展"，"动词作定语是贴身定语，动词离开贴身的位置就无法实现其作定语的功能"，虽然有一定的道理，但不是绝对的，而是有例外的，如 N′1 式。

[V + N]中 V 和 N 可以同时扩展，构成"V′ + N′"定中短语。这是[V + N]定中短语中最复杂的扩展形式。这种扩展式，定语部分复杂，对词语的选择限制较严，实际使用的例子较少。主要有下列三种结构形式。

（1）"（状 + V）+（定 + N）"定中短语形式。例如：

比赛规则→国内比赛基本规则

生活用品→国外生活必需用品

（2）"（状 + V）+（N + N）"定中短语形式。例如：

检查时间→全面检查时间和程序

考试科目→今年考试科目和方式

(3) “(V+V)+(N+N)”定中短语形式。例如：

开会时间→上课开会时间和地点

研究目的→讨论研究目的和任务

上述“V+N”定中短语的可扩展性及其扩展形式表明，此类定中短语的构造与发展，既受多种因素的制约，也有一定的自由度。这就是说，在一定范围内，动词可以直接作名词的定语，而且其本身及其中心语可以有限度地扩展，可以由简单形式变为复杂形式。

第二节 [V+N]定中式短语中的V与N的考察

一 [V+N]定中式短语中V的整体特性

1. 首先从类的角度看。长期以来汉语语法学家在归纳词类特性时总是说“汉语动词性成分不能直接作定语”，但实际上双音节的光杆动词，尤其是述宾构造的双音节动词直接作定语的情况相当普遍。可以说，这一类定中式动名结构是近乎开放的一类。在解释词类的原型效应方面，类型学证据显示，动词在语义上越是表具体可见的实际动作，在话语功能上越是用于报道特定场景中真实地发生在动作参与者身上的事件，它的动词性就越强，即在形式上就具有越多的动词特性，如有时、体、态的变化；反之，就具有越少的原型动词形式特性。也就是说，动词的形式特性及其实现的能力主要取决于其“概念—功能”属性。这一理论能够很好地解释汉语里什么样的动词能够或不能直接作名词的定语。通常，这些定中式动名结构中的动词在功能上根本就不是报道特定场景中实际发生的事件，而是表达事物在某方面的属性。那些作定语的单音节动词都不确指语境中的某个动作，如“煎、炒”并不是实指发生在特定时空中的煎、炒动作，而是表示食物的烹饪方式，“病、死、活”等也都是表示相关事物的某个显著属性。无法表示事物的定义性属性的单音节动词，即使不含任何动态特性，如“是、有、姓”等，也不能直接作定语。双音节动词也是一样，它们无一指称实际的事件，其中不少动词表示的是事物稳固的功能属性，如“实验设备、理发工具、出租汽车、分析方法”，其他动词则表示事物在其他方面的显著特征，如“移动电话”是以“移动”为可据以分类的本质特性的一种电话。

2. 其次从动词作定语的形式上看，动词作定语修饰限制名词主要有两种形式，其一是：动词带“的”作定语，形成“V + 的 + N”定中短语，如“发表的意见、采取的措施”；其二是：动词直接作定语，形成[V + N]定中短语，如“组织能力、学习方针”。“V + 的”式定语和 V 式定语，语法形式不同，功能性质也不同。“V + 的”式定语不是纯性动词定语，它实际上是由动词和“的”构成的体词性结构（的字结构）。朱德熙（1956）认为“白的纸”这个偏正短语中的定语“白的”是体词性结构，不是纯性形容词定语。这话是有道理的。同样，“V + 的 + N”定中短语中的定语“V + 的”也应是体词性结构，不是纯性动词定语。这种“V + 的”式定语，句法职能明显，修饰限制性语义突出。正是由于“V + 的”式定语的体词性结构性质，决定了“V + 的 + N”定中短语的组合灵活自如，受限制条件宽松，定中搭配符合常规要求，可以自由扩展。V 式定语是纯性动词定语，同其中心语结合紧密，语义结构整体性强，如“作战能力”不同于“作战的能力”，二者定语本身性质不同，结构语义功能也有差别。正是由于 V 式定语是纯性动词定语，这就决定了[V + N]定中短语的组合要受多种因素制约，词语搭配限制性大，自由度低，V 与 N 能够直接实现定中关系组合的数量有限。因为在汉语句法系统中，[V + N]是构成述宾关系的常规序列，虽在一定条件下也能构成定中关系短语，但其概率比较小。

3. 现代汉语中原型的定中短语一般是形容词与名词的组合,如“红花、美丽的笑容”等。结构助词“的”出现在定中结构中是汉语名词性短语的一种典型标记。[V+N]定中短语中的动词直接作定语属于动词的非典型句法功能。通常在动名组合中,当典型动词作定语时,必须后附标记词“的”;而在动名序列组合的定中短语中,其动词属于非典型动词,因此它在修饰名词时,可以不必后附“的”,通常紧贴着后面的名词;这种粘合式短语用得多了,就有了成词的趋势。例如:离婚证书(离婚证)、出租汽车(出租车)。对于这种粘合式的动名定中短语,究竟有哪些动词可以直接进入短语充当定语呢?

根据意义和功能,现代汉语中的动词一般可以大致分为动作动词、状态动词、关系动词、能愿动词。其中关系动词和能愿动词比较特殊,它们不表示动作、行为、活动或具体状态,只是在句法平面上表示某种关系,或起着谓词性的辅助功能,词汇意义比较抽象。而在[V+N]短语中,无论表示述宾关系还是表示定中关系,都首先要求动词的意义是具体实在的,因此,在讨论[V+N]定中短语时,将关系动词和能愿动词排除在外。

4. 语言事实表明,动词能否在[V+N]定中短语中充当定语,这与动词动性的强弱密切相关。陈宁萍(1987)测试出强动性动词有两个显著特征:一是音节特征,单音节动词的动性强于双音节动词;二是构造特征,动性的强弱差异与词的内部构造有关,其等级序列为:前加/后附>偏正>补充>陈述>支配>联合。由此可以得出,动词的动性越强,越能够充分行使动词的典型句法功能,即充当谓语;动词的名性越强,越容易体现名词的句法功能,即充当定语。也正因为如此,在[V+N]定中短语中,双音节动词占了绝大多数。因此,我们所研究的短语主要是四音节短语。

(1)绝大多数的单音节动词是不能直接进入[V+N]定中短

语的，必须在其后附上标记词“的”。它们是现代汉语中的典型动词，动性很强，一般不具备光杆充当定语的功能（“死”类和“烤”类虽然可以光杆充当定语，但它们构成的组合是词，而非短语）。例如：

写的文章　看的书　盖的房子

讲的故事　种的树　修的车

非典型动词指的是绝大部分双音节动词，它们的动作性较弱，在句法功能上可以光杆充当定语，具有名词的某些特点。这一类动词虽然有名词的特点，但我们不赞成陈宁萍（1987）的“漂移说”，而是倾向于张国宪（1994）的功能增殖说，认为将它们视为动词更好些。例如：

赞助单位　装修材料　偷盗行为

移动电话　生产骨干　管辖范围

根据陈宁萍的研究，单音节动词的动性强于双音节动词，因此，充当定语的句法功能也就弱于双音节动词。所以，二者进入[V+N]定中短语的优势序列为：

双音节动词＞单音节动词

(2)从语用角度考虑，主要分书面语体的动词和口语体的动词。

在收集的语料里，书面语色彩较强、正式用语里的动词更容易构成定中式。如“驾驶技术”就比“开车技术”更常见，类似的还有：

发言提纲—讲话提纲　作战能力—打仗能力

工作效率—干活效率　捐款方式—捐钱方式

音节和语体这两个因素其实是统一的。单音节动词多为口语体，书面语体多用双音节动词，而两两组合的四音节形式则更带有明显的书面色彩。因此，二者进入[V+N]定中短语的优势序列为：

书面语体动词＞口语语体动词

(3)但也不是所有的双音节动词都能进入此短语。我们也可根据双音节动词内部的五种构造方式（附加式、支配式、陈述式、联合式和补充式）来考察一下它们各自进入[V+N]定中短语的可能性。

根据张国宪(1994)的研究，双音节动词在功能增殖上是一个连续统。附加式双音节动词的功能最为稳定，其次是补充式、陈述式、支配式，最不稳定的是联合式双音节动词，它的功能极易增殖。

在[V+N]短语中，由联合式动词构成的[V+N]定中短语如：

偷窃事件　　教学计划

支配式的构词方式构成的动词大多是不及物的，所以它后面的名词通常是作为中心语而存在。例如：

分手原因　　唱歌方式

附加式动词构成的[V+N]定中短语如：

特邀代表　　滞销商品

陈述式动词构成的[V+N]定中短语如：

枪战场面　　日落时分

补充式动词构成的[V+N]定中短语如：

改良措施　　创新方式

在我们收集的五十万字的语料中，由联合式动词构成的[V+

N]定中短语占了全部语料的30%左右,支配式动词构成的[V+N]定中短语占了约20%,附加式动词构成的[V+N]定中短语约占11%,陈述式动词构成的[V+N]定中短语约占18%,补充式动词构成的[V+N]定中短语约占13%。根据这五类不同构造的动词组成的定中短语所占语料的多少,以及张国宪不同构造的动词功能增殖的连续统的结论,可以归纳出不同构造的动词进入[V+N]定中短语的优势序列:

联合式>支配式>陈述式>补充式>附加式

整个序列里,越靠左,越容易进入[V+N]定中短语;越靠右,越容易进入[V+N]述宾短语。

二　双音节动词的配价考察

从配价角度看,语法学家们通常认为,当双音节动词是一价动词,后面的名词是施事时,双音节动词后面的"的"通常是不能删略的,如"飞翔的海燕、奔腾的骏马"等。但我们发现,事实并非如此。在我们收集的语料中,有不少与这一说法相悖的语言事实。请看下列两组短语:

A. 演出代表　旅行团体　献花儿童　参赛选手　游行队伍
B. 演出的姑娘　旅行的奶奶　献花的小王　参赛的爸爸　游行的他

从生命度的角度看,指人名词的生命度等级高于指物名词,而指人的专有名词与普通名词相比,具有更高的生命度。同时,人称代词比指人名词有更高的生命度。名词的生命度越高,它在充当动词的中心语时越要采取有标记的结构,即用标记词"的"来标示。因此B组短语是有标记结构,而A组短语中的"的"可有可无。所以,以前所说的"当双音节动词是一价动词,后面的名词是施事时,动词后的'的'不能删略"这一结论是不恰当的。只有在名词是表[-人]的施事名词以及高生命度名词时,双音节动词后面的"的"才不能删略。

根据语料分析,能与名词组合构成定中短语的动词从配价角度讲主要有零价、一价、二价、三价这四类。我们主要从两方面考察:一是句子平面,考察动词进入句子以后,按照最小的意义自足的主谓结构中动词所联系的句法成分来定价,即只有强制性的句法成分才能表现动元;一是短语平面,考察动词进入定中短语以后与之共现的语义角色。但由于[V+N]定中式短语属于名词性短语,因此它在句子中出现时,它所联系的动元通常是隐含的。

(一)零价动词

句子平面的语义配置式:

当事:地震了。涨潮了。

短语平面的语义配置式:

V+因果/处所/时间/方式:地震原因　地震方位　地震时期　地震方式

(二)一价动词

句子平面的语义配置式:

1. 施事:老王外出了。她去演出了。

2. 当事:李书记转业了。张大爷下岗了。

短语平面的语义配置式:

1.V+施事:演出代表

2.V+当事:死亡人员

3.V+时间:外出期间

4.V+处所:杀人现场

5.V+方式:离休手续

6.V+工具:洗澡毛巾

7.V+程度:下降程度

8.V+类属:射门动作

9.V+因果:作案动机

10.V+数量:旅游次数

(三)二价动词

句子平面的语义配置式:

1.施事,受事:他汇报工作。

2.施事,与事:律师为他辩护。

3.施事,因果:工人制造纸张。

4.施事,方式:他唱高音。

5.施事,时间:我们欢度春节。

6.当事,处所:他下放到农村。

7.当事,与事:小王与小李离婚了。

短语平面的语义配置式:

1.V(+受事)+施事:主讲(经济的)教师

2.(与事+)V+施事:(为他)辩护(的)律师

3.V(+处所)+当事:下放(农村的)干部

4.V(+处所)+受事:出口(美国的)物资

5.V(+受事)+时间:采访(名人的)时机

6.V(+受事)+处所:批发(服装的)市场

7.V(+受事)+方式:承包(土地的)方法

8.V(+受事)+工具:测量(土地的)仪器

9.V(+受事)+程度:理解(他的)程度

10.V(+受事)+类属:解放(中国的)事业

11.V(+受事)+因果:审查(犯人的)结果

12.V(+与事)+数量:赔偿(公司的)金额

13.V(+处所)+方式:下放(农村的)政策

(四)三价动词

句子平面的语义配置式:

1. 施事,与事,受事:老王传授技术给徒弟。

2. 施事,与事,结果:我们选举他为班长。

3. 施事,共事,受事:我和他交换礼物。

短语平面的语义配置式:

1.V+(受事)+因果:传达(信息的)目的

2.V+(受事)+方式:邮寄(包裹的)方式

3.V+(受事)+处所:传递(火炬的)场所

4.V+(受事)+时间:争论(问题的)期间

5.V+(与事)+工具:奖励(学生的)基金

6.V+(与事)+数量:赔偿(公司的)金额

从以上的分析可以看出,一价动词与名词结合构成定中短语的组合能力是非常强的,它能结合的名词范围相当广,不仅包括具体名词,而且有抽象名词。而且一价动词与名词构成的定中短语是没有歧义的。能与二价动词结合的名词范围也很大,但由于动词价数的原因,常常构成定中和述宾关系的歧义。而三价动词与名词结合构成定中短语的组合能力非常有限,通常它后面只能跟抽象名词。最受限制的是零价动词,因为零价动词本身的数量极其有限,再加上能结合的名词也很少,因此零价动词与名词结合构成定中结构的能力最低。

在五十万字的语料中,能进入定中短语的零价动词非常有限。我们只找到了两个:

空防力量　　日落时分

进入定中结构的一价动词有196个,约占语料的18%:

旅游时代　签证官员　活动范围　洗衣女工　招工广告
娱乐场所　渡海时间　载重车厢　执法人员　滑雪胜地
捕鲨能手　昏迷状态　贩毒集团　出境日期　喷气客机
起飞状态　随行人员　转账支票　旅行班子　飞行路线

远航帆舰	航海资料	遇难地点	吸毒历史	脱险人员
逃亡贵族	热心听众	征婚启事	不足部分	工作单位
下班高峰	生活经历	毕业文凭	雕刻工程	办公津贴
退休人员	求实精神	警戒任务	移民中心	演讲间隙
学习用品	打扮标准	运动选手	漂流队员	营业执照
治学方法	牧羊姑娘	考试成绩	生存本领	已故妻子
办事效率	过剩时间	演奏技巧	演出过程	自学青年
实验手段	读书笔记	写作能力	自学能力	治学经历
执勤士兵	出国外语	存在方式	吃饭时间	服役时间
伤风症状	教书生涯	获奖证书	调侃方式	探险纪录
毕业证书	投稿机器	代职干部	牧羊少女	自重意识
活动能量	残废孩子	自杀欲望	改名仪式	旅行装束
休息时间	犯罪现场	死亡时间	游泳健将	失踪妇人
战斗精神	排字车间	流浪生活	加班工资	抗战时期
热心观众	胜利战例	见习记者	斗牛题材	狩猎生活
叙事艺术	设防城市	自杀本能	动乱年代	灭火人员
签字仪式	卖艺老人	排雷区域	解放事业	外调人员
抒情诗人	投资导向	造反兵团	集邮协会	跳水女皇
理发用具	卖淫题材	陪酒女郎	打工机器	防伪标志
侵华战争	签约歌手	殉难烈士	受贿问题	捐款事件
贪污案件	成年子女	扫盲学校	报警电话	洗衣时间
游牧藏民	毕业文凭	休息时间	犯罪组织	贩毒集团
执勤人员	转弯沙发	出生年月	抗日民族	校办工厂
发言前奏	动乱年月	甩手疗法	创收目的	出院手续
禁毒战争	爆炸事故	退休教师	逃难老人	脱水柠檬
抗日健儿	登山生涯	获奖作品	跳高冠军	安定因素
演戏天才	兴奋作用	出关手续	喷气客机	讲演比赛
劳动人民	说话时分	读书随笔	飞行表演	拼图玩具

发电能源 雕花栏杆 休场间歇 违章建筑 亮相动作
毕业典礼 负债生活 上场时间 专用领域 死亡场面
演出时间 旋转方向 奔跑速度 办案经费 参展规模
作战能力 誓师大会 独居女人 外出期间 转业报告
下岗女工 杀人现场 奋斗目标 作案契机 上升趋势
浮动价格 消费范畴 调资名单 消毒费用 就业原则
反腐题材 唱歌方式 游戏规则 健身器材 审美趣味
匿名电话

进入定中短语的三价动词有78个,约占语料的8%:

救济项目 指导水平 争夺对象 赔偿经费 表扬文章
出口商品 下放干部 出租汽车 评论对象 防御系统
操纵系统 分配制度 监督干部 赞助单位 采购目标
交流计划 批判对象 制裁措施 接头地点 解救人质
规定指标 陪同人员 传授技术 选举结果 雇用人员
防卫行动 咨询热线 转化方式 征询邮件 运载效率
和解政策 支配地位 强迫色彩 反馈意见 比赛场地
改名仪式 庆祝活动 指挥任务 欢迎仪式 斗争精神
外调人员 强制原则 辅助设备 论辩技巧 采购人员
批发业务 结拜兄弟 协作工厂 教导主任 申诉材料
惩罚手段 领先水平 输入方法 跟踪手段 移植手术
运输重任 陪同家属 供应系统 竞争心理 谈判位置
争霸心理 引诱方面 嫉妒本能 选举日期 交流物资
奖励基金 宣布日期 坦白程序 提拔制度 谈判技巧
合作关系 对抗方式 祝贺单位 聘请方式 敲诈对象
争论原因 埋葬地点 抗议行为

[V+N]定中短语中的绝大多数动词是二价动词,约占全部语料的80%以上。因数量太大,我们不再一一列出。

由此我们也可以得出不同价数的动词进入定中结构的优势序列：

二价动词＞一价动词＞三价动词＞零价动词

三 [V+N]定中式短语中动词的语义特征

每一个词类都有激活其句法表现形式、获得最大实现值的典型句法位置，而一旦偏离这一句法位置时，其典型的句法表现形式就会衰减或丧失。动词也不例外。动词的典型句法位置是谓语，其次是补语、状语，而动词作定语则占据了非典型句法位置，因此动词作定语是动词的非典型句法功能。

既然不同的句法位置制约着词类的功能实现，那么，在[V+N]短语中处于定语位置上的动词，又是怎样制约其句法同现关系的呢？试比较：

(1)V[+生物 +人]	(2)V[-生物 -人]
培养(学生)	培养(条例)
看望(病人)	看望(方式)
抢救(儿童)	抢救(活动)
训练(队员)	训练(工作)
(3)V[+生物 -人]	(4)V[+生物 +人]
饲养(奶牛)	饲养(人员)
(5)V[-生物 -抽象]	(6)V[-生物 +抽象]
管理(企业)	管理(技术)
阅读(资料)	阅读(方法)
创作(歌曲)	创作(意图)
表演(京剧)	表演(方式)
(7)V[+地点]	(8)V[-地点]
到达(南极)	到达(时间)

防守(要塞)　　防守(战略)

参观(故宫)　　参观(路线)

返回(北京)　　返回(日期)

这种非典型位置上词语的语义选择限制的研究，有助于我们对语言的理解以及全面地揭示词语的组合规律。

四　对[V+N]定中式短语中名词的考察

(一)能进入[V+N]定中短语的N

[V+N]定中短语的构成对名词N也有一定的选择限制，不是任何一个名词都能进入[V+N]定中短语的框架之中的。

通常说来，能进入[V+N]定中短语中的名词，大多是表示抽象意义的名词，它一般不能同动词发生述宾关系，只接受动词的修饰限制，因此，整个组合是定中短语。这一类短语($[V+N]_1$)如：

比赛规则　计算公式　分手时间　考试结果　学习目的
指挥能力　研究方向　分配方针　创作过程　办公地点

以上"比赛"和"规则"、"创作"和"过程"等都不可能发生述宾关系，这种[V+N]组合，其中V的惟一语法作用是修饰限制N。现代汉语中动名组合序列的定中短语，其中名词大多属于这种语义性质。

少数表示具体意义的名词有时也能进入[V+N]定中短语框架，但对动词有着严格的选择限制，动词一般限于不及物动词，它不可能同名词发生述宾关系，只起修饰限制作用，整个组合只能为定中短语。这一类短语($[V+N]_2$)如：

旅行提包　结婚家具　航行船只　咳嗽药丸　失业人员
洗澡毛巾　充电仪器　已故妻子　洗衣女工　在任总统

上述“旅行”和“提包”、“结婚”和“家具”等不可能发生述宾关系，V 的作用只是修饰限制 N。此类动名组合序列的定中短语，用例少，受限制大，不如前一类定中短语数量那么大。

(二)能进入[V+N]定中短语的 N 的生命度分析

我们主要用生命度的特征对出现在[V+N]定中式短语中的名词进行分析。

1. 指人名词、其他有生名词和无生名词

在[V+N]定中短语中，指人名词有 70 个：

教师　老人　人民　藏民　行者　专家　人员　家属
恩人　主任　女儿　股长　总裁　健儿　官员　冠军
天才　妻子　总统　兄弟　技师　女郎　学生　队长
小姐　女工　干部　记者　少女　英雄　卫士　战士
总长　领袖　厂长　同志　教练　要犯　人质　人物
青年　军人　女人　学者　凶手　医生　能手　贵族
听众　官兵　好友　姑娘　诗人　群众　妇人　对手
大师　士兵　队员　选手　指挥　女皇　孤儿　子女
烈士　歌手　孩子　史学家　运动员　艺术家

除了以上 70 个指人名词外，其他进入[V+N]定中短语的名词都是无生名词。没有找到其他有生名词。

这个生命度连续体可以较好地说明[V+N]定中短语理解的信息流向，即高生命度名词最容易出现在[V+N]述宾短语中，而低生命度名词最容易出现在[V+N]定中短语中。

[V+N]定中短语 ——→ [V+N]述宾短语
低生命度名词　　　　高生命度名词

2. 专有名词和普通名词

从语言学的角度看，专有名词和普通名词之间的区别显然不是原来意义上生命度的直接反映，它们可以分属不同的等级。专有名词被视为具有更高的生命度，而普通名词则次之。由此，语言学概念的生命度可以进一步描述为：

指人专有名词＞指物专有名词＞指人普通名词＞其他有生普通名词＞无生普通名词

在所掌握的语料中，没有找到一例指人专有名词。其原因可能是专有名词的生命度非常高。从语言的认知心理来说，人们总是认为个体概念具有较强的可感性和空间性，易于把握，因而专有名词更有资格被分配为宾语，所以现代汉语中不存在无标记的"V+N专有名词"定中短语。

而普通名词作为群体概念，则往往被看作一团模糊体，受到忽略，在认知上具有不同的感受度。上面所列的70个指人名词都是有生普通名词。其他指物的有生普通名词未在语料中出现。

无生普通名词的数量则非常大。例如：

质量 信件 工作 措施 典礼 范围 经验 系统
方案 能源 广告 本能 证件 工程 车厢 路线
胜地 驻地 集团 组织 电站 习惯 仪式 汽车
仓库 装置 情况 常态 客机 代号 状态 中心
日志 精神 公司 金额 方式 费用 企业 成绩
帆舰 仪器 资料 地点 机构 设备 能力 目标
行动 措施 作用 经费 总值 商品 电台 生活
资金 色彩 启事 文字 消息 电话 场所 部分
单位 职业 支票 条件 时间 程度 高峰 总数
热线 效率 经历 文凭 环境 工程 邮件 津贴
年薪 阶段 模式 地点 岗位 观念 前景 气氛
面积 地位 课题 民品 任务 位置 国家 间隙
路线 用品 标准 风格 机器 效率 层次 趣味
格局 角度 问题 政策 案件 条约 场合 部门

胜地 歌曲 方法 历史 态度 技术 过程 线路
距离 状态 周刊 壮举 事件 执照 消息 日期
价值 成果 数学 结果 科学 方向 状况 生活
本领 意义 经过 反应 效率 意见 方面 活动
技巧 手势 笔记 宣言 论文 理论 用品 发展
状况 分歧 外语 岁月 事业 节奏 症状 方向
领域 前途 生涯 证书 地位 形式 程序 风景
金刚 需求 色彩 服饰 提纲 精力 纪录 报告
问卷 知识 手段 积累 基础 意识 观点 权力
需要 器官 能量 热潮 事业 经验 学科 学校
措施 道路 前途 场地 手术 日期 力量 文学
装束 才能 地位 大学 卡片 内容 机会 现场
车间 生活 功能 大会 小报 工资 欲望 机器
典礼 要领 宴会 学院 方面 地点 故事 历程
活动 时期 战例 手法 实况 战争 斗争 状态
说明 电台 风气 历史 林场 兵团 合唱 题材
地位 艺术 城市 本能 年代 事故 合同 利润
价格 工程 合同 目标 步伐 市场 进度 环境
区域 材料 魅力 艺术 才能 故事 导向 报告
规则 大潮 机制 大院 锣声 热情 大楼 金额
潮声 种类 协会 生涯 用具 货源 题材 机器
态度 时间 水平 轨道 标志 火箭 效果 资料
轨道 战争 遗址 总额 协议 收入 形象 现象
案件 原则 婚纱 寿命 大国 面积 书摊 状态
银行 才华 速度 经费 成果 卫星 效率 制度
情绪 技巧 设施 概念 执照 资源 系统 比赛
对策 栏杆 尺度 趋势 媒介 热潮 计划 项目
用品 业务 魄力 汽车 事宜 对象 组织 集团

材料 过程 制度 岗位 讲座 沙发 年月 意味
民族 宾馆 彩电 日程 工厂 间歇 目的 事业
危机 手续 世界 疾病 效率 个案 战争 疗法
事故 会议 强度 柠檬 发票 生涯 作品 文选
部分 部门 态度 手术 欲望 客机 重任 机票
办法 骨髓 情趣 艺术 系统 心理 前奏 来源
导报 领域 单位 心情 时分 因素 才能 地点
国家 位置 随笔 文物 玩具 力量 总值 灵感
教材 建筑 动作 方案 热情 场面 效应 政策
原理 工具 假说 构想
海洛因 委员会 四边形 签证处 调查局
金属管 交易会 锦标赛 净化器 生产率

由此得出专有名词和普通名词进入[V+N]定中短语的优势序列：

[V+N]定中短语 ——→ [V+N]述宾短语
普通名词　　　　　　专有名词

3. 具体名词和抽象名词

我们已经知道，专有名词是不能进入[V+N]定中短语的，而进入[V+N]定中短语的普通名词则非常多。一般说来，普通名词在意义上有具体和抽象之分。具体名词在生命度上自然要高过抽象名词，即，指人具体名词＞指物具体名词＞无生具体名词＞抽象名词。

指人具体名词。例如：子女、老人、孩子、同志、主任、技师

指物具体名词。例如：(无)

无生具体名词。例如：汽车、彩电、沙发、电话、教材、文凭

抽象名词的数量相当大。例如：

措施 经验 作用 反应 技术 纲要 心理 手法

水平 能力 方面 精神 政策 才华 现象 时间
手段 方法 速度 效率 技巧 趋势 态度 意义
岁月 方向 阶段 范围 时代 时期 方式 任务
场所 地位 情况 系统 角度 条件 规则 程度
中心 仪式 过程 习惯 结果 结构 状态 费用
目标 格局 趣味 模式 要领 效果 对策 魄力
本能 情绪 领域 强度 本领 价值 能量 区域
标准 标志 风气 机制

由此得出具体名词和抽象名词进入[V+N]定中短语的优势序列：

[V+N]定中短语 ——→ [V+N]述宾短语
抽象名词 具体名词

根据以上对名词的分析，可以看出，在现代汉语中，名词的生命度越高，越难进入[V+N]定中短语。低生命度名词进入[V+N]定中短语要受到一定的限制：

(1)低生命度名词必须是双音节名词。

(2)有些低生命度名词即使能进入[V+N]结构，人们在认知上的理解仍然是定中关系大于述宾关系，除非有语境的提示。如“学习方法、承包项目、研究步骤”等等。

用生命度的特征对汉语[V+N]短语进行解释是很有效的，但如果要对[V+N]歧义短语进行解释，生命度的特征还远远不够。

五 [V+N]歧义短语中动词和名词的考察

尽管有不少学者致力于[V+N]定中短语的研究，但很少有人对[V+N]歧义短语进行考察。我们列出了语料中全部的[V+N]歧义短语。

学习文件 伪造证件 移动电话 攻击目标 测量仪器
分析方法 出租汽车 译制影片 出口商品 改良品种
选择程序 下放干部 补充材料 阅读教材 分析质量
检查内容 整理方法 认识对象 研究计划 救济粮食
处理商品 指导教师 翻译小说 保卫干部 参观程序
争夺对象 研究课题 参考资料 规定期限 进口汽车
评论专家 代理厂长 监督干部 复印文件 浮动价格
出土文物 补充意见 遗失物品 通缉要犯 分析过程
规定指标 管教干部 访问学者 指导教师 救济物资
赔偿金额 交流计划 处理意见 评论专家 传授方法
传授技术 调查成果 研究项目 阅读文选 研究报告
选择方法 研究生活 指定位置 转化方式 移动目标
研究问题 分析材料

需要指出的是,所有进入[V+N]歧义短语的名词和动词都是双音节词语。

(一)歧义短语中名词的特点

普通名词可分为有生名词和无生名词。

有生名词:学者、教师、厂长、干部、要犯、专家

无生名词:电话、问题、目标、计划

抽象名词:方式、方法、问题

专有名词:(无)

集体名词:商品、文选、金额、物资、物品、教材、器材、品种

从生命度的角度看,高生命度名词具有较强的空间性特征,是名词内部的典型成员,与之对应的句法成分是主语和宾语;而低生命度名词的空间属性较弱,为非典型性成员,定语和中心语与之对应。因此在[V+N]短语中有一种很强的倾向,即生命度从高到低的信息流向与结构类型的从述宾到定中的认知流向相

关联。(张国宪,1997)也就是说,生命度越高,越容易进入[V+N]述宾短语;生命度越低,越容易进入[V+N]定中短语。在[V+N]的歧义短语中,高生命度名词的出现率是处于劣势的。在我们所列出的62个[V+N]歧义短语中,高生命度名词约占10%。

从语言学的角度看,专有名词和普通名词分属不同的等级。专有名词被视为具有更高的生命度,而普通名词则次之。既然在我们的语料中高生命度的普通名词也只占很少的比例,照此推理,高生命度的专有名词就更少。在我们收集的语料中,还未发现高生命度的专有名词。

从名词的指称性质来讲,可将名词分为有指和无指。

通常,在理解[V+N]短语类型时,名词的有指和无指是一个重要的参考项。有指成分可以用种种方式加以回指,而无指成分则无法回指。比如说:

改良品种　出租汽车　出口商品　学习文件　译制影片

在说话的过程中,如果人们把上述名词都看作话语中的实体,则往往认知为述宾关系,且这个名词是可以回指的,如"出租哪辆汽车?""学习哪个文件?"等等。反之,如果人们仅仅着眼于这些名词的抽象属性,而不是具体语境中具有该属性的某个具体的人或物,则将之理解为定中关系。

通常认为,根据名词指称的范围度有单指和通指之分。当它们表单指时,整个短语被理解为述宾关系;当它们表通指时,整个短语被理解为定中关系。如"监督干部","干部"为单指时,即理解为"监督某个干部",是述宾关系;当"干部"为通指时,即理解为一个宽泛的概念,则短语往往被认知为定中关系。由此可见,语言认知与指称范围度是密切相关的。

在指人名词中,有些名词具有某些权力模式或者具有某些固定的属性,这同样影响[V+N]短语的理解。看以下两组短语:

(1) a.V低向+N低控制度：指挥士兵

b.V低向+N高控制度：指挥军官(歧)

c.V高向+N低控制度：选举工人

d.V高向+N高控制度：选举干部(歧)

(2) a. 悼念群众(歧)

b. 悼念烈士

(1)组中，动词“选举”属于高向动词，“指挥”属于低向动词。当高向动词与低控制度名词组合时，人们倾向于将其理解为定中短语(选举工人)；当高向动词与高控制度名词组合时，人们倾向于将其理解为述宾短语(选举干部)。同理，当低向动词与低控制度名词组合时，人们倾向于理解为述宾短语(指挥士兵)；当低向动词与高控制度名词组合时，人们倾向于理解为定中短语(指挥军官)。

(2)组中，动词“悼念”不具备[定向]的语义特征。但是我们仍然可以根据动词与名词特有的属性进行常理的判断。名词“烈士”限定了它是“被悼念”的对象，因此，“悼念烈士”是述宾短语；名词“群众”通常被理解为“悼念”的施事，因此，“悼念群众”多被理解为定中短语。

(二)歧义短语中动词的特点

在以上62个[V+N]歧义短语中，排除掉重复的动词，用于[V+N]歧义短语的动词主要有以下这些：

学习　伪造　攻击　测量　分析　转化　译制　浮动

改良　选择　补充　阅读　检查　整理　认识　研究

处理　翻译　保卫　参观　出租　出口　下放　救济

指导　参考　规定　评论　争夺　进口　赔偿　交流

代理　监督　复印　出土　传授　遗失　通缉　指定

移动　管教　访问　调查

在这些动词中，属于一价动词的有：浮动。

属于二价动词的有：学习、伪造、攻击、测量、分析、译制、改良、选择、补充、阅读、检查、整理、认识、研究、处理、翻译、保卫、参观、参考、规定、评论、代理、监督、复印、出土、遗失、通缉、管教、访问、调查、转化。

属于三价动词的有：出租、出口、下放、救济、指导、争夺、进口、赔偿、交流、传授、指定、移动。

从动词的价数在歧义短语中的分布可以看出，二价动词所占比例最大，其次是三价动词，在歧义短语中出现频率最小的是一价动词。零价动词是不能进入歧义短语的。由此得出它们各自进入[V+N]歧义短语的优势序列：

二价动词＞三价动词＞一价动词＞零价动词

第三节　对[V+N]定中式短语的理解与分化

一　[V+N]定中式短语的组块理解

从认知心理学的角度来看，人们理解话语的过程是不断组块的过程。某种语言的句子，对不懂这种语言的人来说，只是一连串没有内在联系的杂乱的声音或文字；而对懂得这种语言的人来讲，却可以对语言符号进行听/视觉编码，从声音/文字中析出一个个的词，并再进一步把若干词语组合成板块，从而达到理解句子的目的。

从语言理解的角度考察，短语的理解也是组块的过程。我们可以把[V+N]的四音节定中短语认知为一个板块，一旦对其进行扩展，这一格局马上会发生变化，从而影响短语的组块和理解。我们可以从内扩展和外扩展两方面来进行。

1. 内扩展

(1)增加谓词性成分：救济物品→救济过冬物品

宣传纲要→宣传发展纲要

(2)增加体词性成分：保卫人员→保卫机要人员

处理意见→处理群众意见

通过扩展，短语由"2+2"音步转变成了"2+4"音步，板块亦由一个增加到两个，从而使得意义从定中关系转为了述宾关系。

这种现象表明，动词不是定语的典型成员，它大多数情况下只能占据贴近中心语的位置，一旦离开这个位置，很容易失去充当定语的资格。

2. 外扩展

设计方案→建筑设计方案　　研究部门→文化研究部门

外扩展主要表现为体词性成分的扩展，因而，不改变板块的数目，短语的类型也不发生变化。通过以上扩展，我们可以得出以下的对应格式：

2+2		2+4		4+2
改良品种	→	改良玉米品种	→	玉米改良品种
学习文件	→	学习政治文件	→	政治学习文件
进口汽车	→	进口日本汽车	→	日本进口汽车
参考文献	→	参考历史文献	→	历史参考文献

在以上的对应格式中，可以看出，"2+4"与"4+2"这两组音组模式恰恰形成对立。前者被认知为两个板块，表现为述宾关系；后者被认知为一个板块，表现为定中关系。我们在对多义短语进行分化时，有时可以借助这种扩展来实现。这种音节与意义的对应规律有助于我们在缺乏形态变化的语言中借助节律这一形式去认知意义。

二 [V+N]歧义短语的分化

当一个短语类型结构对应于一个以上的句法功能结构时,就有可能对这个短语类型结构的句法功能作出一种以上的不同解释,这时,就说这个短语类型结构是潜在歧义结构(potential ambiguous structure)。之所以说是“潜在歧义”,是因为在这个短语类型结构中,当用词汇单元来代替词类标记时,这种歧义有可能继续保持,也有可能消除,因而这种歧义是潜在的而不是现实的,它只具有了歧义的可能性,但不一定具有歧义的现实性。这可以通过结构的变换来解决。

首先,可以用加“的”和加“了”来加以区分。例如:

动名组合		定中关系		述宾关系
学习文件	→	学习(的)文件	→	学习(了)文件
阅读教材	→	阅读(的)教材	→	阅读(了)教材
进口设备	→	进口(的)设备	→	进口(了)设备
批评文章	→	批评(的)文章	→	批评(了)文章

又如“救济粮食”。如果具有以下两个变换式:

救济粮食 → 救济(人/地方)粮食

救济粮食 → 救济(的)粮食

那么,这个[V+N]短语类型结构在插入词汇而实例化之后,潜在的“述宾—定中歧义”已经转换成了现实的“述宾—定中歧义”。

也可以根据动词论元的生命度潜能是否重合及其与短语中名词的匹配情况这一条件来判断[V+N]短语是否具有歧解。我们用 Na 、Nb、Nc 来分别表示短语中的名词在句中的论元身份。主要有两种情况。

(1)短语中的名词没有 Na 、Nb 两解的可能

短语中动词 Na 与 Nb 的生命度潜能不相重合。即短语中名词 N,它的生命度特征如果符合动词 Na 的生命度要求,就不可能符合动词 Nb 生命度的要求。不可能同时符合 Na 与 Nb 的生命度要求,也就没有歧解的可能。如“评审标准”。

(2)短语中的名词存在 Na 、Nb 两解的可能

如“评论专家”。二价动词“评论”的 Na 只能理解为[人],但 Nb 既可理解为[人],也可理解为[事物],所以短语中显现的 N“专家”也就有了歧解的可能,既可理解为“评论”的施动者,也可理解为“评论”的受动者。再如“指导教师”。三价动词“指导”的 Na 只能理解为[人],Nb 只能理解为[人],Nc 只能理解为[事物],Na 和 Nb 的生命度潜能完全重合决定了 N“教师”既可理解为“指导”的施动者,也可理解为“指导”的受动者。

用生命度潜能这一条件只能解决含有高生命度名词的短语。对于其他歧义短语的理解,需要进一步研究。

三 [V+N]定中式短语的语用理解

汉语词汇双音化的原因,除了语音简化的结果之外,还与语言的交际功能有关。语言的交际功能一方面要求词汇不断地提高表义的精确性和清晰性,另一方面又要求有些词不断地扩大语言单位的句法功能,以满足语言经济性原则。这就迫使汉语的词增加长度向双音节发展,以适应语言交际的需要;而有些词在双音化的同时还伴随着句法功能的增殖。这种双音节动词功能增殖已被大量的历史文献所证实。

尽管直接作定语并不是动词典型的句法功能,按照动词各种语法功能所占的百分比的次序,直接作定语是动词各种功能中的一种劣势分布,但动词直接作定语并非偶然个别的现象,而是普遍存在的事实。不少动词直接作定语相当自由和常见。动名定

中结构是现代汉语中一种很典型的搭配格式。许多动词之所以直接作定语,主要是由于表达上的需要。只有用动词作定语,才能简明便捷地表达某些特有的定语和中心语的语义关系,这是其他词类作定语所无法替代的。例如,名词"中心"指的是"在某一方面占重要地位的城市或地区",具体是指哪一方面,只有当动词充当"中心"的定语时才能明了。例如:

中心:生产中心　销售中心　发射中心　研究中心　测控中心
　　防护中心　移民中心　通讯中心　统治中心　控制中心

(一)[V+N]定中式短语在不同语境中的表现

[V+N]定中式短语之所以大量出现,一个重要的原因是顺应语言经济性的原则,由原来的多音节结构缩略为四音节结构。例如:"体检手续"中"体检"是"身体检查"的缩略语,"环保工程"中的"环保"是"环境保护"的缩略语等等。这种经济性原则体现在语用上,则是根据特定的语境,对[V+N]定中式短语中包含的信息进行缩减,使语言更加简练。当然,如果离开了特定的语境,[V+N]定中式短语也就失去了很多特定的信息。因此,我们根据V和N是否在语境之中,将[V+N]定中式短语的信息负载分为两种情况。

1. 语境之外的[V+N]定中式短语

(1)V能够提供信息。例如:

装修过程:"装修"的对象一定是房屋建筑之类。

出版日期:"出版"的对象一定是报刊书籍之类。

经营机制:"经营"的对象一定是商业或商业性事业。

种植面积:"种植"的对象一定是树木花草之类的植物。

其他类似的例子还有:

写作技巧　演出活动　救济物资　谋杀对象　拍摄过程
缝纫用品　回收情况　种植面积　申诉材料　犯罪组织

贩毒集团　栽培技术

(2)N能够提供信息。例如：

指导教师：名词“教师”决定了动词“指导”的对象是学生，而且是研究生、进修生等高层次的学生，不是泛指任何学生。

应用数学：动词“应用”的对象跟“数学”有关。

直通电话：名词“电话”决定了动词“直通”的对象。

残留孤儿：名词“孤儿”决定了动词“残留”的对象。

其他类似的例子还有：

对外银行　支援部队　辅助教材　转弯沙发　冷冻骨髓
示范林场　见习记者　征询邮件　纪念人物　免税年薪
旋转木马

(3)V和N都能够提供信息。例如：

主治医生：动词“主治”隐藏的宾语是各种疾病之类。名词“医生”同样提供的是关于“疾病”的信息。

出土文物：动词“出土”和名词“文物”提供的都是有关“文物”的信息。

其他类似的例子还有：

驾驶执照　结婚婚纱　贿赂总额　出国外语　吹奏乐器
转业官兵　拍卖货源　捐款金额　统编教材　演唱晚会
搭载卫星　录取通知书

(4)V和N都不能提供信息。例如：

生产中心　领先水平　调查工作　检查人员　表现手法
终止条件　学习文件　分析方法　研究领域　变化过程
安排问题　消化能力

这些短语的信息都很抽象。如"生产中心","生产"什么？关于什么的"中心"？在短语中都未提示。这就往往需要借助上下文的帮助。

2. 语境之中的[V+N]定中式短语

不管[V+N]定中式短语本身是否提供了有关信息,它所隐藏的信息一般在特定的语境中都能够找到。信息在语境中的显示,主要有两种情况。

(1)整个篇章的语境显示

[V+N]定中式短语所负载的信息,就整篇文章或整部书来说,是非常清楚的。例如:

〔18〕但你又不能不信,好几千人都异口同声地这么讲,莫非这几千人都这么商量好了的在骗你？而这仅仅只是在不到 20 分钟里发生的事情,谁会有这么大的组织能力？谁又会有这么大的威望和鼓动力？(张平《抉择》)

从整篇文章来看,"组织能力"指的是"组织群众聚会、质问领导的能力"。

〔19〕不是你们家的电话,是个女的,她好像很知道您的工作习惯。(毕淑敏《预约财富》)

从文章里可知,"工作习惯"中的"习惯"指的是"在手术后不接电话"。

(2)单独语句的语境显示

例如短语"管理人员",动词"管理"和名词"人员"的信息都是隐藏的。但如果将它放到语句中,依靠语境的提示,其动词"管理"的信息就完全明确化了。

〔20〕据监狱的管理人员说,这个犯人的神经这些天似乎有些

不正常。(张平《十面埋伏》)

在这句话里,“管理”的对象已非常明确,即“监狱(的犯人)”。“管理人员”相当于“管理监狱犯人的人员”。又如:

〔21〕就是在今年8月份,就是在那次对监狱全体服刑犯人通报给一些犯人减免刑期的宣布大会上,当宣布到这个犯人由死刑减至十五年有期徒刑时,他竟旁若无人,大摇大摆地当众站了起来。(张平《十面埋伏》)

“宣布大会”中的动词“宣布”的内容已在同一句中得到提示,即“宣布一些犯人减免刑期的大会”。

(二)[V+N]定中式短语形式上的表现

在[V+N]定中短语中,动词所支配的成分常常是隐藏的,因此,尽管这个隐藏成分的位置是抽象的,但这种位置一定是存在的。只是在现实结构的这些位置上有时并不一定都出现词语成分。这主要有两种情况:一是由于表达或其他的条件限制,动词支配的成分根本没有出现或者不能出现。二是可以出现在这些抽象位置上的支配成分,没有出现在这些位置上,而是由于表达或其他构造的限制,跑到其他的位置上了。这种移位主要表现为两种方式:一是前移,一是后移。

前移。例如:

〔22〕这次演讲比赛的投票结果是……。

“投票结果”指的是“演讲比赛”的“投票结果”。

后移。例如:

〔23〕五月初,伪造工作基本完成,所有这些文件的笔迹、语气乃至签名都与真的无异。

“伪造工作”指的是伪造“文件的笔迹、语气乃至签名”。

第三章　[V的N]偏正短语研究

[V的N]偏正短语是由动词(V)和名词(N)加“的”组成，“V+的”修饰、限制N。本章按照形式和意义相结合、静态和动态相结合、描写和解释相结合的原则，从[V的N]偏正短语的构成类型、V与N搭配上的语义限制、与[V的N]偏正短语相关的组合、[V的N]偏正短语的句法功能和语用功能四个方面考察[V的N]偏正短语，从而对此类偏正短语有一个比较清楚的认识。

动词作定语，有两种情况：一种是动词直接修饰中心语，构成“VN”结构，如“烤鸡、使用情况”等为一类；另一种情况是“V+的+N”结构，如“写的字、编的草帽、前进的步伐”为一类。

在[V的N]这个特定的偏正短语中，V必须是光杆动词，不能是动词短语。因为如果是动词短语，则这个结构就是包含两个乃至两个以上层级的复杂组合，如“爱听音乐的小王”这个短语，用层次分析法可分析如下：

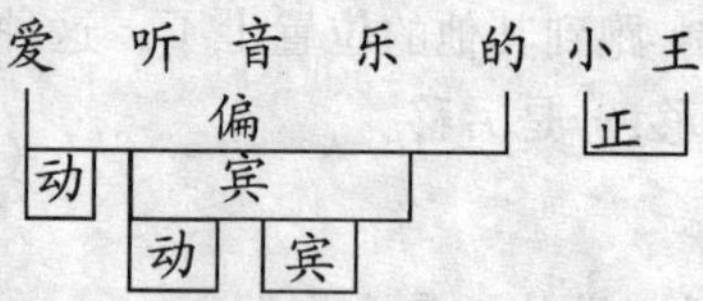

这种复杂的短语不是我们所要界定和讨论的[V的N]能够包容的，因而不在讨论范围之内。还有一类“V的N”结构与[V的N]偏正短语在形式上相同，这种[V的N]结构“V+的”与N之间无修饰、限制的关系，而是述宾关系，它常常在一种特定的句式中作谓语，例如：“大伙儿出的主意，我跑的腿”。具体地说，这种[V的N]结构常常是前加一个施事主语，形成独立的主谓句，表达一个陈述，而且只用于表达过去发生的事。一般认为这里的“的”是表过去时的助词。对于这种[V的N]结构，也不作详细分析，只在必要时提及，故而[V的N]代表偏正式短语。

第一节 [V的N]偏正短语的构成类型

一 [V的N]偏正短语的两种分类

朱德熙曾把“VP的N”偏正短语分为两种不同的类型：①

A	B
开车的人	开车的技术
老王开的那辆车	走路的样子
他讲的故事出有因	火车到北京的时间
装书的箱子	他说话的声音
他给我的信	爆炸的原因

A类格式里的N跟前边的动词性成分之间有潜在的主谓关系或述宾关系。B类格式里的N跟前边的动词性成分之间没有潜在的主谓关系或述宾关系。朱先生之所以如此分类，是因为这两种格式有一点很重要的区别：A类格式里的“VP的”可以指代整个偏正短语，而B类格式里的“VP的”不能指代整个偏正短语。即A类格式里的“VP的”可以离开N独立，而B类格式里的“VP的”不能离开N独立。

现代汉语中，词的双音节化倾向非常明显。单音节词和双音节词在实际的语言运用中，存在着许多功能上的差异。这种音节

---

① 胡裕树主编《现代汉语》：“汉语的动词有的必须带宾语，如‘姓’、‘成为’……有的不能带宾语，如‘休息’、‘播音’、‘失败’、‘点名’、‘退却’、‘防疫’”。有的“一般要求带宾语，但是在具体语句里不一定带上宾语”，如“学习”。据此把汉语的动词划分成相应的三类“粘宾动词”“无宾动词”和“自由动词”。

差异，对词与词的组合起着很大的影响，这一影响也同样表现在[V的N]偏正短语中。据此，可以把[V的N]偏正短语分成四类：

(1) $V_{单}$的$N_{单}$。如：看的书。
(2) $V_{单}$的$N_{双}$。如：听的音乐。
(3) $V_{双}$的$N_{单}$。如：微笑的脸。
(4) $V_{双}$的$N_{双}$。如：前进的方向。

(一) $V_{单}$的N

1. "$V_{单}$的N"的类别

对能进入[V的N]偏正短语的$V_{单}$而言，它对名词音节的选择相当自由，既可以同单音节名词搭配，也可以同双音节名词搭配。因而可以把"$V_{单}$的$N_{单}$"和"$V_{单}$的$N_{双}$"合成"$V_{单}$的N"一起来讨论。并且根据V与N之间潜在语义关系的不同，分成如下三类：

(1) 看的书　开的车　吃的饭　喝的水
　　看的电影　开的汽车　吃的米饭　喝的汽水
(2) 教的人　看的人　买的人
　　教的老师　看的老人　买的小孩
(3) 呆的时间　笑的样子　学的方法

(1)类"$V_{单}$的N"结构中，V与N是动作和受事的关系，如果去掉"的"，构成的常常是述宾关系，如"看书、开车、喝水"。

(2)类"$V_{单}$的N"结构是一个歧义结构，V与N既可以是动作和受事的关系，也可以是动作和施事的关系。例如：

〔1〕"啊！有人买吗？"
　　"买的人很多。"
〔2〕"买的人是用来侍候老夫人的。"

〔3〕“成绩怎么这么差?”

“教的人不好。”

〔4〕张勇做了五年的教师,但教的人没有一个是有出息的。

例〔1〕和例〔3〕中V与N是动作与施事的关系,“买的人”指顾客,“教的人”指老师,“买”和“教”的受事常常是上文已经提及过或者不言而喻的。例〔2〕和例〔4〕中V与N是动作和受事的关系,“买的人”指佣人,“教的人”指学生。

(3)类“$V_{单}$的N”结构中,N既非施事,也非受事,而常常是表示时间、处所、方式、对象等的抽象名词。

以上三类“$V_{单}$的N”中,(1)类存在和使用的数量是最多的,而(3)类是最少的。但三类“$V_{单}$的N”在实际使用中有一个共同的特征,就是在句子中常常作主语。例如:

〔5〕呆的时间太长了,长得不像话。

〔6〕他不是人,说的话也不是人话。

(1)类和(2)类还经常与介词“把、被”结合,构成介宾短语。例如:

〔7〕你去把丢的钱找回来。

〔8〕耍完最后一路拳,他立刻被看的人团团围住。

在实际语言运用中,$V_{单}$后面常加“着、了、过”。例如:

看过的书　　吃着的饭　　尝过的人

走了的女孩　　插着的柴门　　活着的人

2.“$V_{单}$的N”的结构特点

由于单音节动词的动作性强,所以“$V_{单}$的N”中“的”不能省略,“的”去掉之后,V与N构成的不再是偏正关系。也就是说,$V_{单}$不具备光杆充当定语的功能,由于$V_{单}$在句法功能上具有单纯性,因此当它与名词组合在一起时,所表示的关系只有一种(述宾关系),整个"V+N"结构的功能也是单一的(非名词性短语)。例如:

写文章　盖房子　听京剧　写字　看小说　挖水沟

但有少数情况形成偏正关系,而且都是单个名词。例如:

拖油瓶　睡美人

但是更多的是一些菜肴名称。例如:

涮羊肉　炸猪排　烤鸭　扒大虾　炒鸡蛋　烧鸡
爆鸡丁　烤白薯　腌鱼　炖牛肉　溜肉片　烤肉

事实上这类结构中的动词如果是及物动词,则可能是歧义的,它们也可以理解为一般的述宾短语。

受音节选择、语体一致等因素的影响,在"$V_{单}$ 的 N"结构中,如果 N 是双音节的集体名词,则"$V_{单}$ 的 N"不成立,此时,V 必须是双音节的。例如:

*修的车辆　*投的信件　*种的树木　*看的人群
修的车　投的信　种的树　看的人
维修的车辆　投递的信件　种植的树木　观看的人群

(二)"$V_{双}$ 的 $N_{单}$"与"$V_{双}$ 的 $N_{双}$"

1."$V_{双}$ 的 $N_{单}$"

当动词是双音节时,对名词的选择有某些音节上的限制,"$V_{双}$ 与 $N_{单}$"的搭配比较少。例如:

嘱托的话　微笑的脸　飘浮的云　战抖的手　逃跑的人
颤动的心　流动的水　封闭的门　摇晃的灯　倒塌的墙

此类[V 的 N]短语中的 V 往往描述性比较强,整个短语前常

常有数量短语或指量短语作修饰语。例如:

(一番)嘱托的话 (一张)微笑的脸 (那扇)封闭的门

(一颗)颤动的心 (一双)战抖的手 (那盏)摇晃的灯

"$V_{双}$的$N_{单}$"短语中"的"不能省略,若省略,则构不成偏正短语。也就是说,如果"$V_{双}$的$N_{单}$"偏正短语成立,则其中的"的"不能省略。但是反过来还有一种现象,即$V_{双}$直接修饰$N_{单}$,当中没有"的"。例如:

书写纸 申述人 降落伞 被告人 粘贴纸

封锁线 试验田 参考书 救护车 旅游团

活动笔 接待站 奖励品 函授生 继承权

这类"$V_{双}$ N"短语构成的都是偏正短语,而且都是接近于名词。在V与N之间如果加入"的"(如:*"书写的纸、旅游的团"等),则不成立。过去我们一直认为汉语的双音节化使得$V_{双}$只与$N_{双}$组合,一般不与$N_{单}$搭配。其实这是站在"动+名"表示述宾关系的立场上说的,假如我们换一个角度来,从"动+名"表示偏正关系的角度来考察的话,情况就不同了。在表示偏正关系时,$V_{双}$经常与单音节名词素搭配,而较少选用$N_{双}$,如"复印件、报销单、游泳池"之类。这似与单音节粘附性较强、双音节独立性较强有关,选择单音节的语言单位更能够充分地显示出结构的偏正关系,试比较"浮动价"与"浮动价格",前者的偏正关系显而易见,而后者含糊,可以是偏正关系,也可以是述宾关系。

2."$V_{双}$的$N_{双}$"

与"$V_{双}$的$N_{单}$"相反,由于汉语的双音节化倾向,$V_{双}$与$N_{双}$的组合是大量的。同样,$V_{双}$与$N_{双}$之间可以构成潜在的主谓或述宾关系,也可以构成偏正关系。据此,可以把"$V_{双}$的$N_{双}$"分成以下三组:

(1)N是V的受事

录取的学生　讨论的问题　投递的信件　维修的车辆

(2)N是V的施事

飞翔的海燕　起伏的山峦　飘扬的红旗　颤抖的声音

(3)N既非V的施事,亦非V的受事

辩论的结果　生活的方式　防范的措施　治疗的方法

其中,(1)组$V_{双}$均为及物动词,$V_{双}$后面可以加“着、了、过”。例如:

录取了的学生　　讨论过的问题

投递了的信件　　维修着的车辆

(2)组$V_{双}$大多数为不及物动词,$V_{双}$后面只能加“着”,表示动态。例如:

飞翔着的海燕　　起伏着的山峦

飘扬着的红旗　　颤抖着的声音

(3)组由于$N_{双}$均为无生命的抽象名词,所以没有动态的形式,因而$V_{双}$后不能加表示动态的助词“着、了、过”。

还有一类特殊的双音节动词,即离合词,如“结婚、洗澡、理发、睡觉”等。这类词后面不能再带宾语,所以它们与N双构成“$V_{双}$的$N_{双}$”时,$V_{双}$与$N_{双}$只能是动作和施事的关系或者无施受关系。例如:

结婚的同志　　洗澡的婴儿　　理发的工具

结婚的对象　　洗澡的时间　　理发的小王

而且当N是V的施事时,“着、了、过”只能加在“结”和“婚”、“洗”和“澡”、“理”和“发”之间……,而不能直接加在V双后面,这是由

离合词的特殊性决定的。例如:

＊结婚过的同志　＊洗澡过的婴儿　＊理发了的小王
结过婚的同志　洗过澡的婴儿　理了发的小王

第二节　V与N搭配上的语义限制

一　不能进入[V的N]偏正短语的名词

并不是所有的名词都能进入[V的N]结构。

1. 当N为指人专有名词时,[V的N]常不成立。例如:

＊奔跑的陈红　＊成长的贝贝
＊哭泣的小刚　＊微笑的鲁迅

只有当V后面加上"着"或前面加上"正在"等附属词之后,[V的N]才成立。例如:

奔跑(着)的陈红　(正在)成长的贝贝
(正在)哭泣的小刚　微笑(着)的鲁迅

2. 当N为指物专有名词时,[V的N]常不成立。例如:

＊侨居的美国　＊住的天津
＊爬的黄山　＊游览的长城

只有在比喻或拟人等修辞手法中,指物专有名词前可以受动词的修饰。例如:

腾飞的中国　沉睡的长城　咆哮的黄河

二　与N有关的语义限制

(一)指人名词和指物名词

有生和无生是自然界的基本分类,语言学中与之大体对应的有指人名词和指物名词。随着语言类型学研究的不断深入，人们越来越注意到生命度对语言生成和理解的影响，为此生命度也由生物学引入语言学领域，成为一个语言学概念。作为语言学中的生命度，它已经冲破了有生命和无生命的窠臼，变成一个对实体按照有生命的程度排列的连续统。伯纳德·科姆里（B.Comrie，1981）给出的生命度的基本等级序列是：人类＞动物＞无生命物。也就是说，人比动物生命度高，动物又比无生命物的生命度高。假如将生命度的基本等级序列转化为语言学概念的生命度，可以粗略地表述为(2-1)：

指人名词 ＞其他有生名词＞无生名词

这个生命连续统可以较好地显示出[V的N]偏正短语中N的分布情况，生命度越高的名词越难进入[V的N]偏正短语，生命度越低的名词越容易进入。

(二)专有名词和普通名词

虽然指人名词的生命度等级高于指物名词，但是有时也会发现相反的情况。比如有些指人名词能够进入[V的N]偏正短语，而指物名词“黄河、泰山、长江”却不能或者较少进入。这种现象似乎说明，仅仅从生命度的指人和指物这一参项来解释是有局限的。

对于指称相同的事物，严格地说按生命度原来的意义（生物学的角度）“鲁迅”和“《阿Q正传》的作者”并没有什么区别。不过从语言的角度看，专有名词和普通名词之间的区别显然不是原来意义上生命度的直接反映，它们可以分属不同的等级。专有名词被视为具有更高的生命度，而普通名词则次之。由此，语言学概念的生命度可以进一步描述为(2-2)：

指人专有名词＞指物专有名词＞指人普通名词＞其他有生普通名词＞无生普通名词

这个等级序列比(2-1)具有更强的解释力。试看：

*奔跑的陈红 *保护的盼盼(熊猫名) *游览的长城
奔跑的人群 保护的动物 游览的景点

Comrie(1981)还指出人称代词比指人名词有更高的生命度，人称代词在口语中也不受修饰，同样也难于进入[V的N]结构。例如：

*奔跑的她 *跳动的它
*成长的他们 *飞翔的它们

(三)具体名词和抽象名词

前一小节的讨论解决了专有名词的问题，但对普通名词的理解仍有较大的选择余地，这是因为普通名词成分多，情况复杂，空间性差异大的缘故。粗略地说，普通名词从意义角度看有具体和抽象之分。具体名词在生命度上高于抽象名词，由此我们可以将语言学概念上的生命度进一步完善为(2-3)：

指人专有名词＞指物专有名词＞指人具体名词＞指物具体名词＞无生具体名词＞抽象名词

抽象名词是这个等级序列中生命度最低的，也是最容易进入[V的N]结构。例如：

学习的经验 约会的时间 经历的沧桑 采取的手段
成长的烦恼 发展的速度 生活的方式 动荡的年代

三 不能进入[V的N]的动词

根据考察，并不是所有的光杆动词都可以进入[V的N]偏正短语。

1. 大部分粘宾动词不能进入[V的N]偏正短语。例如：

禁止	企图	予以	严加	给以	善于	显得	遭
继续	感觉	力图	断定	靠	属于	等于	姓
称	当作	好像	在于	充满	敢于	据说	譬如
任凭	省得	成为	变成	如	装作	懒得	促使
派	使	叫	让	是	为	可以	能够

上述V之所以不能进入[V的N]短语,是因为这类V置于名词后不能构成主谓短语,即单独不能作谓语,必须和它后边的宾语组合在一起,不能分开。由此形成以下三个特点:

(1)在句中必须和宾语连接在一起作谓语;

(2)宾语只能在动词之后,不能提前;

(3)宾语不能省略或隐含。

不难发现,这类粘宾动词大部分都不是动作动词,而是先导动词(加以、难以、予以、善于等)、能愿动词(能够、可以、敢、肯等)、判断动词(是、为等)、结果动词(变成、成为、当作等)、使令动词(派、令、叫、使、命令等)等。

2. 少数不及物动词不能进入[V的N]格式。主要是指下面四个不及物动词:

到来　　完毕　　着想　　着眼

四　能与N搭配的V的语义特征

(一)动性的强弱

前文指出,并不是所有的动词都能进入[V的N]偏正短语。但如果观察那些能够进入[V的N]的动词,就可以发现它们在这一短语中的分布仍存在着很大的差异。事实表明,动词的动性强弱是影响分布的一个因素。陈宁萍(1987)用Ross的连续统词类模式进行分析,得出了汉语的类型正由普遍动词型向普遍名词型漂移的结论,并用下列名词化小句来测定动词名性的强弱：

施事名词或动者(mover)名词+的+动词

名词性短语

该框架具有把动性最强的词分离出去的能力。名性和动性是一对基本范畴，名性强就意味着动性弱，反之，动性强也意味着名性弱。所以，从某种意义上说，名词化小句也是动词性强弱的测定框架。

值得注意的是，测试分离出来的强动性动词具有两个显著的特征：

1. 音节特征

汉语词汇最初是单音节的，但早在甲骨文时代双音化倾向就已经初见端倪，到了西周、春秋时期双音词有了长足的发展，而且突破了名词的樊篱，向动词扩展。据初步观察，词在由单音转变为双音的过程中，不仅音节发生了变化，而且名性逐渐增强，动性逐渐减弱。因此，在音节特征上，动性的等级序列为：单音节＞双音节。

2. 构造特征

由于双音化并不能赋予动词等量的动性，因此，双音节动词之间仍存在着动性的强度差异。有些双音节动词的动性较强，与单音节动词差别不大，在句法上主要充当谓语，如"变成、予以、充满、敢于、据说、严加"等。而有些双音节动词的动性较弱，存在着名词化的倾向，如"调查、报告、工作、教育"之类。如何解释这种动性的强度差异？根据概率分析，这种动性的强度差异与词的内部构造有关，其等级序列为：

前加/后附＞偏正＞补充＞陈述＞支配＞联合

事实证明，动词的动性越强，越难进入[V的N]偏正短语。V的动性强弱与其在[V的N]短语中的分布多少是成正比的。前文论及的不能进入[V的N]短语的粘宾动词中，大部分的粘宾动词都是前加/后附式或偏正式，如“予以、严加、力图、给以、善于、等于、据说”等。而联合式的动词是最容易进入[V的N]结构的，分布的数量也最多，如“调查、飞翔、奔驰、闪动、前进、研究、表演、飘扬、讨论、萎缩”等。动词的动性越强，首先体现的是其作为动作动词的主要语法功能，即作谓语；动词的动性越弱，名性就越强，体现出名词性的功能之一，即作定语。这就是为何双音节动词比单音节动词在[V的N]偏正短语中分布的数量要多，而且联合式的双音节动词比前加/后附式的双音节动词更多地出现在[V的N]偏正短语中。

(二)V与N的语义关系

从形式上看，[V的N]短语是定中式偏正短语，V和N的关系是修饰与被修饰、限制与被限制的关系。但是这种结构意义和关系意义仍是一种表层现象，我们还必须透过表层现象去挖掘[V的N]偏正短语的深层内涵。

据初步考察，发现在[V的N]偏正短语中，V与N具有以下的语义关系：

1.“动作—受事”关系

采取的手段　　经历的沧桑　　写的手稿

采集的标本　　讨论的问题　　看的书

形成此种语义关系的条件：

(1)V具有支配或关涉作用；

(2)N具有受事性质，排除施事性质；

(3)V与N的连接中含有支配与被支配或涉及与被涉及的关系。例如：

〔9〕是的，这完全是为了应付眼前这种僵局而故作的姿态。

〔10〕看的书都是《红楼梦》之类的“闲书”。

2."动作—施事"关系

飘扬的红旗　微笑的工人　颤抖的声音

发言的代表　休息的同志　飞翔的海燕

形成此种语义关系的条件:

(1)V为不及物动词;

(2)N具有施事性质;

(3)N与V的连接中含有施动关系。例如:

〔11〕继起的复社,和东林党一样,既是政治团体,又是文学团体。

〔12〕望着飘扬的红旗,我心中涌起一种莫名的情感。

在这类[V的N]偏正短语中,"的"不能省略。因为N必须有施事性质决定了N的生命度的高低,最明显的是N不太可能会是抽象名词。汉语中不及物动词与低生命度名词,特别是抽象名词组合时,可以采用无标记结构。例如:

飞翔的高度 ⟶ 飞翔高度

前进的方向 ⟶ 前进方向

奔腾的速度 ⟶ 奔腾速度

但与高生命度名词搭配时,却只能采取标记结构,即用标记词"的"。例如:

飞翔的海燕 ⟶ * 飞翔海燕

前进的队伍 ⟶ * 前进队伍

奔腾的骏马 ⟶ * 奔腾骏马

3."动作—施事/受事"关系

V与N既可形成"动作—施事"的关系,又能形成"动作—受事"的关系。即[V的N]是一个歧义的结构。例如:

围攻的敌人　　帮助的朋友　　评论的专家
看的人　　买的人　　指导的教师

形成此种语义关系的条件：

(1)V须为及物动词，且必须对后面的N具有处置性，即能构成"把"字句式和被动句式；

(2)N须为具有施事能力的动物名词(以人的名词为主)；

(3)V与N的连接中，既含有施动关系又可含有支配与被支配的关系。

此类[V的N]可以分化成表达语义内容不同的两种形式：(VN的)+N，(被V的)+N。例如：

评论的专家：a. 被评论的专家；
　　　　　　b. 评论别人的专家。
指导的教师：a. 被指导的教师；
　　　　　　b. 指导别人的教师。

以"围攻的敌人"为例，"围攻的敌人"这一短语可以有两种不同的理解方式。第一种是"围攻(我们)的敌人"，此时"围攻"与"敌人"之间是施动关系；第二种是"(被围攻)的敌人"，此时"围攻"与"敌人"之间是支配与被支配的关系。

有些[V的N]偏正短语，虽然都具有"动作—施事/受事"语义关系所要求的各项条件，但由于V和N具有特定的语义关系制约，因而不会产生施受两可的语义关系，如下列结构式：

护理的护士　　治疗的病人　　生的孩子
传播的媒介　　崇拜的明星　　看望的病人

"生的人"有歧义，原因在"人"能承担两种语义角色，而"生的孩子"一般没有歧义，原因在于"孩子"一般只能作受事。"看望的同志"有歧义，"同志"既可以是"看望"动作的发出者，也可以是"看望”的对象；而“看望的病人”一般没有歧义，“病人”一般是看望的对象。

而大多数情况下，V和N“动作—施/受”的语义关系只有在言语的句子中才能具体地辨别出来。如“抓到的凶手被押送到派出所了”就是“动作—受事”关系，在“抓到的凶手十分得意”就是“动作—施事”关系。

另外，如果N是V的心理活动对象或心理活动的主体的话，也会产生歧义。例如：

想的人　　喜欢的同学　　知道的同事
了解的人　　认识的人　　相信的朋友

从潜在的句法关系上看，有些非动作动词构成的[V的N]短语是主谓和述宾两可的，具有潜在歧义。例如：

存在的问题——存在问题/问题存在
来的客人——来客人/客人来
失去的青春——失去青春/青春失去
丢失的钱包——丢失钱包/钱包丢失
出现的困难——出现困难/困难出现

4.“动作—时空”关系

结束的时间　　流浪的童年　　集中的地点
动荡的年代　　训练的基地　　启程的日期

形成此种语义关系的条件：

(1)V必须是不及物动词；

(2)N是表示时间或地点的名词；

(3)N在受到V修饰的同时，也在隐性地说明它前面的V，表示V的行为地点或时间。此时，V与N在语义上是互为修饰，互为补充的。试看以下两个例句：

〔13〕这地方是我讨厌的，但有了她们两个人，就仿佛生了光彩，离开的时候，我真正感到了留念。

〔14〕在前进的道路上，到处都是荆棘。

5. “动作—方式”关系

训练的方案　治疗的方法　前进的靠山　胜利的法宝
防范的措施　脱贫的手段　烹调的技术　贿赂的手段

形成此类语义关系的条件：

(1)V 为不及物动词；

(2)N 为不具施事能力的普通物名词。

上述短语形式上是 V 去修饰、限制 N，其实 N 在被限制的同时，也在隐性地限制 V，表明 V 的方法与手段，因而上述偏正短语都可分析为“凭借 N 去进行 V”。例如：

〔15〕他三番五次地去找医生商量治疗的方案，他反复思考，为秀嫩重新制订训练的计划。

例〔15〕中的“治疗的方案”和“训练的计划”语义上分别为“用这个方案治疗”和“根据这个计划训练”，V 与 N 之间明显地存在着“动作—方式”的语义关系。

6. “动作—工具”的关系

传播的机器　储藏的仓库　运输的汽车
御寒的衣服　防卫的手枪　烹调的锅灶

形成此种语义关系的条件：

(1)V 须是及物动词；

(2)N 须是可供人操作与使用的具体名词；

(3)N 在被修饰的同时，也隐含地说明 V 实施而凭借的工具。

7. 其他关系

除了上述六种语义关系，在[V的N]结构中，V与N还可形成其他一些语义关系。例如："动作—程度"，"动作—范围"，"动作—因果"等。

第三节 与[V的N]偏正短语相关的组合

一 [V的N]与"VN"

动词直接修饰名词作定语的现象是比较多的。偏正式"VN"短语中，"$V_{双}+N_{单}$"一般是偏正关系的，"$V_{双}+N_{双}$"中有很大一部分是偏正关系的，除此之外，"$V_{单}+N_{单}$"也有可能是偏正关系的。例如：

飞鸟 逃兵 醉汉 走兽 飞船
保护伞 书写纸 打印件 保护伞 表扬稿
学习阶段 演出内容 活动期间 分配手段 约会地点

过去不少学者认为动词作定语一般得加"的"，可见动词加"的"作定语构成偏正式[V的N]短语更加自由一些，一些能构成偏正式[V的N]短语的结构，却不能构成偏正式的"VN"短语。例如：

担任的职务——担任职务
采取的措施——采取措施
饲养的动物——饲养动物

"担任职务、采取措施、饲养动物"只能是述宾关系。

相反，多数[V的N]短语可以省略"的"字构成"VN"短语。例如：

解决的办法——解决办法
约会的时间——约会时间

研究的手段——研究手段

可见，[V的N]短语与“VN”短语既有一定的联系，又有明显的区别。

(一)两种名化

[V的N]偏正短语和“VN”偏正短语是动词作定语的两种形式。必须加上“的”才能作定语的动词常常是典型的行为动作动词，包括绝大多数单音节动词和部分双音节动词；能直接修饰名词的动词常常是兼有动词和名词两重性质的双音节词，它常常同抽象名词相联系，在主语、宾语和定语的位置上都相当活跃。这类“动名词”，朱德熙(1982)曾经有过论述。我们认为，所谓动名词必须符合以下三条标准：

(1)可以充任准谓宾动词(如“有”)的宾语；

(2)可以受名量词直接修饰(中间没有“的”)；

(3)可以直接修饰名词(中间没有“的”)。

这类“动名词”，比较典型的有“影响、剥削、研究、分析、保证、准备、计划、演出、工作、调查”等。胡明扬(1996)以上述三条为标准进行过动名兼类的计量考察，考察的结果被吸收到孟琮等(1987)编的《动词用法词典》中，双音节动名兼类词占双音节动词总数15.75－36.98%，动名兼类词主要集中在书面语双音节动词上，占书面语动词总数的17.39－40.64%，将来还会增加。

V加上“的”作定语和V直接作定语都是动词名化的表现，只是实现的方式不同而已。汉语由于缺乏形态变化，因而动词的名化需要用一定的标记和一定的结构来鉴定。有人认为动词的名化有两种，一种是“代表动词向名词转变过程中的一个阶段”，即动词和动词短语在一定的条件下取得了名词的某种性质，是属于动词名用，如“V＋的”(朱德熙(1983)认为现代汉语句法平面上名词化的主要手段是在谓词性成分后头加“的”，如“红的”“开车的”

"吃的"等)。另一种是部分双音节动词在特定结构中具有名词的特点,即已经转化为名词,如动名词直接作定语修饰语。

(二)可以不带"的"进入[V的N]格式的V与N

1. 某些跟动词密切相关而语义抽象性比较强的双音节名词,它们经常由双音节动词修饰,既可形成[V的N]偏正短语,又可形成"VN"偏正短语,其中组合频率最高的是"方式,对象、程度、范围、手段、行为、时间、地点、问题、工作、情况"等。例如:

方式:生活的方式——生活方式
手段:交际的手段——交际手段
对象:接待的对象——接待对象
行为:报复的行为——报复行为
程度:想念的程度——想念程度
地点:降落的地点——降落地点
时间:进攻的时间——进攻时间

2. 此外,还有不少双音节名词的组合能力也比较强。例如:

成绩:学习的成绩——学习成绩
手续:结婚的手续——结婚手续
现象:迟到的现象——迟到现象
方案:设计的方案——设计方案
力量:抵抗的力量——抵抗力量
经费:活动的经费——活动经费
过程:生长的过程——生长过程
关系:合作的关系——合作关系
技巧:谈判的技巧——谈判技巧
条件:生活的条件——生活条件

汉语语法学界普遍认为：动词修饰名词，一般都要加“的”。只有少数双音节动词可以光杆充当定语，而且这种语言现象被视为一种“例外”。

但是大量语言事实表明，这种理论并不十分正确。邵敬敏(1995)对《动词用法词典》进行考察，发现688个双音节动词中有628个能够光杆充任定语。绝对不能跟双音节名词构成偏正短语的双音节动词实际上非常少，只占所测试的688个动词的10%左右。前面列举的双音节动词在省略“的”直接与N组合时，有的组合能力比较强，即对名词的选择范围较宽；有的相对弱一些，即对名词的选择范围较窄。无论如何，它们都或多或少不同程度地进行这样的组合，而它们中只有少数是动名词。观察前文列举中的大量动词，不难发现，大多数的动词都是动性较弱的，从结构上看，联合式和述宾式的占了很大比例。当“的”被省略，V直接与N组合时，由于动性较弱，无法激活述宾关系，所以就形成了特殊的“VN”偏正短语。然而，按此理论显然无法说明为什么某些动词有时候“名词化”了，有时候却没有。

观察下列四组短语：

	V的N	VN
A组	争夺的领土	争夺领土(述宾短语)
	争夺的范围	争夺范围(偏正短语)
	争夺的对象	争夺对象(歧解)
B组	参观的工厂	参观工厂(述宾短语)
	参观的目的	参观目的(偏正短语)
	参观的程序	参观程序(歧解)
C组	指导的论文	指导论文(述宾短语)
	指导的水平	指导水平(偏正短语)
	指导的老师	指导老师(歧解)

D组	救济的难民	救济难民(述宾短语)
	救济的金额	救济金额(偏正短语)
	救济的粮食	救济粮食(歧解)

相同的动词,由于组合的名词不同,从而造成省略"的"之后不同的结构关系。一般情况下,在可省略"的"的[V的N]结构中,V通常是动性较弱的双音节动词。但这只是问题的一个方面,在某些条件下,名词也可起主导作用,名词的不同小类会引起语义的变化,会导致它同前面的动词发生不同的句法结构关系,从而使动名词具有两种性质,既有动词性,又有名词性。在某些语法位置上,表现为动词性的一面;在另一些语法位置上,又表现为名词性的一面。例如:"参观的工厂"这一结构省去"的"以后,成为"参观工厂","参观工厂"只能是述宾短语,因为名词"工厂"只能理解为"参观"的直接支配作用的对象。"参观的目的"省去"的"成为"参观目的"后,"参观目的"只能是偏正短语,因为名词"目的"不能理解为"参观"的直接支配作用的对象,而只能理解为"进行参观的目的","参观"是说明、限定"目的"的属性。这说明"参观"等一大批双音节动词不仅可以表示一种动词性属性,其中的关键是与之匹配的名词的类。纵观大量例证,不难发现这类名词在语义上都有两个明显特征:一是语义比较抽象,往往表示种类的范畴概念;二是跟动作有着相当密切的联系。由于语义比较抽象,所以在语言运用时语义上通常不能自足,需要加以一定的限制说明。换言之,这些抽象性名词直接充当宾语由于语义不自足,所以很难跟动词构成述宾短语。从另一个角度讲,由于这类名词是抽象名词,所以生命度最低,不能成为动作的支配对象。当"的"被省略后,V与N直接组合,无法形成述宾短语,只能是偏正短语;但是如果N语义充足了,则VN偏正短语就会解体。例如:

讨论地点——讨论开会地点

参观程序——参观生产程序

欣赏水平——欣赏超级水平

分析方法——分析各种方法

“讨论开会地点”“参加生产程序”“欣赏超级水平”“分析各种方法”等都是述宾短语，这说明只要N语义一充足，生命度就会增加，V就容易与N激活述宾关系。可见，VN偏正短语是V与N语义关系选择的结果，V与N是相互影响、相互制约的。

(三)VN短语中的歧义

1. 从配价成分的角度区别歧义

[V的N]短语中有一类可以省略“的”，形成[VN]短语。从配价角度看，偏正关系[V+N]短语的N不是V的配价成分，不构成潜在的主谓关系或述宾关系，也就是说，N不是V的一个必有的语义成分。如“改造政策、生产情况、打捞技术、暗杀行动”等。

而当N是V的配价成分或非配价成分两可时，会出现歧义。例如：

学习文件	进口汽车	出租汽车
出口货物	保护动物	译制影片
引进设备	测试水平	下放干部
调查资料	代理厂长	修改方案

其中，V必定是及物动词，而N能够成为V直接支配的对象；同时，V又表示一种动作性，修饰和限制N，例如，当“学习文件”理解为述宾关系时，“文件”是“学习”的受事，从配价角度看，“文件”也是“学习”的一个配价成分（价语），也就是说，“文件”是“学习”在深层语义结构中的一个必有的语义成分；当“学习文件”理解为定中关系时，“文件”是“学习”的材料成分（语义结构成分“材

料”),即“供学习的材料”。

2. 从语义的角度区别歧义

(1)N与V的不同的语义属性

“VN”短语作为兼有述宾关系和偏正关系的短语的歧义是复杂的,既跟N的句法语义属性有关,如N是无生命名词、抽象名词、非受事类名词、无指名词或通指名词等时,VN短语倾向是偏正短语;也跟动词的句法语义属性有关,V是不及物动词、动作性强的动词、粘宾动词等时,“VN”短语倾向是述宾短语。

(2)不同的变换方式

邵敬敏(1995)提出判断“VN”是否是偏正关系的短语,可以看其语义上能否进入以下的框架:

用于V的N:

分配办法——用于分配的办法

评估制度——用于评估的制度

进行V的N:

演出人员——进行演出的人员

建设速度——进行建设的速度

作为V的N:

救济金额——作为救济的金额

处理意见——作为处理的意见

而述宾式的“VN”短语则可以变换为“把+N+VP”或“N+被+VP”(V一般应是动作动词)。例如:

分配学生——把学生分配好——学生被分配好了

暗杀小王——把小王暗杀了——小王被暗杀了

解决问题——把问题解决——问题解决了

缴获手枪——把手枪缴获了——手枪被缴获了

歧义的“VN”短语则有不同的变换格式。例如：

学习文件——把文件学习透了/文件被学习透了

——用于学习的文件/作为学习的文件

(四)[V的N]与“VN”内部结构的不同

虽然，在一定的条件下，某些[V的N]偏正短语可以省略“的”，形成特殊的“VN”偏正短语，在语义上省略前后并无不同，但[V的N]不能与“VN”等同。如“前进的方向”和“前进方向”在语义上和结构关系上是一致的，但把中心词“方向”扩展为“正确方向”后，“前进的方向”成为“前进的正确方向”，结构关系并未改变，也就是说，[V的N]结构中，N可以为“NP”，而“前进方向”却不能扩展为“*前进正确方向”。

再以“领导方法”为例，把中心语“方法”扩展为下边的形式：

好方法　　数学方法　新方法　一种方法　科学方法

再把它们同动词定语“领导”组合起来：

*领导好方法　　*领导数学方法　*领导新方法

*领导一种方法　*领导科学方法

不难看出，递归扩展没有一种是成功的：N用各种词类扩展后与原来的动词定语无法再结合在一起。这是一种情况。

“否定观点”代表的是另一种情况。把中心语“观点”用各种词类扩展：

错误观点　正确观点　唯心主义观点　一种观点

再把扩展后的形式同原来的定语“否定”结合起来：

否定错误观点　　　　否定正确观点

否定唯心主义观点　　否定一种观点

这些结构无疑是合理的。但是,递归扩展却都是失败的:扩展后已不再是偏正短语,而是述宾短语了;扩展后的项的作用不再与原来的项相同——扩展前作中心语,扩展后作宾语。正如前文所述,"VN"偏正短语的形成很大因素是由于N语义不能自足,如果在N前面加上某些修饰语,语义充足了,就能形成述宾关系。如"讨论活动地点,追求新目标"。

"VN"偏正短语N扩展后出现两种情况:(1)扩展后结构不成立;(2)扩展后结构由偏正关系变为述宾关系。两种情况说明一个问题:光杆动词作定语时,必须紧靠它所修饰的N,不允许有别的词隔在中间。

由此可见,从结构上看,[V的N]是一种组合式的偏正短语,有标记词"的",N可以进行扩展,不影响其结构;"VN"是一种粘合式的偏正短语,V与N紧密粘合,之间不能插入别的修饰成分,就如"前进方向"不能说成"前进正确方向",而只能说成"正确的前进方向"。"VN"偏正短语整体性强,在功能上更接近于单个名词。

长期以来,人们在谈论多层定语的排列次序时,都认为名词作定语应在最里层,这实在是一个误会。事实上,当一个作中心语的名词N可以有"VN"和"N_1N"(N_1——作定语的名词)两种组合形式时,如果我们让V和N_1出现在同一个定语链上,其排列顺序是"N_1VN",而不是"VN_1N"。如:"教师"可以有名词定语"语文"——"语文教师",也可以有动词定语"指导"——"指导教师",当我们让"语文"和"指导"同时给"教师"作定语时,其排列顺序是"语文指导教师",而不是"指导语文教师"。这样的例子还有很多:

批发市场 }
服装市场 } 服装批发市场　　*批发服装市场

前线部队 }
作战部队 } 前线作战部队　　＊作战前线部队

金属乐器 }
打击乐器 } 金属打击乐器　　＊打击金属乐器

王光全(1993a)对动词作定语的语法位置作过专门的研究,认为动词作定语是“贴身定语”。

二 [V的N]与“N的V”

(一)“N的V”偏正短语研究

“N的V”偏正短语是[V的N]偏正短语的逆序式,指的是“他的到来”“这本书的出版”“狐狸的狡猾”等类型的短语。对这个结构,语法学界以往讨论最多的是“N的V”的功能类和“N的V”中V的功能类。“N的V”的功能类是名词性短语还是谓词性短语,语法学界存在不同的看法。黎锦熙、刘世儒的《汉语语法教材》(商务印书馆,1957年)称之为子句,有的把它当作主谓词组,占上风的观点是把它析为名词性短语(朱德熙《语法讲义》)。对中心语V的功能类的分析,是问题的焦点所在。60年代以前,有“转成名词论”①,有“活用”论②,有“名物化”(或“名词化”)论③等等。朱德熙(1961)《关于动词、形容词“名物化”的问题》重点批判了“名物化”的论点,指出这个V“只能说是动词,不能说是名词”。

① “转类说”。黎锦熙(1924,《新著国语文法》)在讲统摄性的领位时,根据他的“散动第一种”的原则,提出动词“转类说”。

② 修饰上临时活用的理论,是张静(1980,《新编现代汉语》)提出的。他认为“N的V”中的V是动词、形容词“活用为名词”,是“为了达到修辞的目的,临时用作名词。”

③ 张志公(1956)认为N的V处于主语、宾语的位置时,V从意义上看,有些事物化了;从语法特点看,有些名词化了,失去了动词的一部分特点,同时增加了名词的一部分特点,属于名物化用语。

80年代,随着布龙姆菲尔德"向心""离心"理论的引进,施关淦(1981)在他的《"这本书的出版"中"出版"的词性——从"向心结构理论"说起》中首次论及"NP的VP",引发出来的语法学界的看法和观点可归为两类:一是保持结构和中心词一致的观点,如施关淦(1981)、陈宁萍(1987)[①] 认为"NP的VP"是名性的,由此只能推出中心词也是名性的;董晓敏(1987)则认为结构是谓词性的,中心词也是谓性的。二是坚持结构和中心不一致的观点,即结构是名性的,中心词是谓性的。朱德熙(1984)认为应修补布氏给出的定义,提出以NP和VP为双核心的观点。陆丙甫(1985b)则以"规定性标准"取代布氏的定义,提出"内向""外向"两类结构,并把"NP的VP"划入"外向结构",这样,"NP的VP"就没有核心了。范晓则采取排斥态度,认为"在汉语里,用整体跟其核心功能相同的理论来分析'N的V'是无能无力的"。

(二)"N的V"偏正短语中的V

"N的V"偏正短语中的V与向心结构理论相悖。由此孤立地考察单个动词能否进入"N的V"偏正短语,有时不太容易确定。这跟这一短语是一个粘着短语,总得出现在一定的语境中不无关系。譬如:电视和广播上经常说的"(感谢)您的收看/您的收听"等,这里的"收看、收听"就很难再造成其他的"N的V"偏正短语实例。由此可见:一定的语境对"N的V"短语的可接受性有显著的影响。在判断动词能否进入"N的V"短语时,应从宽处理。但有些动词是绝对不能进入这一短语的。如:能愿动词"肯定、能够、情愿、愿意、敢、应该……",先导动词"进行、加以、予以、给以……",关系动词"包括、等于、属于、当作……",趋向动词"上来,下来,出去,出来……"。

---

① 陈宁萍(1987)提出用"动/名连续模型"的理论来证明"N的V"中V具有名词性。

不难发现,此类动词与不能进入[V的N]偏正短语的V几乎相同,即粘宾动词既不能进入[V的N]短语,也不能进入“N的V”短语。

对于能够进入“N的V”的V,詹卫东(1998b)曾对《动词用法词典》中的全部动词作过调查。词典中的动词按义项出条,共2117个。其中单音节动词共1316个,能进入这一短语的只有“爱$_1$. 哭、死、笑$_1$”等4个。双音节动词共801个,能进入这一格式的共519个,占双音节动词的65%,例如“爱护、帮助、批评、同情、研究”等。这又与能进入[V的N]中的V情况相似,即单音节动词较难进入,双音节动词容易进入。

朱德熙(1983)在谈到名词化的时候指出:“汉语的动词、形容词本身可以作主宾语,也可以名词化以后作主宾语,不过凡是真正的名词化都有实在的形式标记”。张学成(1991)认为动词前面加“名的”和数量词是名化的标志,“因为‘名的’和‘数量词’都具有指称作用。当动词前面加上‘名的’和数量词以后,这个动词由原来的陈述作用转化具有指标作用的‘名的动’、‘数量动’了,整个短语具有名词性的功能”。但另一方面“N的V”偏正短语整体功能相当于名词,表示指称意义。就指称性而言,它又不同于一般名词,一般名词的所指是“事物”,而这个格式的所指是“事件”,这就要求能进入这一格式的动词,本身语义构成中应包含“事件性”的一面。这就与前文所讨论的V的动性强弱有关。动性强,则“事件性”(“名性”)弱,就不能进入“N的V”偏正短语。单音节动作动词,如“打、跑、跳、飞、扔、推、拉、撞”等,在现实世界中有比较具体的动作图式,“动作性”很强。粘宾动词在句法上主要充当谓语,动性也较强,所以也不能进入“N的V”。而大部分的双音节动词如“爱护、恐吓、支持、同意、出版、回答”等都没有具体对应的动作图式,一般只表示抽象的行为活动,动性较弱,“指称事件性”较强。因此这类动词最易被“N的V”短语接纳。

由此可见,[V的N]短语与"N的V"短语中的两个V,就其进入格式的能力而言,是基本一致的,动性强的动词,难以名词化,也就难以进入[V的N]与"N的V"偏正短语;动性弱的动词,容易名词化,也就容易进入[V的N]与"N的V"偏正短语。就其功能类来说,都是属于"动词名用",[V的N]短语中的V是谓词性成分,其性质不变,加上"的"以后整个格式转化为名词性成分;"N的V"短语中V通过前加"N的",由原来的陈述作用转化具有指称作用的"N的V"。

(三)"N的V"偏正短语中的N

同样地,"N的V"偏正短语中V与N在搭配时,也有语义限制和语义选择。在N与V所形成的语义关系中,"施事—动作"的关系是最多的,其次是"受事—动作"的语义关系,而其他关系如"目的—动作""时间—动作""处所—动物"等就很少。

据考察,V为不及物动词时,能进入"N的"的N是动作的施事,如"他的到来""战友的牺牲"等,这类动词共有22个。V为及物动词时,能进入这一格式的N,理论上可以是动词的施事,也可以是动词的受事。但由于动词的不同,实际上对N的语义选择存在多种情况。

1. 在施事和受事中只选择施事的动词。例如:

我们的同情——我们同情……

敌人的进攻——敌人进攻……

党的号召——党号召……

父母的爱护——父母爱护……

这类动词还有"访问、保育、抱怨、报告、反对、服从、怀疑、忌妒、抗议、夸奖、领导、埋怨、虐待、申请、体贴、信任、照顾、折磨、追求、尊重……"等等。总共306个,占能进入"N的V"结构中V的总数(以下简称"总数")的60%。

2. 在施事和受事中只选择受事的动词,例如:

这本书的出版——出版这本书

文章的发表——发表文章

社团的成立——成立社团

知识的普及——普及知识

这类动词只占一小部分,还有“产生、建立、缺乏、萌发”等一些,总共是34个,不到总数的7%。

3. 既可选择施事,又可选择受事的动词,例如:

我们的讨论——我们讨论……

问题的讨论——讨论问题

他的设计——他设计……

图案的设计——设计图案

这类动词还有“布置、研究、学习、救济、分配、训练”等,共计157个,占总数的32%左右。

由此可见,在“N的V”偏正短语中,N由于受V的语义限制,具有施事性质的N最容易与V自由组合,人称代词、指人名词是施事能力强的名词;受事名词次之,指物名词、无生名词经常充当受事。依据生命度的等级序列,可以得出结论,即生命度越高的名词越容易进入“N的V”短语,生命度越低的名词(如抽象名词)越难进入“N的V”短语。这与[V的N]偏正短词中N的情况正好相反。

根据[V的N]结构与“N的V”结构中V和N的分布情况,可以得到坐标轴上“N的V”和[V的N]不同的分布界面。

[V的N]与“N的V”处在一个V与N构成的连续界面上。在这个连续界面的中间,是一种中间状态,一个[V的N]与“N的V”兼容的共有区域。在这个区域中的N和V,可同时进入[V的N]

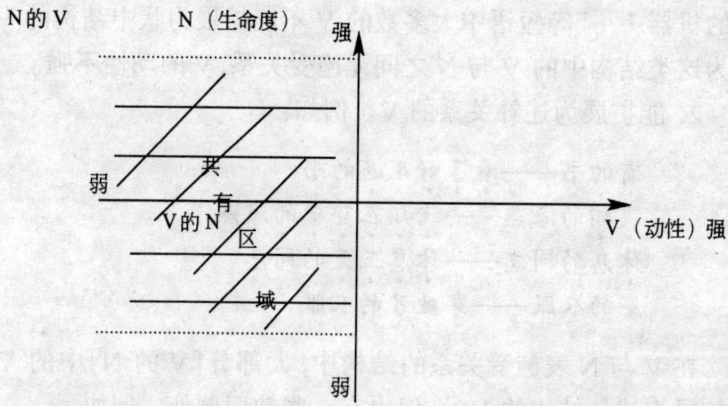

和"N的V"偏正短语。连续界面的上端，由于N的生命度极强，所以只能进入"N的V"偏正短语。相反，连续界面的下端，由于N的生命度极弱，只能进入[V的N]偏正短语。

三　[V的N]与"VP的N"

(一)能扩展为VP的V

所有[V的N]偏正短语中的V都能扩展成VP，形成"VP的N"，且两者在结构关系和功能上没有差别。只是不同的V扩展成的VP的小类不同。

1. 能扩展为状中关系的V。例如：

来的客人——从北京来的客人
飘扬的红旗——正在飘扬的红旗
做的模型——用石膏做的模型

[V的N]偏正短语中，V与N之间的语义关系如果是"动作—施事"和"动作—受事"的关系，V能扩展为状中结构的VP。因为这类V的动性强，前面能加上表动作情状、动作发生的时间、地点等的修饰语。而像"前进的方向、集合的地点、动荡的年代、传

播的机器……”等短语中大多数的 V 不能扩展为状中结构的 VP，因为这类结构中的 V 与 N 之间无施受关系，V 的动性不强。

2. 能扩展为述补关系的 V。例如：

看的书——看了好几遍的书
飞翔的海燕——飞翔在空中的海燕
休息的同志——休息三天的同志
穿的衣服——穿破了的衣服

在 V 与 N 表施受关系的结构中，大部分[V 的 N]中的 V 都能扩展为述补结构的 VP。但也有一些动词例外。例如：

经历的磨难——＊经历了二十年的磨难(述宾关系)
度过的风雨生涯——＊度过几十年的风雨生涯(述宾关系)
花的工夫——＊花了十天的工夫(述宾关系)

这些动词都无法扩展成述补式的 VP，它们不表示具体的动作、行为，而表示花费、经历意义，本身无所谓持续性。因而“经历了二十年的磨难”中，“二十年”只能和“磨难”形成修饰、限制关系，而不作“经历”的补语，整个结构是一个述宾结构。

和 1 的情况相同，[V 的 N]偏正短语中，如果 V 和 N 无施受关系。V 也不能扩展为述补式的 VP，原因同 1。

3. 能扩展为主谓关系的 V。例如：

采取的手段——他采取的手段
写的手稿——鲁迅写的手稿
讨论的问题——同学们讨论的问题
采集的标本——老师采集的标本

[V 的 N]短语中，V 和 N 是“动作—受事”的语义关系的，V 可以扩展为主谓结构的 VP，而像“休息的同志”“飞翔的海燕”一

类的[V的N],N已经是V的施事,V的前面无法再出现一个施事,也就无法形成主谓关系的VP。

4. 能扩展为述宾关系的V。例如:

指导的教师——指导语文的教师

传播的机器——传播知识的机器

运输的汽车——运输水果的汽车

处罚的方式——处罚学生的方式

V和N表"动作—受事"关系的[V的N]短语,N已是V的受事,所以V无法再扩展为述宾关系的VP,V和N表"动作—施事"关系的短语,V为不及物动词,所以也无法扩展为述宾短语的VP。只有V和N表"动作—其他关系"的短语中,如果V是及物动词,就能扩展为述宾关系的VP。

另外,像"围攻的敌人""指导的教师"一类歧义短语,V一旦扩展为主谓和述宾关系的VP,语义就单一、明确了。例如:

围攻的敌人——围攻我们的敌人

——我们围攻的敌人

(二)只有VP的组合

有些不能进入[V的N]结构的动词一旦扩展为VP后,就能形成"VP的N"。如前文所提到的不能进入[V的N]结构的粘宾动词。

予以表彰的同学	*予以的同学
他们成为仇人的事实	*成为的事实
姓王的人家	*姓的人家
禁止吸烟的告示	*禁止的告示
善于表现的人	*善于的人
使人为难的事	*使的事

粘宾动词只要后面补足了宾语，就能进入“VP 的 N”短语，但这类“VP 的 N”不能逆向转换为[V 的 N]。即只有“VP 的 N”形式，没有[V 的 N]形式。

很多单音节动词扩展成 VP 后，能进入“VP 的 N”偏正短语。例如：

灭了许久的火　　＊灭的火　　推开的门

＊推的门　　撕破的信　　＊撕的信

单音节动词往往是扩展为述补结构的 VP，形成“VP 的 N”短语，而其本身也是无法进入[V 的 N]短语的。另外，单音节动词如果前面加上施事，扩展为主谓关系的 VP 的话，则会形成歧义结构。如“我灭的火”可以理解为“我灭的 火”，主谓结构的 VP 修饰“火”是一个偏正式短语；也可以理解为“谁灭的火”“我 灭的火”，“的”表示过去时态，“我灭的火”作为独立的句式，是主谓结构，表达一个陈述，对这种现象本文不作详细讨论。

“VP 的 N”不仅放宽了对 V 的语义要求，同样也使 N 进入这一短语比进入[V 的 N]短语自由得多。指人专有名词可以自由地与 VP 搭配，但却不能进入[V 的 N]结构。例如：

爱听音乐的小王　　＊爱的小王

正在洗衣服的陈红　　＊洗的陈红

跑在最前面的小李　　＊跑的小李

正在成长的贝贝　　＊成长的贝贝

四　[V 的 N]与“V 的”

这里讨论的“V 的”短语是“动词 + 的”形成的“的”字短语，它有以下三个特点：1. 用来指称事物，是名词性的；2.“的”字不能去掉；3. 在句中主要作主语和宾语。类似以下几例中的“V 的”不属

于本节讨论的范围:

〔16〕"王家阿婆昨晚老毛病又犯了!"

"累的?"

"吓的。"

〔17〕我劝你们不搬的好!

〔18〕姑娘们唱啊唱的,就把心里的愁事忘了。

例〔16〕"吓的"中的"的"是语气助词,例〔17〕〔18〕"不搬的""姑娘们唱啊唱的"中的"的"都可去掉,意思基本不变。

(一)"V的"不是[V的N]的省略形式

朱德熙(1961)《说"的"》一文发表后,语法学界就"非定位置上的'S的'①之后有没有省略?"这一问题展开了讨论。言一兵(1965)认为"作主宾的'S的'不过是'S的M'的省略",并且断言"'的$_3$'后头总是可以加上一个名词的"。意思是说"V的"是[V的N]的省略形式,任何"V的"后头总是可以补上一个N成为[V的N]。例如:

打球的(人)去操场　我看的(书)是《鲁迅小说选》

但是,事实并非如此。[V的N]省去N是有条件的,像"研究的成果(受到称赞)""约会的时间(不明确)"等,[V的N]中N不能省略。也就是说,N如果不能作动词的主宾语,就不能省略。

1. 有的"V的"后面可以添上N,意思上也讲得通,而且N可以是V的主语或宾语,但添上后不太符合语言习惯。例如:

〔19〕你是干什么的(人)?

---

① 朱先生把A(形容词)、D(动词)、M(名词)统称为S,"则'A的M(白的纸)''D的M(懂的人)''M的M(昨天的报)'等格式可以概括地写成'S的M'。""……'S的M'应该分析为'S的/M',其中的'S的'是名词性结构。""……其中的'的'是后附成分,不是介接成分。"

〔20〕有的(机构)是学校,少的(措施)是教育。

这一类"V 的"后面与其说是省略了 N,还不如说隐含了一个 N 更恰当。吕叔湘(1979)曾指出,汉语中的"省略"有两个条件:"第一,如果一句话离开上下文或者说话的环境意思就不清楚,必须添补一定的词语意思才清楚;第二,经过添补的话是实际上可以有的,并且添补的词语只有一种可能。这样才能说是省略了这个词语。"按照这两个条件,这一类"V 的"显然不能算省略。

2. 有的"V 的"后面很难添上适当的中心名词 N。例如:

〔21〕他和骆驼都是逃出来的(　　)。

〔22〕他年轻力壮,所差的(　　)是眼睛不大好。

〔23〕木匠用的(　　)是自己的心思、自己的力气,一点儿不靠旁边人。

〔24〕这儿有的(　　)是二十世纪的技术、机械、体制和对这种体制忠实服役的十六世纪封建制度下的奴隶。

〔25〕操纵这台机器的(　　)不是人而是一架电子计算机。

上面几例括号里很难填进适当的中心名词,这主要有两种情况:一种是很难找到能概括某些词语的中心名词,如例〔22〕,几乎没有一个名词能概括"眼睛不大好"。另一种情况是被概括的词语不止一个,而且又不属同一类别,如例〔21〕,"他"和"骆驼",一个是人,一个是物,很难找到词语来概括。

既然这一类"V 的"后面很难添上适当的中心名词,就不能说是[V 的 N]的省略了。

3. 有的"V 的"后面可以添上 N,而且 N 也可作 V 的主语或宾语,但形成的[V 的 N]短语与"V 的"在意思上有差别。比较:

卖票的——卖票的人　　教书的——教书的人

扫地的——扫地的人　　种地的——种地的人

开车的——开车的人　　打铁的——打铁的人

左边一栏的“V的”有专指的含义。例如：“教书的”指教师，“开车的”多数指司机，“扫地的”多数指清洁工。右边一栏[V的N]在意义上同“V的”的专门含义有差别，正如赵元任(1968)所说的：“尽管可以在这种表行为者的‘的’字后头加一个像‘人’之类的字眼，可是有时候引起意义变动，从专门意义变为一般意义。”

(二)“V的”短语中的V

有的V可以进入“V的”短语，有的则不行。与前文[V的N]与“N的V”中的V相似，粘宾动词不能构成“V的”。例如：

*是的　*成为的　*认为的

*加以的　*给以的　*继续的

把V扩大到VP的范围，VP都能与N形成“VP的N”，但是形成“VP的”却并不自由。如把V从配价的角度分成一价动词、二价动词和三价动词，可分析如下：

1. $N_{施}+V_{一价}+$的

这类形式是“$V_{一价}$”扩展为主谓关系的VP以后，不能加“的”形成“VP的”。例如：

*小明休息的　*外婆咳嗽的

*小张游泳的　*我醒的

2. $N_{施}+V_{二价}+N_{受}+$的

这类形式是二价动词扩展为“$N_{施}VN_{受}$”主谓结构以后，不能加“的”形成“VP的”。例如：

*我考虑问题的　*我寄信的

*敌人围攻我们的　*他完成作业的

3. $N_{施}+V_{三价}+N_{受2}+N_{受1}+$的。例如：

* 他给我一本书的　　* 我送你一条围巾的

上述三种情况的“VP的”之所以不能成立，是因为V的施事和受事（或$V_{一价}$无受事）都已出现。如果省去施事或受事的话，“VP的”就成立了。例如：

休息的　　咳嗽的　　游泳的　　醒的
他给我的　给我一本书的　考虑问题的　我考虑的

“V的”的构成也要受音节的影响。单音节动词更容易形成“V的”短语，如“吃的、住的、喝的、拿的、说的、画的、戴的、盖的、卖的”等。“动+宾+的”中，动词和宾语也以单音节的居多，如“卖菜的、教书的、说书的、画画的、唱戏的、种地的”等。有的虽也可改成多音节的，但使用频率较低，如卖火车票的售票员，叫他“卖票的”是多数的，叫“卖车票的”或“卖火车票的”是少数。

（三）“V的”短语的指称性

“在实际语言里，非定语位置上的‘S的’总是指称一定的事物。”（朱德熙，1966）“的”字短语的作用在于指称事物。例如：

指称施事：来的、表演节目的、休息的
指称受事：吃的、穿的、用的、买来的
指称工具：用来开门的、切菜用的

“V的”指称性很强，常常指称V的施事、受事。如“吃的”指称“吃”的受事，概括了“吃”的一切对象，如饭、肉、鱼、水果等等。所以“V的”指称的范围要比［V的N］宽得多，如“吃的”和“吃的水果”“吃的葡萄”相比，前者指称一切可吃的东西，后者特指水果和葡萄。

（四）歧义的“V的”短语

歧义的“V的”，常见的是以下几种情况：

1. 有的“V+的”既可指称二价动词的施事，也可指称二价动词的受事。例如：

说的 讲的 关心的 考虑的 做的 打针的

教的 问的 照相的 开刀的 给的 送的

以“开刀”为例，“开刀的是他父亲”是有歧义的句子。“开刀的”既可指称“开刀”的施事（医生），又可指称受事（病人）。所以在这句话里，“他父亲”既可是施事（医生），也可是受事（病人）。再如，下列句子是有歧义的：

〔26〕担心的是他妈妈。

〔27〕可是店里没有一个照相的。

〔28〕检举的是他叔叔。

这类有歧义的“V的”与[V的N]的歧义现象类似。[V的N]中，如果N既可充当V的施事也可充当V的受事，则[V的N]有歧义，如“担心的人”，既可指称“担心别人的人”，也可指称“被担心的人”。在这一点上“V的”与[V的N]的歧义现象具有相同的特点。

2. 有的V的宾语既可以是受事，也可以是工具或处所等，所以“V的”相应地既可指称V的受事，也可指称V的工具或处所等。例如：

洗的——除指称施事、受事外，还可指称“洗”的工具（洗的是热水）。

吃的——除指称施事、受事外，还可指称“吃”的工具（吃的是大碗）、处所（吃的是食堂）。

走的——可指称施事，还可指称处所（走的是草地）、方式（走的是八字步）。

这类“V的”短语在言语句子中是可以消歧的。

第四节 [V的N]偏正短语的句法功能与语用功能

一 [V的N]偏正短语的句法功能

[V的N]是名词性短语,在句中主要充当主语、宾语、介词宾语及定语。

1. 作主语

[V的N]可在各类句子中充当主语。如果V和N之间是"动作—施事(指人名词)"的语义关系,[V的N]经常充当施事主语。例如:

〔29〕两边看的人齐声喊了声"好!"

〔30〕发言的代表三步并作两步,急急地跑上主席台。

如果V与N之间是"动作—受事(指人名词)"的语义关系,[V的N]作施事主语时,一般在V前加"被"。例如:

〔31〕被抢的人正在拼命抵抗,什么也听不见。

〔32〕一个被遗弃的婴儿在襁褓里"哇哇"地哭着。

各类[V的N]都能作受事主语,如果V与N之间没有施受关系,[V的N]还经常在各种无所谓施事、受事的句子中作主语,在这些句子里,[V的N]主要是作为评判对象出现的。例如:

〔33〕整顿的核心是党的整顿。

〔34〕呆的时间太长了,长得不像话。

形容词性谓语对[V的N]主语主要起评判作用。这类谓语中心词里,单音节形容词占大多数,而且大多是口语常用词,如"多、少、大、小"等。例如:

〔35〕那次会议,涉及的内容很多,主题是讲整顿。

〔36〕说的人很多，作的人却很少。

2. 作宾语

[V的N]偏正短语作宾语时，述语常见的是如下几类：

(1)表示结果或完成意义的动词语，其中述补格式最多见。例如：

〔37〕她说完嘱托的话，闭合的眼角滚着晶莹的泪……

(2)表示判断、估量、关系意义的动词语，如“是、有、像”等。例如：

〔38〕这种集会可真有抵抗的力量！

〔39〕出现在眼前的是一个熟悉的身影。

(3)表示存在消失意义或变化意义的动词。例如：

〔40〕谁说她完全失去了生活的信念？

〔41〕学校组织的这次交流会使她产生了学习的兴趣。

(4)表示心理活动及感官活动的动词。例如：

〔42〕到了星期三，姚大荒准时到会，一看出席的人心就凉了半截……

〔43〕他十分想念死去的妻子。

3. 作介词宾语

[V的N]有时也可能作介词宾语。同它组成介宾短语的介词常见的是“用”和“把”。例如：

〔44〕你们把侦察的情况讲一讲。

〔45〕他变了，用一种儿童的仇视的眼光看待老师，看待同学。

这类介词短语大都作状语，很少作其他句子成分。

4. 作定语

[V的N]偏正短语作定语很少见。大多是V与N是"动作—施事"的语义关系,"V的N"与所修饰的中心语之间有领属关系或整体与部分的关系。例如:

〔46〕他们喊着牺牲的战友的名字,洒下闪光的泪花。

〔47〕她只要一看到死去的女儿的照片,就禁不住泪流满面。

5. 其他

[V的N]可同方位词"中、上、里"等组成方位短语表示处所(如"前进的道路上"),或只表示某个方面、某个范围等(如"同情的空白区里")、或者表示时间(如"动荡的年代里")。这种方位短语大多充当介词"在、从"的宾语。例如:

〔48〕在摇晃的树枝上,挂着一只断了线的风筝。

〔49〕一只壁虎从断裂的墙壁上爬过。

以"时候"为中心语的[V的N]偏正短语可以作状语或全句修饰语。例如:

〔50〕临走的时候,她送给我一张精致的卡片。

〔51〕笑的时候,总是露出两个深深的酒窝。

二　[V的N]偏正短语的语用功能

(一)[V的N]偏正短语的指称功能

在语言信息的分析中,指称是相对于陈述而言的。所有的名词性短语都具有指称性。当名词性短语占据了主宾位置时,指称便实现,[V的N]偏正短语也不例外。

指称性成分必然在语境中相应地存在着自己的所指。就[V的N]偏正短语而言,其所指是与上下文语境(主要是上文语境)相联系的。即所指存在于与[V的N]短语前后相毗连的语句或含有它的整段话的主题、目的、当时当地的情景及对话双方的关

系之中;也可以与社会文化背景相联系,存在于说写者与听读者所共知的范围更为广泛的社会文化背景,如前文提到的例句〔1〕:

“啊! 有人买吗?”

“买的人很多。”

上文已出现过“买”的受事“煎饼”,所以对话双方都知道“买的人”就是指“买煎饼的人”。

(二)使名词中心语N成为焦点

从语义上看,[V的N]偏正短语中N绝大多数是对V起着隐性修饰作用,即从属于V的(N施除外)。试比较下列转换:

用力量抵抗——抵抗的力量

在童年流浪——流浪的童年

在房间休息——休息的房间

转换后的N处于中心语地位了,变换前后的N与V的语义关系并没有变化,但语法功能变了,且N的语用功能被强化了,这在言语的句子中就更为明显。例如:

〔52〕腿上给四爷贴了两张膏药,唾了几口吐沫,抹了些花红柳绿的,算是流的脓血。

〔53〕沙漠之逐渐南移,营养之已难支持,都是中国人极重要,极切身的问题,尚不解决,所得到的将是一灭亡的结局。

[V的N]短语的表述重心是N,这在组句谋篇中可以使结构对称,语气贯通。比如并列结构要求并列的几项性质相同,名词性短语与动词性短语不宜组成并列关系。如果在交际过程中,需要一个名词性成分和一个动词性成分(比如主谓结构)构成并列关系,可以将动词性成分换成[V的N]形式。这样,在不失原意的基础上,两个成分的构造性质统一,组成并列结构。例如:

〔54〕在微弱的灯光下，也可以看见那两条浓眉，和闪烁的眼光。

〔55〕他，我，李晖，还有死了的杨帆，我们都在一个屯子里。

例〔54〕中，"眼光闪烁"作为主谓结构不能和"两条浓眉"（定中短语）组成并列结构，但是用"闪烁的眼光 "就可以。同理，例〔55〕中，"杨帆死了"也不能同"他，我，李晖"组成并列结构，而"死了的杨帆"则可以。

有时，并列复句中的几分句为求得结构相同，也采用[V 的 N]形式来协调某一分句的内部结构，使几个分句的结构趋于均衡，从而可以达到增强语势和节奏感的表达效果。例如：

〔56〕（晚解决更困难）问题本身会更严重，牵扯的问题也更多，牵扯的人肯定一年比一年多。

这个并列复句的三个分句，主语都是名词性偏正短语，整个复句显得对称均衡，语气贯通。如果把后两个分句的[V 的 N]换成其他结构，（如"牵扯问题""牵扯人"），虽然句子仍然成立，但是那样就破坏了分句间的均衡，表达效果就差多了。

[V 的 N]结构满足结构均衡的需要，所以常常可以使语言更具文学色彩。例如：

〔57〕起伏的群山，流动的白云，欢唱的泉水，奔跑的牛羊，这一切构成一幅和谐而美丽的图画。

〔58〕反抗的呼声是响亮的，但镇压的力量也是强大的。

（三）负载旧信息

在无标记的句子中，一个名词性成分若是陈述性的，则负载新信息；若是指称性的，则负载旧信息。反之亦然。比如：

〔59〕今天星期一。

〔60〕星期一是好日子。

“星期一”是名词性成分。在〔59〕中是陈述性的，负载新信息；在〔60〕中是指称性的，负载旧信息。

[V的N]是名词性的，处于主宾语位置用于指称，因而所负载的是旧信息。例如：

〔61〕他嗅见了一种熟悉的气味。

〔62〕她三步并作两步，走过去打开插着的柴门。

这两句本来都可以各用一个复句来表达：

〔63〕他嗅见了一种气味，这种气味是他很熟悉的。

〔64〕他三步并作两步走，走过去打开柴门，那柴门本是插着的。

由于复句中前一个分句的语义内容已为对方所知，属于已知信息，无须再用一个句子来单独表达，因此说话者可以采用[V的N]短语来概括这类复句的内容，把已知的旧信息包含在[V的N]中，使语言更为精练。[V的N]中，V所表动作发生的时间与句中谓语动词所表动作发生的时间常常不一致，V一般是已然完成的，而谓语动词所表动作则发生在后，但二者又共处于一个单句中，如果不用[V的N]形式，则难以在同一个句子中共现两个不同时间发生的动作，只好分别进行叙述。例如：

〔65〕她想起了自己死去的丈夫。

〔66〕一批退休的老人每天在街心公园跳舞。

例〔65〕中，“丈夫”已经“死去”，是已然的，她现在“想起”；例〔66〕中，“老人”已经退休，是已然的，现在每天“跳舞”。这里，不同时间发生的动作共处于同一个句子之中，语义表达却非常协调而精练。

有一类[V的N]偏正短语，经常出现在句首，与上下句联系紧密。一般情况是上一句结尾是一个动词，下句紧接着就用这个

动词与一个名词构成[V的N]来起句。这类[V的N],N一般为“方法、办法、原则、结果、目的、时间、地点”等。例如:

〔67〕所以,训练政治干部的学校要增加,增加的方法,也可以一个学校既训练军事干部又训练政治干部,也可以专门办政治学校。

〔68〕对于旧作的个别文字,作了一些校订和改动,改动的目的不是为了改变原貌,而是恢复原貌。

〔69〕必须善于爱护干部,爱护的办法是……

不难发现,上句成为[V的N]的语用前提句,V的受事在上句中出现,并与V以一个句子的形式对[V的N]的前提直接作出陈述。而[V的N]所在的下句往往是一个判断句。判断词“是”或“不是”后面的成分即是[V的N]的所指。

第四章 [N_1(的)N_2]短语研究

[N_1(的)N_2]这一配列组合是现代汉语的基本短语形式之一,名名短语的研究也一直是语法学者们关心的问题。从 N_1 与 N_2 连用形成的语符串来看,主要有以下几种结构形式:

(1)主谓结构:鲁迅浙江人/明天星期一/青菜八毛/电脑八千块

(2)联合结构:上海北京/今天明天/老子孔子/文科理科

(3)同位结构:首都北京/他们俩/秘书长安南/十月一日国庆节

(4)偏正结构:北京胡同/玻璃杯子/中国的政策/木头的房子

对以上形式的名名结构,语法研究的方法无非两种:一是句法语义分析混同,这种分析方法对句法结构和语义关系不加区分,甚至以语义关系分析来代替句法分析;另一种则是句法分析和语义分析各自进行,在句法分析的基础上进行语义关系的分析。由于存在这样的两种分析方法,所以对[N_1(的)N_2]的分析无论是在语义上还是在句法结构关系上都有不同的看法。例如,对于"N_1N_2",从句法结构关系来看,同是时间名词 N_1 与 N_2 的配列组合,构成的关系可能就不一样。如"明天星期一/明天后天/明天下午",一般的分析是把"明天星期一"作为主谓结构,语义关系上表现的是陈述与被陈述;"明天后天"作为联合结构,"明天"与"后天"表现为并列的语义关系;"明天下午"作为偏正结构,语义关系表现为领属与被领属。同是表示身份关系的名词互相组合,结构关系也可能不同,如"学生家长";可以是联合结构,"学生"与"家长"是并列关系,即"学生和家长";也可以是偏正结构,表示领属,即"学生的家长"。当然,无论是从哪一种方法着手,对"N_1 的

N_2”，在句法结构分析上都没有歧义，“N_1 的 N_2”从结构上来说，因为有“的”的存在，只能是偏正关系，因此，“N_1 的 N_2”在句法结构的理解上不存在分歧。但从语义关系的分析来说，[N_1(的)N_2]这种格式的配列却是表现出多种语义关系来，如“工厂学校、军人妻子、老区考察团、儿童玩具”及“小王的叔叔、鲁迅的书、诗人的风度”等等，这些[N_1(的)N_2]结构都有歧义，根本的原因就在于 N_1 与 N_2 之间语义关系的不同，所以，这种名名组合中，N_1 与 N_2 语义关系的不同选择，对[N_1(的)N_2]配列的语义关系的理解会造成不同的偏差。

本章主要从认知和语言理解的角度对“N_1(的)N_2”结构加以分析描写。文中 N 包括名词、代词、方位词、数量短语，N_1/N_2 也可以是包含 V/VP 的 NP，如“中国文学的发展历史、爆炸事故调查小组”；[N_1(的)N_2]一般只讨论最多两个层次的配列组合，如“电影公司的汽车牌照、中国上海物价水平”，即结构上分析为“N_1(NaNb)(的)N_2(NcNd)”这种格式。

第一节　[N_1(的)N_2]的句法结构类型与语义关系类型的描写与分析

一　[N_1(的)N_2]的句法结构类型

对语法形式[N_1(的)N_2]的句法结构类型的分析，根据“的”的有无，可以分两种情况来讨论。

(一)N_1N_2 的句法结构类型

这种形式的名名结构，可构成的句法结构类型有以下四种：

1. 主谓关系：明天春节/鲁迅浙江人/左边东方明珠(右边金茂大厦)/桌子三条腿/亚洲人黄皮肤

在主谓关系中，N_1 是陈述描写的对象，N_2 是对 N_1 的陈述、描写和判断。所以这种名名主谓结构可以表示成“N_1 是 N_2”，由于二者分属两个不同的属概念，或者虽然同有一个共同的属概念，但并不是处在同一个平行的等级上，即二者的所指不同，所以一般不能说成"N_2 是 N_1"。

2. 联合关系：明天后天/句法语义/北京上海

对于联合关系的 N_1N_2 结构来说，N_1 与 N_2 在概念上同属一个范畴，二者有一个共同的属概念，N_1 与 N_2 是这个属概念下的两个等级平行的不同的种概念，可以表示成"N_1 和 N_2"。但是二者所指不同，因此不能说成"N_1 是 N_2"。

3. 同位关系：首都北京/秘书长安南/十月一日国庆节

对同位关系的 N_1N_2 结构来说，N_1 与 N_2 不仅在概念上同属一个范畴，二者具有一个共同的属概念，即 N_1 与 N_2 在这个属概念下是等级平行并列的两个种概念，而且二者的所指也相同，即 N_1 就是 N_2，N_2 就是 N_1，所以可以说成"N_1 是 N_2/N_2 是 N_1"，但不能说"N_1 和 N_2"。

4. 偏正结构：北京胡同/电脑价格/玻璃杯子/木头椅子

在偏正结构中，根据刘宁生(1995)和袁毓林(1988)的研究，汉语的偏正结构，特别是名词短语的语序，从认知的角度来分析，总是参照物先于目的物，即修饰语总是位于中心语的前面。偏正式的 N_1N_2 中，N_1 对 N_2 起着修饰限定的作用，或表领有，或表属性。"北京胡同、电脑价格"中的 N_1 表领有，"玻璃杯子、木头椅子"中的 N_1 表示的是属性。这种形式的 N_1N_2 可以表示成"N_1 的 N_2"。

(二)[N_1(的)N_2]的句法结构类型

这种形式的名名组合，由于"的"的存在，只能是偏正结构一种类型。例如：

上海的公园　我们的家乡　学生的作业　现代的精神
头部的血管　秋后的蚂蚱　学校的旁边　房间里的温度

昨天的傍晚　我们的未来　妻子的父亲　经理的秘书
绿毛龟的尾巴　鱼汤的味道　梦中的外国　十岁的姑娘
八斤的鲤鱼　水貂皮的大衣　绍兴的黄酒　四化的目标
爱情的诗篇　秋水的眼睛　烟囱的树　心灵的桥梁
紫色的翅膀　一半的工资　黄昏的码头　铁的纪律
血的教训　心灵的桥梁　朋友中的著名人士
一群绵羊中的两只　苹果中的一部分　一年四季中的秋天

二　[N_1(的)N_2]的语义关系类型

(一)基于句法结构类型的语义分析

在三个平面语法分析模型中,语义平面的语义关系通常是指语法结构中的句法单位之间直接或间接的语义上的联系。三个平面语法分析认为,句法分析和语义分析必须区别开来,句法分析是分析语法结构单位的句法层次和句法关系,语义分析则是分析语法结构单位之间的语义关系,句法分析是语义关系的基础。

一般地说,句法结构不同的[N_1(的)N_2]结构,N_1 与 N_2 的语义关系类型也不同。例如:

[N_1(的)N_2]结构	句法结构类型	语义关系类型	句式的变换
明天春节/鲁迅浙江人	主谓结构	陈述与被陈述的关系	N_1 是 N_2/ * N_2 是 N_1
明天后天/工人农民	联合结构	同一关系	N_1 和 N_2
首都北京/十月一日国庆节	同位结构	同指关系	N_1 是 N_2/N_2 是 N_1
北京胡同/玻璃杯子	偏正结构	领属/属性	N_1 的 N_2

以上这些句子的句法类型不同,它们的语义关系类型也不同,这样,句法结构类型的区别就为进一步区分不同类型的语义关系提供了初步的分析条件和前提。

句法类型相同的[N_1(的)N_2]结构,语义关系类型也有可能不一样。如上面的联合结构中,虽然表示同一关系,但“明天后天”表示的是时间,“工人农民”表示的是一种身份;偏正结构中,同表领属关系,但“墙上的画、房间里的摆设”表示的是范围领属,而“图书馆的书、他的存款”表示的是领有领属,“书的封面、衣服领子、桔子皮”表示的是整体部分领属(沈阳,1998)。

(二)[N_1(的)N_2]中 N_1 与 N_2 的语义关系类型

名名之间的语义关系十分复杂,各家对语义关系的概括也不完全一致,有的简单,有的复杂。我们通过对实际语料的考察,把 N_1 与 N_2 的关系类别归纳为十四种,并分别给出鉴别的标准。

1. 施事

法医报告(区别于“市场报告”)　　退休教师旅游团

经理办公室(区别于“中文系办公室”) 领导慰问团

以上名名结构中,N_1 均为施事。但 N_2 的情况有所不同,即受事对象可以是 N_2,如“法医报告”;也可以不是 N_2,受事对象并不出现,如“经理办公室、退休教师旅游团、领导慰问团”。这类形式的名名结构都可以表示成“N_1 从事/进行…动作/行为”的格式,如“法医进行尸检报告”“经理从事日常工作”“退休教师进行旅游”“领导进行慰问”。

小说作者　　电影导演/足球队教练

事故调查组　　青年报的读者

这类名名结构中的施事成分是 N_2,受事对象 N_1 一般都出现。这里又可分为两种情况,一种情况是 N_1 作为受事对象,往往是以结果的状态出现的,如“小说作者”“电影导演”中的“小说”和“电影”是一种动作行为的结果;另一种情况是 N_1 直接就是受事对象,如“足球队教练”“事故调查组”等。这类 N_2 为施事的名名结构,可以表示成“N_2 对 N_1 从事/进行…动作”的格式。如“作者对小说进行创作”“导演对电影进行编导”“教练对足球队进行训练”“调查组对事故进行调查”。

在这类含有表施事语义成分的名名结构中，通过考察可以发现，N_1/N_2 中常常含有动词或动词性成分，或者 N_1/N_2 有动词的用法，即是兼类词，如“报告、导演、教练”等，这是因为从语义分析的角度来说，“施事”与“受事”概念的划分正是以某种动作的存在为其语义基础的。

2. 受事

这类名名结构与第 1 类类似，受事成分一定出现，但施事语义角色有可能不出现，而且作为受事的成分可以是 N_1，也可以是 N_2。例如：

汽车修理工　民意测验站　电影摄制厂　服装商场
工人疗养院　外宾招待所　下岗职工慰问团
南极考察队　灾区调查组　地质勘察员
句子分析法　疾病诊断书　心理调节法
设备维修费（施事主体并未出现）

以上都是 N_1 为受事对象，施事只能出现在 N_2 的位置上。可以表示成“VN_1 的 N_2”，如“汽车修理厂”可以说成“修理汽车的工厂”，“南极考察队”即是“考察南极的队伍”等；以上的例句中，N_2 都含有动词，也有 N_2 只是一个单独名词的，如“服装商场”，可以理解为“出售服装的商场”，类似的还有“药品工厂、弱智儿童学校（教育弱智儿童的学校）”等。

在表示受事关系的[N_1（的）N_2]结构中，施事成分若出现在 N_2 的位置上的话，可以有两种情况：一是 N_2 为表人的 N，如“修理工、慰问团、调查组、考察队”等；二是 N_2 为表示组织、机构、团体、机关、处所等的 N，如“测验站、摄制厂、商场、疗养院、招待所”

等。其实,[N_1(的)N_2]结构中的 N_1 为受事成分时,施事的 N_2 也未必一定要出现,如"句子分析法、疾病诊断书"等,这时施事成分另有一个具备[+施动能力]的隐含的 N_3,N_2 不具备这种语义特征。

3. 领属

中国南京	学生的书包	墙上的画	图书馆的书
学校的操场上	他的父亲	他的眼睛	经理的秘书
书的封面	树叶的颜色	运动员的个儿	他的思想

这类表领属关系的[N_1(的)N_2]结构中,一般来说,是 N_1 领有 N_2,即领有者在前,被领有者在后,即"前属关系";也有 [N_1(的)N_2]结构中 N_2 领有 N_1 的,如"打火机的主人",这一类是"后属关系";此外,还有一种领属关系——双领有关系,即 N_1 可以领有 N_2,N_2 也可以领有 N_1,如"学生的老师、十月的金秋、人民的政府"。

以上表领属关系的[N_1(的)N_2]结构,形式上可以写成"N_1 领有的 N_2"("属于 N_1 的 N_2")或者"N_2 领有的 N_1"("属于 N_2 的 N_1")。

4. 处所

边防哨所	空中小姐	军事基地	教室的后面
公园的右边	茅台白酒	云南白药	事故现场
上海的早晨	悉尼奥运会	宇宙空间	自然环境
会议地点	济南的春天	尼罗河上的惨案	中国西部
长江上游	世界东方	城市的上空	下一站人民公园

在表处所的[N_1(的)N_2]结构中,可以根据 N_1 与 N_2 小类的不同分几种情况来考察。一种情况是 N_1 与 N_2 均为表处所的名词,如"公园的右边、长江上游"等,形式上可表示为"在 N_1 的

N_2”;另一种情况是 N_1 或 N_2 为表处所的名词,如“事故现场、上海的早晨”等,由于在这种结构中,只有一个 N 为处所名词,另一个 N 为其他名词,所以还有一些不同。当另一个 N 为表“事件”名词时,整个结构可以表示成“在 N_1/N_2(处所)V(的)N_2/N_1(事件名词)”或者“N_2/N_1(事件名词)V(的)N_1/N_2(处所)”,如“事故现场”可以说成“事故发生的现场”,也可以说成“在某某现场发生的事故”;“会议地点”可以是“会议召开的地点”,也可以是“在某某地点召开的会议”。若这个 N 不是表事件的名词,而是表人物或表时间等的名词的话,则这种[N_1(的)N_2]可以直接说成“在 N_1 的 N_2”,而不管是 N_1 为处所名词还是 N_2 为处所名词,如“我的前边”即“在我的前边”,“空中小姐”就是“在空中的小姐”。

5. 领域/范围

民事纠纷　刑事案件　精神文明　道德标准　经济制度
文化底蕴　学术思想　价格体制　战争故事　工业基础
军事力量　科技水平　世界经济　学习经验　工作原则
生活态度　历史资料　工作作风

在这类名名结构中,N_1 表示 N_2 的领域或范围,可以进入“(在/关于)N_1 方面的 N_2”或“在……上/中/里”格式。例如:民事纠纷——(在)民事方面的纠纷;道德标准——(在)道德方面的标准;工作原则——在工作上的原则。这一类格式的最大特点就是其中的 N_1 与 N_2 都是表抽象的名词,N_1 是 N_2 所存在的抽象的空间场所。

6. 时间

中学时代　明天晚上　明天后天　明天春节
我的童年　未来的世界　上海的早晨　今年这一年

表示时间的[N_1(的)N_2]结构中,N_1 与 N_2 可以只有一个是时间名词,也可以都是时间名词。因为是表示时间关系的,所以此类可以用“什么时候”来进行提问。例如:上海的早晨——上海的什么时候最美? /上海的早晨(最美)。

7. 属性/特征

十二岁的孩子 研究生团体 磁悬浮列车 电动玩具
火锅宴席 诗人的风度* 小白兔的书* 红色的大衣
欧洲人 黑头发的中国人
(*“诗人的风度”“小白兔的书”可以表示领有,也可以表示属性)

在这类名名结构中,一般 N_1 表示 N_2 所具有的特征和属性。这类可以进入格式“N_2 的属性/特征/内容/特点是 N_1”中,如“孩子是十二岁的”“列车的特征是磁悬浮的”“书的内容是关于小白兔的”等等。

8. 材料

羊毛衬衫 玻璃杯子 芝麻糊 石头桥 红木的家具

在以上的例句中,都是 N_1 表示材料,N_2 表示用这种材料做成的物体。这一类的名名结构可说成“用 N_1V 的 N_2”。例如:羊毛衬衫——用羊毛做的衬衫;石头桥——用石头修的桥。

9. 工具

沙锅豆腐 小笼包子 皮鞋刷子
毛笔书法 卫星定位系统

这一类名名结构可以进入“用…V…”的框架。与表材料中的N不同,因为这里的 N_1 与 N_2 都有可能成为工具,所以当 N_1 为工具时,可以表示为“用 N_1VN_2”;当 N_2 为工具时,可以表示为“用 N_2VN_1”。例如:沙锅豆腐——用沙锅煮豆腐;皮鞋刷子——用刷子刷皮鞋。与表材料类还有一点不同的是,在表材料类的鉴别格式中,可以在 V 的后面加“成”,而表示工具类的不可以加“成”。“用羊毛织成的衬衫”可以说,而“用刷子刷成的皮鞋”却不可以说。

10. 方式

现场办公会　美声作品　硬笔书法　工笔画
自费留学生　横拍选手　白话小说　真空泵

这一类的名名结构,一般 N_1 表示 N_2 的手段、方式和依据,可以在 N_1 前加“凭、用、通过”等,也可进入“以 N_1 的方法/手段 VN_2”格式。例如:现场会议——用现场的方式召开会议;美声作品——用美声方法唱的音乐作品;横拍选手——用横拍打球的选手。

11. 数量

这一类表示数量的名名结构中,包含一个数量结构,当 N_1 为数量结构时,[N_1(的)N_2]为偏正关系,当 N_2 为数量结构时,[N_1(的)N_2]是主谓关系。例如:

偏正关系:三个苹果　两年时间　五十元钱　一桶白酒　一屋子人

主谓关系:大米十斤　衣服三件　地图三张　白酒一桶　人一屋子

这类名名结构,可以用“多少”来提问。当表示偏正关系时,可进入“多少的 N_2”;当表示主谓关系时,可进入“N_1 有/是多少”框架。

12. 同现

所谓同现,在这里指的是 N_1 与 N_2 构成联合关系的名名结构。在前面的分析中我们知道,当 N_1 与 N_2 同属一个种概念范畴的两个属概念,而且相互之间是平行关系的话,则 N_1 与 N_2 构成联合关系,在结构上,N_1 与 N_2 之间不能有“的”。这一类可以进入"N_1 和 N_2"的格式。例如：

北京上海　报纸杂志　明天后天　左边右边　小王小李

医生护士　思想道德　工农兵　　数理化　　柴米油盐

以上分别是"北京和上海""明天和后天"以及"数学物理和化学""柴、米、油、盐"等。

13. 同一

所谓同一，就是前面所讲的同位关系。N_1 与 N_2 不仅在逻辑概念上等级平行，而且在语义指上也完全一样，因此，这类格式可以进入"N_1 是 N_2，且 N_2 是 N_1"的框架。例如：

首都北京　　　安南秘书长

我们三个人　　小李的哥哥大李

即"首都是北京，北京是首都""安南是秘书长，秘书长是安南""小李的哥哥是大李，大李是小李的哥哥"等。

14. 原因/目的

冠军挑战赛　婚姻介绍所　会议筹备组

煤气中毒案　花粉过敏症

在这一类名名结构中，N_1 表示 N_2 的目的/原因。可以用"为什么"来提问，也可以进入"因为 N_1 而 V 的 N_2"或"为了 N_1 而 V 的 N_2"这样的格式框架中。如以上的例句可以表示成"为了冠军而进行的挑战赛""因为花粉而过敏的病症"等。

第二节　$[N_1(的)N_2]$结构句法类型的理解

一　句法类型的理解

(一)句法结构理解的形式依据

对句法结构的理解只能依据一定的句法形式。理解句法结构所依据的形式主要有以下两种：

一种是显性形式，这种形式是外在的、直观的。形态变化发达的语言，词在结构中的形态变化就是显性形式，如动词的体、名词的格等形态表现。汉语中也有用来识别结构的显性形式，如动词的重叠形式，虚词对于结构的标志作用等。在[N_1(的)N_2]结构中，这些显性形式也很清楚地表现出结构关系的不同，例如“工厂学校”可以是联合关系，也可以是偏正关系，但如果说“工厂和学校”，就只能是联合关系，说“工厂的学校”则只能是偏正关系，这说明“和、的”这些虚词对于结构的理解是起作用的，这里是表现在句法关系上。再如“北京大学毕业生”，虽然在句法关系上只有一种偏正关系，但由于所加“的”的位置不同，在句法层次上也表现出不同，如“北京大学的毕业生”和“北京的大学毕业生”。

句法结构理解所依据的另一种形式是潜在形式，它表现为词语之间的结合关系(句法功能)，这种形式是要通过分析才能得到的，是隐性的，汉语语法结构的表现形式很多时候是以这种形式表现出来的。例如，“中国美国”“上海南京”是联合结构，而“中国上海”“上海郊区”却是偏正结构。单从词类组合来看，二者是没有区别的，同是“名＋名”形式的结构，它们之间结构关系的区别主要是通过潜在的形式表现出来的，这种潜在的形式就是这种“名＋名”结构中名词小类的不同。“中国”“美国”同样具有[＋国家][＋处所]的语义特征，因而是联合结构，“上海”与“南京”都具有[＋城市][＋处所]的语义特征，构成的也是联合结构；但“中国”“上海”虽同有[＋处所]，但前者是[＋国家，－城市]，而后者是[－国家，＋城市]，所以构成的是偏正关系，“郊区”虽然具有[＋处所]的语义特征，但不具有[＋城市]的语义特征，所以不可能与“上海”构成联合关系，只能是偏正关系。

句法结构关系的潜在形式主要是通过构成某种语法结构的词的小类表现出来的。同样的词类组合形式，由于结构中的词的小类不同,结构的句法关系就有可能不同。正因为如此,对[N_1(的)N_2]结构的分化,其中 N_1 与 N_2 小类的区别就是一个重要的依据。再如:

〔1〕首都北京/首都环境

〔2〕明天后天/明天下午/明天星期五

在〔1〕中,"北京"是个表示处所的专有名词,因此它能与同样具有[+处所]义的"首都"构成平行的语义关系,在句法结构上表现为同位关系;而"环境"是一个抽象名词,它具有[-处所]的语义特征,因此,与"首都"不能构成平行的语义关系,句法上表现为偏正关系。以上现象说明,名词小类的不同会影响到句法关系的不同,即使是同一类的名词,它们次类的不同,同样也会影响到整个结构的句法关系的不同。如〔2〕中便是如此,"明天""后天""下午""星期五"虽然都具有[+时间]的语义特征,但它们之间又有不同,首先表现在绝对时间名词与相对时间名词的区别上(马庆株,1991),"星期五"是绝对时间名词,具有[+绝对时间]的语义特征,"明天""后天""下午"是相对时间名词,具有[+相对时间]的语义特征。"明天"与"后天"都具有[+时间][+相对时间][+时间量=24 小时]的语义特点,因此,"明天后天"构成的是同位结构;"下午"虽然也具有[+时间][+相对时间]的语义特点,但[-时间量=24 小时],是[+时间量<24 小时],因此它与"明天"语义上是整体与部分的关系,结构上为偏正关系,"星期五"具有[+时间][+绝对时间][+时间量=24 小时]的语义特点,因此与"明天"构成的是主谓关系。

一个词所属的句法小类,是这个词的句法功能的体现。一个句法结构体的句法结构是由构成这个结构体的句法单位的句法功能决定的。理解一个句法结构体的句法结构,也只能是根据这个句法结构体中句法单位(通常是词)的句法功能来推导,看相关的句法单位是如何层层组合的。这些语法单位的句法功能，限制着句法上相关单位之间层层组合的进行，直到组合完毕。如“首都北京景象”中，“首都”与“景象”固然能够搭配，但在中间加上“北京”后，由于“北京”与“首都”的亲和力更强，因此，整个组合的过程(组合尝试的过程)体现了这个语法形式的句法层次和句法关系。即：

〔3〕首都 北京（的）景象　　首都 北京（的）景象

×

又如：

〔4〕首都 明天（的）景象　　首都 明天（的）景象

×

〔5〕首都 机场（的）景象　　首都 机场（的）景象

以上的〔3〕中，先自左向右组合，先把“首都北京”组合到一起，构成同位结构，然后再一起与“景象”组合，构成偏正结构；若先把“北京”和“景象”组合，也能构成一个偏正结构，但这个结构再与前面的“首都”组合时却不能成立，因此后一种组合失败，只有前一种组合过程成功。〔4〕句自左向右尝试组合，首先也可能把“首都明天”组合在一起，但这个组合不能成立，组合失败，于是放弃原来尝试，再次尝试新的组合，先不把“北京”和其他单位组合，而是先把“明天”和“景象”组合成一个偏正结构，这个偏正结构正好能与前面的“北京”构成一个更大的偏正结构，尝试组合成功。对〔5〕，则有两种不同的组合方式，而且不同的组合带来不同的意义，因此〔5〕是个歧义组合，这方面的内容后面另有讨论。

通过以上的分析,可以看出,对名名结构的理解,关键是要理解这种结构形式的句法结构,其中的名词包括名词小类的句法功能是句法结构理解的重要因素,而这种句法功能又是同名词及名词小类的语义特征密切相关的。

(二)句法结构类型理解的基本因素

对[N_1(的)N_2]句法结构类型的理解,基本的因素主要是名词的句法功能因素和名词的语义特征因素。

1. 名词的句法功能

名词的句法功能体现为名词与其他语法单位的结合能力,此处指 N_1 与 N_2 在[N_1(的)N_2]结构中的句法功能。主要表现为:

(1)充当主谓结构中的主语或谓语。例如:

王蒙小说家　　明天教师节　　春节二月四号
亚洲人黑头发　　手表桌子上　　校长三十八岁
一个三十公斤　　这位我们经理
前边火车站,后边邮局。　　火车站邮局前边
中国社会主义国家　　去年讲师,今年副教授。
白菜一斤(豆腐两块。)　　楼房一排排(的)

(2)充当体词性偏正短语([N_1(的)N_2]为偏正短语时只能是体词性的)的修饰语或中心语。例如:

作家的思想　未来的人类　中国小说　名词结构
三天时间　一张桌子　车站的后面　道德的魅力
那些水果　精神世界　我的工作　海上明月

在我们考察的名名结构中,名词可以充当主语、谓语、修饰语、中心语,除此之外,名词还可以在同位结构和联合结构中出现,分别充当结构中的并列性成分和同指性成分。

以上例句中的名词,几乎包括了[N_1(的)N_2]中 N 所有的类。

在以上主谓关系、偏正关系、联合关系和同位关系的名名结构中，名词本身的性质固然决定了它的句法功能，但在很多情况下，名词与名词间相互作用（名词中的小类与小类之间的相互作用）的结果也会在名词的句法功能上体现出来。如同样是在“处所词+‘图书馆’”这个组合中，“图书馆”既可以是主谓结构中的谓语，也可以是偏正关系中的中心语，还可以是联合关系中的并列性成分。在“这儿图书馆”中是谓语，在“上海图书馆”中是中心语，在“食堂图书馆”中“图书馆”是作为与“食堂”平行的一个并列性成分出现的。其实这里的区别主要在于前一个“处所词”的不同。“这儿”可以指代绝对处所词，也可以指代相对处所词（马庆株，1991），可以后加“是”用在别的处所词前面构成主语，如“这儿（是）天安门广场”“那边（是）食堂”等；“上海”是一个绝对处所词，与表示机关团体机构的相对处所词“图书馆”组合成偏正关系；“食堂”与“图书馆”一样，都是相对处所词，而且在语义上二者都具有[+处所][+机构团体]的语义特征，因此构成的是联合结构。为什么不是同位结构呢？因为二者的所指并不相同，从语义特征上来说也有明显区别，除了以上的两项语义特征外，“食堂”还具有[+饮食场所]，而“图书馆”具有的是[+学习场所]，因此不能构成同位关系。从以上分析可以看出，名词的句法功能是表现在名词与名词之间相互的联系和作用上的。

再如“这个教师节”与“明天教师节”，同一个名词“教师节”与不同小类的名词搭配，构成的句法关系也不一样，与指称代词“这个”组合，构成偏正关系，与时间名词“明天”构成主谓关系。我们还发现，“这个教师”可以说，而“明天教师”却不能说，除非是在对比的情况下，如“今天领导（体检），明天教师”。这里实际上是因为“教师”与“教师节”的不同，前者不具有特征义，而后者具有特征义，是特征义名词（谭景春，1998），该类名词的典型特征是可以直接作谓语或者在“是”的后面作宾语。正因为如此，“明天教师节”可以说成“明天是教师节”，因而是主谓结构；而“这个教师节”却不能说成“这个是教师节”，所以是偏正结构。

同样，即使都是时间名词，与“教师节”组合时，也会有不同的结果。例如“明天教师节”与“明年教师节”，前者是主谓关系，后者却只能是偏正关系了。这里实际上与“明天”和“明年”的语义特征有关系，从语义特征上来说，“明天”与“教师节”都具有[+时间][+时间量=24 小时]的语义特征，因此，从相同的语义特征的角度来考虑，可以作一个等同的判断，即可以在“明天”和“教师节”之间用上“是”，表示一种陈述与被陈述的主谓关系；而“明年”虽具有[+时间]的语义特征，却不表示[+时间量=24 小时]，因此二者之间不能用上表示一种等同关系判断的“是”，因此是偏正关系。这也使我们认识到，不同小类的名词正是由于它们语义特征的不同，在与其他同一名词进行搭配组合时所体现出来的句法关系也就不一样，即名词语义特征的不同影响着它们句法功能的不同。

2. 名词的语义特征因素

[N_1N_2]的句法功能对整个结构体的结构类型的影响，在一定程度上是从名词的语义特征上表现出来的，就是说，名词的句法功能与名词的语义特征有关，在前面举的例子中，“这儿图书馆”“上海图书馆”“食堂图书馆”三者的区别在于这类结构中 N_1 的不同，同是处所词，但“这儿”“上海”“食堂”作为处所词的下一级不同的小类，影响到结构关系的不同，这里表现的是句法功能上的差别。仔细分析又会发现，即使是同样的小类，比如同是表示相对处所的处所词与“图书馆”组合，构成的句法关系也不一定相同，如“大学图书馆”与“食堂图书馆”的结构关系就不一样，前者为偏正关系，后者为联合关系。原来，尽管“大学”和“食堂”同为相对处所词，但从语义角度来考虑，“大学”可以领有“图书馆”，而“食堂”一般是不会领有“图书馆”的。上面三个例句之所以有不

同的句法结构关系,与“这儿”“上海”“食堂”等名词的语义特征的不同也是有关系的。因此,从名词的语义特征与名词的句法功能之间的关系出发,我们初步拟定了以下与名词句法功能相关的主要语义特征:[±人][±抽象][±时间][±处所]等。

名词的语义特征影响着名词的句法功能,因而也影响着[N_1(的)N_2]的句法结构类型。我们这儿所说的对句法结构类型的影响,指的只是[N_1N_2]这样的名名结构,因为对[N_1 的 N_2]结构来说,由于语法功能标志词“的”的出现,强制性地使[N_1 的 N_2]只能是偏正结构关系,此时,无论是 N_1 还是 N_2,它们的语义特征都不会对整个结构关系产生影响。这也说明了一个句法结构中,如果存在明显的功能标志,那么这种功能性的标志对这个句法结构关系是起决定性作用的,而语义只在没有明显的功能标志的情况下才起作用。有时,尽管是结构关系已定的[N_1 的 N_2]结构,由于名词语义特征的不同,也会影响到这个句法结构的句法层次,如“工人农民的生活”与“工人昨天的生活”虽然句法结构关系相同,但句法结构层次并不一样,因为“农民”与“昨天”分属不同的名词小类,它们在语义特征上的差异,限制了二者与同一个名词“工人”的组合情况,从而影响了整个结构的层次。

3. 句法类型的理解原则

在影响某个结构体的理解因素中,句法结构是一个重要的因素。句法结构包括句法层次和句法关系。从理论上来说,一个句法结构体的句法结构直接取决于这个句法结构体的句法层次和句法关系。因此,对句法结构的理解就必然涉及到对句法层次和句法关系两个方面的理解。如“工人农民的生活”与“东方西方的文化”句法层次相同,句法关系也相同;“国际会议下午三点”与“大年初一下午三点”句法层次相同,但句法关系不同。另外,词语串形式相同的一个结构体,如果句法层次分析的结果不同,那么这个结构体就有歧义,如“上海大学学生/中国历史资料”。

[N_1(的)N_2]句法结构的理解原则：

(1)纵向组合原则——自上而下与自下而上

认知心理学认为人的知觉过程有两种不同的加工方式：一种是自下而上的方式，另一种是自上而下的方式。

与认知心理学的两种知觉方式相对应，自然语言理解中的句法处理也有两种不同的方法：一种是自下而上的分析方法，另一种就是自上而下的分析方法。在这种纵向组合过程中，我们一般采用自上而下的组合分析方法，同时也坚持与自上而下的制约相结合。

对句法结构体进行句法层次分析，从理论上说可以按照自下而上（从小到大）的顺序，也可以按照自上而下（从大到小）的顺序，但通常使用自上而下的顺序比较方便（文炼，1986）。按照自上而下的顺序，分析的起点就是整个结构体，首先把整个结构体切分成几个（通常是两个）直接成分，这样，起点很明确，而且还可以根据需要对某个局部成分细加分析或适可而止。例如：

国际会议　明天下午三点

主　　　　谓

偏　正　　偏　　正

上例就是按自上而下的顺序来进行层次分析的，这种从大到小的分析顺序，是以对整个结构体的初始结构或基本结构的把握为基础的，不先了解被分析的结构体的基本结构关系，就无法按照自上而下的顺序来进行句法层次分析。

上面的例子也可以用自下而上的分析方法进行理解。根据其中N的句法功能，首先可以把“明天下午”与“三点”组合起来，构成一个偏正短语，再把“国际”与“会议”组合，构成另一个偏正短语，最后把这两个偏正短语组合在一起，构成主谓短语。

自下而上是句法结构理解的基本顺序之一，但与自上而下不同，在自下而上的组合过程中，每一次的组合都必须受到更高层次的制约，这就是自上而下的制约。也就是说，在自下而上进行组合时，每一次组合得到的新的句法单位都应该能够进入下一步的组合过程，即这个组合单位能够与其他的句法单位继续组合并构成某种结构关系，直到完成所有的组合。在上面的例子中，若先把“会议”与“明天下午三点”组合在一起，单独分析这个句法单位是完全可以成立的，构成的是一个主谓关系的短语，但它不能再进行下一步的组合，即“国际”与“会议下午三点”不能够直接组合。这说明，一个完整的句法结构组合，总是制约着它的下一层次的句法关系，这种制约表现了一个较大的句法单位对其内部构成成分之间关系的一种强制性限定，形成了一套自上而下的制约机制。正是这种机制，保证了自下而上的理解能够顺利进行。

(2)横向组合原则——双向组合相结合

对由多个成分构成的结构体进行句法单位的层次组合时，往往有两种不同的横向组合方向：从左到右和从右到左。按照从左到右的方向进行组合，我们称之为顺向组合，反之称为逆向组合。按不同的方向进行组合，可能会得到不同的组合结果，如对“咬死了猎人的狗”的分析就可以采用这两种不同方向的组合来加以区分。在[N_1(的)N_2]结构中，也存在这样的情况，例如对“三个学校的老师”的分析：

〔6〕三个学校的　老师　　〔7〕三个　学校的老师

以上〔6〕与〔7〕两种组合的方向不同，产生的结果也不相同，据此可以判定这个句法结构有歧义。

也有组合的方向不同但组合结果却相同的情况，如“中国上海物价水平”“中国人口数量”“汉语语法知识”“昨天上午九点”等。

〔8〕中国上海物价水平　　〔9〕中国上海物价水平

在例句中,无论是顺向组合〔8〕还是逆向组合〔9〕,虽然二者组合的方向不同,但结果却一样,也就是说,"中国上海物价水平"这类句法结构本身不存在歧义现象。

通过以上两组例句可以发现,横向组合原则有利于发现和解决句法结构歧义。由于[N_1(的)N_2]可以有两种不同的组合方向,我们可以把这二者结合起来,对[N_1(的)N_2]从两个不同的方向进行组合。如果两次组合都成功,但最后的结果不同,就表明发现了句法结构歧义。如果只采用某种单一的组合方向来进行句法理解,就不容易发现句法结构的歧义。

在顺向或逆向组合受阻的情况下,可以改换另一种组合方向,使得组合过程较为简便,一定程度上避免了反复试误的过程。

(3)外部组合原则——句法单位完全组合

在对一个句法结构体进行句法结构理解时,我们的着眼点首先是从外部来考察这个结构体整体,构成该结构体的所有句法单位都是分析的对象,它们都应该在一定的句法层次上得到一个适当的位置,不得有遗漏。也就是说,在句法结构理解过程中,所有相关的句法单位进行组合,必须完全进行了组合。如"首都北京国际机场候机室顶棚钢架结构图纸复印件"这样的一个组合,当人们全部听完以后,才发现对这个组合的理解是一个逐渐从错误(不完全理解)到正确(全部理解)的过程,原因就在于先前的组合相对于整个结构体来说是不完全的,也就是先前的理解并没有穷尽所有的成分,从而违背了完全组合的原则。

对一个多层次的名名结构中的句法单位,在进行顺向或逆向

的组合时,若没有完全组合,就会发生组合理解错误。例如:

上海的电脑价格　上海的电脑价格　上海的电脑价格

×　　　　　　　×

前两种组合不正确,都没有穷尽整个结构体中所有的句法单位;最后一种组合中的句法单位不仅得到了完全的组合,而且组合受到了原则(1)的制约,因而整个组合正确。

(4)内部组合原则——句法单位一次性组合

相对于原则(3),在对句法结构体内相关的句法单位进行组合时,着眼点应立足于其中的每一个句法单位。由于受到组合原则(1)的制约,因此整个组合中的每一个句法单位只能被组合一次。假如ABC是一个结构体,A、B和C分别是结构成分,如果B与A先组合了,那么B就不能再与C直接组合(当然AB可以与C组合);同样,如果B与C先组合了,那么B就不能再与A直接组合(当然BC可以与A组合)。这种内部组合原则,反映了句法结构单位组合时的惟一性。如"北京大学毕业生"中的"大学",它可以同"北京"先组合,即"北京大学/毕业生";也可以先和"毕业生"组合,即"北京/大学毕业生"。但不可以同时与"北京"和"毕业生"组合,也不可以都不与二者组合。"北京/大学/毕业生"也是不合法的。

以上几条原则,在句法结构的理解过程中,相互制约相互关联,共同影响着相关句法单位的直接组合及句法关系的确定。

二　句法结构歧义

(一)句法结构歧义现象

[N_1(的)N_2]的歧义会发生在语法关系的各个层面,即在句法层次、句法关系、语义关系上都存在歧义现象。在句法层次和句

法关系上的歧义叫作[N_1(的)N_2]的句法结构歧义。

句法结构歧义主要有以下两种情况(因为这里讨论因句法层次的不同而产生的歧义现象,所以这里所讲的名名结构指的是多层次的[N_1(的)N_2]):

1. 句法层次和句法关系上的歧义

(1)组:

〔10〕下一站人民公园(的) 门口
偏 正
主 谓

〔11〕下一站 人民公园(的)门口
主 谓
偏 正

这是个有句法结构歧义的名名结构,可以用前面讨论的横向组合原则来进行不同的理解。上例中,顺向组合理解得到的是偏正关系,如例〔10〕;逆向组合理解得到的是主谓关系,如例〔11〕。

类似的还有"老王经理的秘书""她朋友的姐姐""美国英国的盟友"等。它们既可以是主谓结构,即可以理解为"老王"就是"秘书","她"就是"姐姐","美国"是"(英国的)盟友";也可以是偏正结构,即"秘书"不是"老王","姐姐"不是"她","盟友"并不是"美国"(N_1)。以上的例句中,表示这两种不同意义的层次划分为:

(2)组:

〔12〕老王 经理的 秘书
偏 正
偏 正

〔13〕老王 经理的 秘书
主 谓
偏 正

〔14〕美国 英国的 盟友
偏 正
联 合

〔15〕美国 英国的 盟友
主 谓
偏 正

这也说明，以上例句既可以顺向组合，也可以逆向组合。但“公司经理的秘书”与“她朋友的姐姐”没有以上的两种层次切分。例如：

(3)组：

〔16〕公司　经理的　秘书
　偏　　正
偏　正

〔17〕公司　经理的　秘书
×

(4)组：

〔18〕他　朋友的　姐姐
　偏　　正
偏　正

〔19〕他　朋友的　姐姐
×

这说明“公司经理的秘书”“他朋友的姐姐”不存歧义，只能是一种句法结构关系，即偏正结构，而不可能是主谓结构，或者说，(3)(4)两组只能顺向组合，不能逆向组合。

2. 句法关系相同但句法层次不同，“N_1(NaNb)(的)N_2(NcNd)”结构有歧义

如：

中国　留学生　数量
偏　　正
　偏　正

中国　留学生　数量
　偏　　正
偏　　正

三个　农场的　青年
偏　　正
　偏　正

三个　农场的　青年
　偏　　正
偏　　正

类似的还有“中国历史资料”“我们三个一组”等。

(二)句法结构歧义产生机制

通过上面的分析,我们发现,在[N_1(的)N_2]中,因句法结构的不同而产生的歧义,是由于句法关系不同,或句法层次不同,或者句法关系与句法层次都不相同。其根本原因在于“NaNb(的)Nc”结构中的 Nb 句法位置的不确定,它既可以同 Na 组合,也可以同 Nc 组合。正是由于这种组合的自由性,造成了句法层次或句法关系的不同,从而导致整个“NaNb(的)Nc”结构产生歧义。前面所说的句法结构歧义现象的第一种情况,便是如此。

在句法结构歧义现象的第一种情况中,不仅因为 Nb 的句法位置不同而引起句法层次和句法关系的不同,从语义特征的角度来分析,与我们前面所说的名词小类的语义特征也有关系。在这类“NaNb(的)Nc”结构中,若 Na 与 Nc 搭配组合时可以有两种不同语义关系的话,则这个结构体就会产生歧义。这两种不同的语义关系我们可以从形式上表示为:

NaNb(的)Nc ——Na 的 Nc
——Na 是 Nc

满足前者时为偏正结构关系,满足后者时为主谓结构关系。若一个“NaNb(的)Nc”结构同时有以上两种可能,则这种结构体有歧义;若只满足一种语义关系,则该结构没有歧义。如“老王经理的秘书”“她朋友的姐姐”,既可以说成“老王的秘书”“她的姐姐”,也可以说“老王是秘书”“她是姐姐”,所以这类名名结构有歧义;而“公司经理的秘书”“他朋友的姐姐”,只能说“公司的秘书”“他的姐姐”,不可以说“公司是秘书”“他是姐姐”,因为“公司”是[-人]而“秘书”是[+人],“他”是[+男性]而“姐姐”是[-女性],因此只能具有一种结构关系,没有歧义。这种结构关系的名名组合在报刊、标题、口号中常常出现,如“动物人类的朋友”“质量产品的生命”等,它们一般只有一种结构关系,即主谓关系。

(三)句法结构歧义的消除

句法结构的歧义一般可以由语境来消除。通过语境消除句法结构的歧义,主要是利用某个更大的句法单位对其所包含的较小句法单位的限制,从而达到消除句法歧义的目的。句法结构歧义产生的最根本原因,在于Nb句法位置的不同,正因如此才造成了句法关系、句法层次的不同,从而有不同的语义理解。所以,我们这里所说的"包含",其实也就是对Nb位置的限定,从而达到消除歧义的目的。如"北京大学毕业生"和"二十五斤西瓜种子",孤立地看都有句法歧义,但它们作为一个句法单位进入更大的句法结构"高等学府北京大学毕业生""二十五斤西瓜种子太多了"后,"高等学府"和"太多了"就限定了"北京大学""西瓜种子"只能先组合后才能进入下一个组合过程。而在"二十五斤西瓜种子太大了"这个更大的句法结构中,"西瓜"只能先与"二十五斤"组合。

消除歧义必须具备两个条件:一,有一个句法关系确定的更大的句法结构;二,这个更大的句法结构能够限定它的直接成分的句法性质。如"欢迎/中国/一名北京大学毕业生""挑选二十五斤西瓜的种子",虽是一个更大的句法结构,但它也不能限定后者的句法层次,所以这样的句法结构仍有歧义。在这种情况下,可以用形式的手段来给这种句法结构的歧义进行消歧。可以用加判断动词"是"或加结构助词"的"以及加介词"在/对/关于…"等来检验。

通过以上的分析发现,因Nb句法位置的不同,"NaNb(的)Nc"结构在语义上可以有不同的理解,从结构形式来看,又有多种情况,所以可以采取不同的手段加以消歧。

第一种:"NaNb(的)Nc"歧义结构无论是哪种语义理解,句法结构上都表现为主谓结构。可以用加判断动词"是"的方法来进行两种语义关系的理解。例如:

我们三个一组——我们是三个一组 （主谓关系）
——我们三个是一组 （主谓关系）

形式上可表示为：

NaNbNc——Na 是 NbNc
——NaNb 是 Nc

第二种："NaNb(的)Nc"歧义结构无论哪种语义理解都是偏正结构。这种情况可以通过加结构助词"的"的方法来进行区分。例如：

中国历史资料——中国的历史资料 （偏正关系）
——中国历史的资料 （偏正关系）
二十五斤西瓜种子——二十五斤的西瓜种子（偏正关系）
——二十五斤西瓜的种子（偏正关系）

形式上可以表示为：

NaNbNc——Na 的 NbNc
——NaNb 的 Nc

以上"是""的"位置的不同，限制了 Nb 与 Na 和 Nc 组合选择，因此得到的语义关系和句法结构关系都不一样。

我们还发现，用加"的"的方法似乎更适合于原来没有"的"的"NaNbNc"歧义结构，而对总是偏正关系的"NaNb 的 Nc"不起作用。如"两个农场的青年""三块绸缎子的零头""两根木头的柱子"。这类结构中，Na 既可以修饰 Nb，也可以修饰 Nc，而且 Nb 还能领有 Nc(或者 Nb 表示 Nc 的质料)，也就是说，尽管有"的"的存在，但 Nb 还是可以自由地同 Na 或 Nc 组合，这时，我们可以用移位、添加等方法来对 Nb 的位置加以限定，从而达到消除歧义的目的。例如：

两个农场的青年——农场的两个青年　(偏正关系)
——青年是两个农场的　(偏正关系)
两根木头的柱子——木头的两根柱子　(偏正关系)
——柱子是两根木头的　(偏正关系)

此类“NaNb 的 Nc”歧义结构可以表示为:

NaNb 的 Nc——Nb 的 NaNc
——Nc 是 NaNb 的

第三种:因 Nb 句法位置的不同,整个“NaNb(的)Nc”可以是主谓结构,也可以是偏正结构。对于这种情况,我们可以用加“是”来区分出主谓关系,用加助词“的”或加“在”等介词来鉴别出偏正关系。这种情况下的“NaNb(的)Nc”,根据 Na 与 Nb 组合关系的不同,可分两种情况讨论:NaNb 是联合结构;NaNb 是偏正结构。

当“NaNb 的 Nc”中的 Na 与 Nb 构成联合关系时,只能用“是”鉴别出主谓关系来,鉴别偏正关系不能加“的”,可以加“和”(可以前加介词“在/于…”(表时间处所)、“对/对于/关于…”(表对象、关涉))。这种情况下,我们认为偏正关系是歧义结构“NaNb 的 Nc”的显性歧义关系,而主谓关系是“NaNb 的 Nc”这个歧义结构的隐性歧义关系。例如:

小王小李的老师——小王是小李的老师　(主谓关系)
——小王和小李的老师　(偏正关系)
——对/对于/关于小王小李的老师
(偏正关系)
——＊小王的小李的老师
公园邮局的左边——公园是邮局的左边　(主谓关系)
——公园和邮局的左边　(偏正关系)

——在/于公园邮局的左边(偏正关系)
——＊公园的邮局的左边

这类“NaNb的Nc”歧义格式的分化，可以表示成：

NaNb的Nc——Na是Nb的Nc (主谓关系)
——Na和Nb的Nc (偏正关系)
——对/对于/关于/在/于NaNb的Nc
(偏正关系)

当“NaNb的Nc”中的Na与Nb构成偏正关系时，可以用“是”鉴别出整个“NaNb的Nc”是主谓关系，用“的”“在/于”或者“对/对于/关于”鉴别出偏正关系。例如：

老王公司的经理——老王是公司的经理 (主谓关系)
——老王的公司的经理 (偏正关系)
——对/对于/关于老王公司的经理
(偏正关系)
——在老王公司的经理 (偏正关系)
她朋友的姐姐——她是朋友的姐姐 (主谓关系)
——她的朋友的姐姐 (偏正关系)
——对/关于她朋友的姐姐 (偏正关系)
——＊在/于她朋友的姐姐

这种情况的“NaNb的Nc”歧义结构，可以表示成以下的单义格式：

NaNb的Nc——Na是Nb的Nc (主谓关系)
——Na的Nb)的Nc (偏正关系)
——对/对于/关于/在NaNb的Nc
(偏正关系)

第三节　[N_1(的)N_2]结构语义关系的理解

一　基于句法结构理解的语义关系理解

语法分析区分为句法分析和语义分析，句法分析是分析语法结构单位的句法层次和句法关系，语义分析则是分析语法结构单位之间的语义关系。从理解的角度来看，对一个结构体的句法结构理解和对语义关系的理解也属于不同的层面。句法结构理解往往是要了解同一句法层次上的直接句法成分之间的句法关系，至于了解直接句法成分之间的语义关系，则属于语义关系理解。语义关系的理解，不仅要了解直接句法成分之间的语义关系，还要了解不同句法层次上相关的语法单位之间的语义关系。如对"北京上海居民住房"的理解，它是一个偏正短语，是由一个联合关系的"北京上海"和偏正关系的"居民住房"构成，这里是句法关系的理解；这个结构体中的"北京上海"与"居民住房"之间是一种领有关系，"北京上海"表示的是范围领有，其中的"北京"与"上海"在语义上是表示同一关系，"居民"与"住房"也是一种领有关系，表示领属领有，这里是对"北京上海居民住房"这个结构体的语义关系理解。

理解一个结构体的意义，必须理解这个结构体的句法结构和语义关系，但如何处理句法结构理解和语义关系理解这二者之间的关系，人们的看法不尽相同。一般来说，主要有两种不同的处理方法：一是把句法分析和语义关系分析分开，先进行句法分析，得到一个句法结构形式，然后再对句法结构进行适当的语义解释，得到这个结构体的语义表达式；另一种是句法分析和语义关系分析同时进行，相互作用，在确定句法结构时不仅利用句法单位的句法功能信息，而且也利用句法单位的语义功能信息，同样，在确定语义关系时也不仅利用句法单位的语义功能信息,而且也利用句法单位的句法功能信息。

我们从语法研究的角度讨论短语结构的理解问题,所以应遵循从形式到意义这一理解的基本原则,先对短语结构进行句法理解,再对句法结构进行语义关系的理解。因为从语言认知的角度来说,“在最初建构句法结构时可能只利用与句法有关的信息,不考虑语义的和语用的等非句法信息的限制。”(江新,1997)

在本文的讨论中,若句法结构不同,“N_1 N_2”之间的语义关系也不同的话,句法结构的理解结果就可以作为语义关系理解的前提或依据。例如:

老王经理的秘书——偏正关系:
“老王”与“经理”为主体与身份属性的关系
“老王”与“秘书”是领有与被领有的关系
“经理”与“秘书”是领有与被领有的关系
老王经理的秘书——主谓关系:
“老王”与“经理”是被领有与领有的关系
“老王”与“秘书”是主体与身份属性的关系
“经理”与“秘书”是领有与被领有的关系

以上例句说明,由于句法结构的不同,名名短语中的名词与名词之间的语义关系也不相同,这样,句法结构的区别就为进一步区别语义关系提供了初步的条件。

若句法结构相同,N_1 与 N_2 之间的语义关系也有可能不同,这说明在句法结构理解的基础上有进一步进行语义理解的必要。例如:

书的封面——偏正关系:“书”与“封面”之间是领有与被领有关系

书的价格——偏正关系:"书"与"价格"之间为属性特征关系

木工的椅子——偏正关系:"木工"表示"椅子"的领有者

木头的椅子——偏正关系:"木头"表示的是"椅子"的材料

上面的例句说明,句法结构相同,语义关系未必相同。所以,在句法结构理解的基础上再进行语义关系的理解,就可以把句法结构上不能进行再分化的名名结构,在语义关系上进行再分化,从而使我们对短语结构的理解更加细致。

二　语义关系的理解

(一)语义关系理解的基本因素

在我们讨论的名名结构中,对整个结构体语义关系的理解有重要影响的,是结构体中的 N_1 与 N_2。前面已经谈到,名词的语义特征对句法结构的理解有影响,而且我们认为句法结构的理解是语义关系理解的基础。正因为如此,名词的语义特征对句法结构有影响,也就是对名名结构中的 N_1 与 N_2 之间的语义关系有影响。如"中国上海"与"中国法国"的句法结构不样,原因就在于 N_2"上海"与"法国"的语义特征的不同,当然这两个名词都是表示处所的名词,可它们在[+处所]这个较广的语义特征之下的语义特征并不相同,"法国"是[+处所,+国家],而"上海"是[+处所,-国家],因此它们与同有[+处所,+国家]的"中国"组合时,构成的句法关系就不一样。这验证了名词小类的不同对句法与语义关系的影响。从语义角度来看,"中国"与"法国"构成同一关系,"中国"与"上海"构成的是领属与被领属关系。

名词小类的不同,不仅影响名名结构的句法结构关系,而且对名名结构的语义关系的理解也有影响，这种影响来自不同类的名词的不同语义特征。前面我们根据一些形式手段建立的名词的语义特征的基本因素有：[±人][±抽象][±时间][±处所]等，影响[N_1(的)N_2]结构语义关系理解的语义特征因素主要也是这些。如“汉语语法(学习)小组”与“党员干部(学习)小组”中N_1的语义特征不同，整个结构体的语义关系理解就不一样，前者N_1(汉语语法)具有[－人，＋抽象]语义特征，只能理解为受事，后者中的N_1(党员干部)具有[＋人，－抽象]语义特征，既可以理解为受事，也可以理解为施事。而“雷锋(学习)小组”的分析又不一样，虽然这里的N_1也具有[＋人，－抽象]语义特征，但仍然只能理解为受事对象，因为“雷锋”是[＋个人，－集体]，而“小组”却是[－个人，＋集体]。同样，“科学家考察团”与“南极考察团”中，N_1与N_2的语义关系不同，“科学家”具有[＋人，－处所]的语义特征，而“南极”具有[＋处所，－人]的语义特征，所以，“科学家”表示的是“考察”的施事，而“南极”只是“考察”的处所。再比如“十月一号国庆节”与“十月一号下午”，前者为同位结构，后者为偏正结构，句法关系的不同在于N_2的不同，虽然N_2都表[＋时间]的语义特征，但前者为绝对时间名词，后者为相对时间名词，体现的是名词小类的不同对句法结构关系的影响；从语义关系上来看，“十月一号”与“国庆节”能构成同指关系，而“十月一号”与“下午”不能构成同指关系，只能是表示整体与部分的偏正关系。

(二)语义关系理解的基本原则

既然语义关系理解的基本因素离不开名词的语义特征，而本文对[N_1(的)N_2]结构的语义关系的理解，是在句法结构理解的基础上进行的，所以在讨论语义关系的理解原则时，也要求利用句法结构理解的结果，并结合名词的语义特征对名名结构进行语义关系的理解。

语义关系的理解首先应当在一个语法组合单位内部各成分之间进行，然后才能作为一个更大的语法单位与别的语法单位发生语义上的关系。因此，在对名名结构进行语义关系的理解时，我们强调的原则是：同一句法层次上的语法单位优先组合进行语义关系的理解。如对"北京上海的商品房价格"的语义关系的理解，应当在句法结构关系分析的基础上，首先把"北京"与"上海"、"商品房"与"价格"分别组合，然后再将"北京上海"与"商品房价格"组合，整个结构体语义关系的理解过程为："北京"与"上海"之间是并列同现的关系，"商品房"与"价格"是范围属性的关系，"北京上海"与"商品房价格"之间是领属关系。

三　语义关系的歧义

(一)语义关系歧义现象及其产生的原因

一个[N_1(的)N_2]结构除了有句法关系上的歧义外，还有语义关系上的歧义。例如：

〔20〕大众公司出租汽车/中国出口商品

〔21〕老王经理的秘书/美国英国的盟友/中国历史资料

〔22〕工厂学校/学生家长　小王叔叔/军人妻子
　　军人服务站/儿童玩具　校长的父亲/小王的叔叔
　　摄影师的照片/小白兔的书

以上例句都存在语义关系的不同理解，我们可以根据它们之间的不同分为两种情况来进行考察。

一是因句法层次或句法关系不同而产生的歧义，即由于句法结构有歧义，所以在语义关系上也发生了变化，如例〔20〕和〔21〕。例〔20〕中的"大众公司出租汽车"与"中国出口商品"，因为 N_2 中动词的存在，N_2 可以是一个体词性的偏正结构，也可以是一个谓词性的述宾结构，所以使得句法结构有不同的理解（如“大众公司出租汽车让爱车者自由租用/大众公司出租汽车比强生公司出租汽车漂亮”，“中国出口商品进口原料/中国出口商品质量好”），这类情况不是我们所要讨论的重点。而例〔21〕中的“老王经理的秘书”“美国英国的盟友”“中国历史资料”一类的歧义现象，在前面的句法结构歧义分析中已有说明，这里不再另述。

语义关系的歧义所要讨论的是另外一种情况，即句法结构没有歧义，由于[N_1(的)N_2]结构中的 N_1 或 N_2 同时具备了两项或两项以上的语义特征，而且其中任意一项语义特征均能与另一个 N 进行语义上的搭配，从而造成语义关系的不同理解。在语义关系的歧义中，以这类情况为多，如例〔22〕。这种只有语义关系歧义的[N_1(的)N_2]，从有“的”无“的”来看可分为两种：

“N_1+N_2”歧义格式和“N_1+的+N_2”歧义格式。

在第一种不含“的”的“N_1+N_2”歧义格式中，又包括三类不同的情况：(1)类，“工厂学校/水果饮料/学生家长”等；(2)类，“军人妻子/小王叔叔”等；(3)类，“军人服务站/城市考察团/儿童玩具”等。

在第二种含“的”的“N_1+的+N_2”歧义格式中，包括两类不同的情况：(1)类，“校长的父亲/军人的妻子/小王的叔叔”等；(2)类，“鲁迅的书/诗人的风度/小白兔的书”等。

(二)语义关系歧义的消除

若是因句法层次或句法关系的不同而使[N_1(的)N_2]句法结构有歧义，那么对其语义关系的分析，就可以根据其不同的句法结构来确定(可以放在一个更大的句法结构中去消除)，如例〔20〕和〔21〕。若句法结构没有歧义，可以通过不同的变换格式来进行不同的语义关系的理解。

1. 没有"的"的歧义结构"$N_1 + N_2$"

这种语义关系的歧义类型有以下三类：(1)类，"联合/偏正"关系；(2)类，"偏正/同位"关系；(3)类，偏正关系内部语义关系不同。

(1)类："水果饮料 / 工厂学校 / 学生家长"等。

其中，N_1 和 N_2 都是表"食品、机构、人物"等的具体名词，在组合中，N_1 与 N_2 在语义上可以表示同属一个概念范畴，二者具有一个共同的属概念，N_1 与 N_2 在这个属概念下是等级平行并列的两个种概念。此时"$N_1 + N_2$"表现为联合关系，即"水果和饮料"，"工厂和学校"，"学生和家长"。当 N_1 与 N_2 不属同一个概念范畴，分处两个不同等级时，N_1 对 N_2 起着描写限制作用，N_1 表示领有 N_2 或者 N_1 表明 N_2 的属性，构成偏正关系，即"水果的饮料"，"工厂的学校"，"学生的家长"。因此，对(1)类歧义格式的检验和分化，可用下面两个格式进行：

A."N_1 + 和 + N_2"(语义上表并列同一关系，结构上是联合关系，如"工厂和学校"等。)

B."N_1 + 的 + N_2"(语义上是领有或表成分、材料、工具等属性，结构上构成偏正关系如"工厂的学校"等。)

(2)类："小王叔叔 / 老李主任；校长父亲 / 军人妻子"等。

根据这类组合中 N_1 与 N_2 的不同情况，把(2)类又分成两个小类考察。

A."小王叔叔/老李主任"类

这里 N_1(小王，老李)只表示人物范畴，N_2(叔叔，主任)却既能表示人物，也能表示身份关系。当 N_2 表示人物范畴时，N_1 与 N_2 分指两个不同对象，表明"某人和与某人有某种关系的另一人"，N_1 领有 N_2，构成偏正关系，即"小王的叔叔"，"老李的主任"；当 N_2 是表身份范畴时，"$N_1 + N_2$"表示"处于某种身份(N_2)的 N_1"或"N_1 具有 N_2 这种身份"，N_1 与 N_2 是指同一个对象，构成同位关系,N_1 与 N_2 在语义上是同指关系,即“小王是叔叔”(小王的身份是叔叔),“老李是主任”(老李的身份是主任)。

B.“校长父亲/军人妻子”类

这一小类中 N_1 与 N_2 都有双重语义特征,既可以指某人物,也可表示某种身份关系,因此,当 N_1 与 N_2 都属人物范畴时,N_1 领有 N_2,构成偏正关系,即“校长的父亲”(校长不是父亲),“军人的妻子”(军人不是妻子);当 N_1 表身份范畴,N_2 表人物范畴时,N_1 与 N_2 表示同指,构成同位关系,即“父亲是校长”(校长身份的父亲),“妻子是军人”(军人身份的妻子)。

因此,对(2)类歧义格式,可分化出下列两个单义格式:

A.“N_1 + 的 + N_2”(语义上 N_1 领有 N_2,结构上是偏正关系,如“校长的父亲”等。)

B.“N_1 + 是 + N_2”(语义上 N_1 与 N_2 同一,结构上是同位关系,如“校长是父亲”等。)

(3)类:“党员检查组/军人服务团”,“老区参观团/街道调查组”,“儿童玩具/小猴饼干”等。

这一类与(1)(2)两类不同,结构上只有一种关系——偏正关系,根据 N_1 与 N_2 的具体语义特征的不同,也分成三个小类来考察。

A.“党员检查组/军人服务团”之类

这里的 N_1 是表人物范畴名词,N_2 是含有动词的复合名词短语,表示“机关、团体”等概念范畴。N_1 既可以是 N_2 中动词动作的发出者(施事),也可以是动作施与的对象、接受者(受事)或范围。“党员检查组”可以是“以党员为成员的检查组”,也可以是“以党员为对象的检查组”;“军人服务团”可以是“由军人组成的服务团”,也可以是“服务于军人的服务团”。由于这种格式的歧义基础在于 N_1 既可充当施事,又可充当受事,所以,当 N_1 本身排斥了其中一项语义后,歧义便不存在。如“幼儿保健站"("幼儿"只能是受事对象),"职工活动室"("职工"是施事)。

B."老区参观团/街道调查组"之类

B与A的结构相同,所不同的只是N_1,B中N_1不是表人物范畴,是表示处所的名词,N_1可以表示N_2的处所,N_1领有N_2;也可以表现为N_1是N_2中动词动作施与的对象,所以,"老区参观团"既可以是"来自老区的参观团",也可以是"参观老区的参观团"。"街道调查组"也同样有两种不同的解释。与A类一样,当N_1只具备一项语义特征时,歧义便自动消除。如"灾区调查组","海底探测队","北极考察队"(N_1只能是受事对象)。

C."儿童玩具/小猴饼干"之类

C与A不同,N_1是表人或动物的名词,N_2是表具体事物名词,N_1既可以领有N_2,也可以在语义上表示为N_2的属性(形状、性质、材料等),"小猴饼干"可以是"(这是)小猴的饼干",也可以是"小猴形状的饼干";"儿童玩具"可以是"儿童玩的玩具",也可以是"玩具儿童"。只要N_1不同时具备上述两种语义关系,此种类型的组合也不会产生歧义。如"小猴尾巴","儿童公园"(N_1只表示领有N_2);"圆形饼干","塑料玩具"(N_1只表示N_2的属性)。

根据(3)类组合中N_1与N_2的语义关系,可将其按下列格式理解分化:

a. N_1(施事)+N_2:党员检查组——以党员为成员的检查组。

b. N_1(受事)+N_2:党员检查组——以党员为对象的检查组。

老区参观团——以老区为对象的参观团。

c. N_1(领有)+N_2:老区参观团——属于(来自)老区的参观团。

小猴饼干——猴子(吃)的饼干。

d. N_1(属性)+N_2:小猴饼干——小猴形状的饼干。

对于“N_1+N_2”格式，由于语义关系造成的歧义，可综合列表如下：

单义理解格式：N_1+N_2	学校工厂	小王叔叔/军人妻子	领导检查组	老区参观团	小猴饼干/水果饮料
N_1(并列)+和+ N_2	N_1 和 N_2				——/N_1 和 N_2
N_1(领有)+的+ N_2	N_1 的 N_2	N_1 的 N_2		属于 N_1 的 N_2	N_1 的 N_2/——
N_1(同一)+是+ N_2	N_1 是 N_2/N_2 是 N_1				
N_1(施事)+ N_2		N_1 组成的 N_2			
N_1(受事)+ N_2		以 N_1 为对象的 N_2	以 N_1 为对象的 N_2		
N_1(属性)+ N_2					像 N_1 的 N_2/用 N_1 做的 N_2

2. 含有“的”的“N_1 + 的 + N_2”歧义结构的歧义消除

与“N_1 + N_2”不同，此格式是典型的偏正关系结构，在“N_1 + 的 + N_2”这个偏正结构中，修饰语与中心语有多种语义关系，修饰语能修饰描写中心语的性质、状态，也能限制中心语，给它分类，划定范围，指出它的所属、用途等。当修饰语 N_1 兼有两种或几种作用时，就产生了歧义，这是此格式产生歧义的客观基础。

据这个格式中名词小类的不同，可以分两类来进行考察。(1)类：N_1、N_2 都是表示人物或身份范畴的名词，如“军人的妻子”等。(2)类：N_1 是表示人物或动物的名词，N_2 是表示具体事物或抽象事物的名词，如“鲁迅的书”等。

(1)类：“军人的妻子/小王的叔叔”一类。

“军人的妻子”中，当 N_1 与 N_2 均表示人物范畴时，N_1 领有 N_2，表示“妻子的丈夫是军人”(妻子不是军人)；当 N_1 表示身份范畴，N_2 表人物时，N_1 与 N_2 语义上指的是同一个对象，但由于“的”的存在，结构上仍然是偏正关系，表示“妻子是军人”，有人称这种偏正关系为同一性的定中(偏正)关系。这里我们看出，“军人的妻子”与“军人妻子”在 N_1 与 N_2 均表示人物范畴时，二者都是偏正关系，N_1 领有 N_2；但当 N_1 表身份，N_2 表人物时，尽管语义上 N_1 与 N_2 同一，但结构上“军人妻子”(N_1 + N_2)是同位关系，而“军人的妻子”(N_1 + 的 + N_2)仍是偏正关系。有人称这种同一性定中关系中的 N_1 是 N_2 的“伪定语”，而把领属性的 N_1 称为 N_2 的真定语(黄国营，1981)。即“军人的妻子”中“军人”既可以是领属性的真定语，也可以是同一性的伪定语。同样，“小王的叔叔”也有两种情况，因为“小王”是指人名词，已无语义变化，当“叔叔”指人时，“小王”领有“叔叔”，是真定语；当“叔叔”表示身份范畴时，“小王”与“叔叔”语义上同一，“小王”是伪定语，表示“小王就是叔叔”，如“小王的叔叔当得不错，你这个叔叔当得不好”。此类还有

"校长的父亲,老李的主任"等,也是一样,我们称此类为充当关系,N_1 充当 N_2。

(2)类:"鲁迅的书/摄影师的照片/雷锋的歌儿/小猴的饼干/小白兔的书/诗人的风度"等。

这类组合中的 N_1 是表人物或动物的名词,N_2 是表示具体事物或抽象事物的名词。其中 N_1 与 N_2 之间既可表示领属关系,N_1 也可表示 N_2 所反映的事物所具有的内涵。"鲁迅的书"既可以是"鲁迅拥有的书",也可表示"书"的内涵是有关"鲁迅"的,即"鲁迅创作的书"或"内容是写鲁迅的书",前者表示领属,后者反映作者、内容等内涵。"摄影师的照片"也同"鲁迅的书"一样。正因为"N_1 + 的 + N_2"组合中的 N_1 与 N_2 之间可同时具备这两种语义关系,所以才产生歧义。否则歧义不会造成,如"鲁迅的故乡","摄影师的手表"等,它们没有歧义,只表示一种领属关系。

当 N_1 是表动物名词时,与 N_1 是表人物名词有所不同,"小猴的饼干""小白兔的书"固然可以表示 N_1 领有 N_2,但现实中"小白兔"不可能领有"书",因此,N_1 是表动物名词,在表示领有关系时是被拟人化了的。当"小猴的饼干""小白兔的书"中的 N_1 是表示 N_2 的内涵时,即表示"像小猴一样的饼干""内容是写小白兔的书"等意义时,"饼干"与"书"是被强调了的,"小猴""小白兔"表示了"饼干""书"的内涵,即标记、内容等。因而这里的 N_2 只能是具体事物名词,不能是抽象名词。这一点与 N_1 是表人物名词时不一样,N_1 为表人物名词,表示 N_2 的内涵时,N_2 可以是具体事物名词("鲁迅的书""小王的电话"等),也可以是抽象名词("诗人的风度"等)。

对"N_1 + 的 + N_2"格式由于语义关系造成的歧义可列表如下:

单义理解格式：N_1 + 的 + N_2	军人的妻子	小王的叔叔	鲁迅的书	小王的电话①	诗人的风度/小白兔的书
N_1（领有）+ 的 + N_2	N_1 拥有的 N_2	N_1 拥有的 N_2	N_1 拥有的 N_2	N_1 拥有的 N_2	N_1 拥有的 N_2
N_1（同一）+ 的 + N_2	N_2 是 N_1				
N_1（充当）+ 的 + N_2		N_1 充当 N_2			
N_1（施事）+ 的 + N_2			N_1 创作的 N_2	N_1 发出的 N_2	
N_1（对象）+ 的 + N_2				对象是 N_1 的 N_2	
N_1（属性）+ 的 + N_2				以 N_1 为内容的 N_2	像 N_1 一样的 N_2/以 N_1 为内容的 N_2

① 因为"电话"既可表示具体的实物，又可表示抽象的事实，所以表中单独列为一类，以示区分。

第四节 对语符串中非语法形式的“N_1(的)N_2”的识别与处理

一 非语法形式的“N_1(的)N_2”

前面讨论的都是语法形式的[N_1(的)N_2],可在实际的调查中发现,语流中还有许多非语法形式的“N_1(的)N_2”。这种非语法形式的“N_1(的)N_2”(下面例句中的划线部分)主要有这样两种情况:一类是“N_1(的)N_2”本身不能作为一个合格的语法形式,如“表演节目的舞台”“找不到方向的海明威”“去上海三个人”“送他邮票”“来北京的时候”“我人格担保”“我们电话联系”等;另一种情况为“N_1(的)N_2”单独作为一个配列组合,是一个合格的语法形式,但放在更大的结构或放到句子当中去理解时,与原来的意义完全不同,从语言理解的角度出发,我们也把它处理为非语法形式的“N_1(的)N_2”,如“致文化名人的一封信”(比较“抄文化名人的一封信”)、“暗杀斯大林的任务”(比较“完成斯大林的任务”)、“他的老师当得好”(比较“他的老师出国了”)以及一些固定的说法,如“打他的主意”(“打他的屁股”)、“请你的客”(“请你的哥哥”)等等。此外还有一种情况,那就是“N_1(的)N_2”单独作为一个结构体能够成立,把它放到一个更大的句法结构或句子当中也能够成立,而且这时的配列“N_1 的 N_2”,既可以保持原来的意义,也可以与原来的意义完全不同。实际上这时的“XN_1(的)N_2”或“N_1(的)N_2Y”(X与Y是这个“N_1(的)N_2”前面或后面的其他语法成分,下同)本身就是个歧义结构,如“对厂长的意见”“关于中国的电影”“热爱人民的总理”“表扬警察的妻子”“小王叔叔来了”等等,对于这种情况,我们不把它处理为非语法形式的“N_1 的 N_2”。

二 非语法形式的“N_1(的)N_2”现象产生的原因

以上这些非语法形式的“N_1(的)N_2”组合,究其产生的原因,大致有以下几种：

（一）句法上的原因：组合原则的要求

从前面举的例子来看，这种非语法形式的“N_1（的）N_2”组合不会单独出现，否则它也就不是非语法形式的名名组合了，它的出现一定要在一个更大的结构单位中。对这个更大的句法结构单位进行层次划分，就可以发现，N_1 与 N_2 根本不在同一个组合层次上，即使强制性地将 N_1 与 N_2 单独组合在一起，也违背了句法单位组合时的结构原则，即这样的结构体根本就不存在，如“找不到方向的海明威”“表演节目的舞台”中的“方向的海明威”和“节目的舞台”。

（二）语义上的原因：搭配上的限制

有些“N_1（的）N_2”能在同一个层次上组合，但它们组合后形成的语法单位，在语义上不能和与之相邻的其他语法单位继续组合成更大的结构。如在“致文化名人的一封信”和“暗杀斯大林的任务”这两个结构中，“文化名人”固然可以和“一封信”组合，但“文化名人的一封信”却不能再和“致”组合，因为动词“致”所要求的宾语对象应当具有[＋人]或[＋处所]的语义特征，而“信”却是[－人]且[－处所]的语义特征，因此，从语义角度来看二者不能搭配；同样，动词“暗杀”所要求的宾语应当具有[＋人，＋具体]的语义特征，而“任务”的语义特征却是[－人，＋抽象]，所以，虽然“斯大林的任务”是个合法的语法单位，但它不能与“暗杀”组合成一个更大的结构。也就是说，“N_1（的）N_2”前后的其他成分的语义要求，也影响了“N_1（的）N_2”存在的合法性。

通过以上的分析我们发现，在这些非语法形式的前面或后面，往往有其他语法单位存在（X/Y），实际上，正是由于这些成分的影响，使得“N_1（的）N_2”成为了一个非语法形式的组合。在“X〔N_1（的）N_2〕Y”（X 与 Y 一般不同时出现）中，X（主要为动词或动词性成分、介词等）或“Y”（一般是动词性成分）对“N_1（的）N_2”中的一个 N 有句法或语义上的强制性联系要求，从而破坏了"N_1(的)N_2"作为单独一个合格语法形式存在的基础。

三 对这种非语法形式的识别与理解

对以上所说的非语法形式的"N_1(的)N_2"，我们可以从两个方面来进行识别和理解。

(一)从单个结构体与整个句子的角度来考察

通过前面的分析我们知道，非语法形式的"N_1(的)N_2"有两种情况，一是单独不成为一个合格的语法单位，二是孤立地看虽然是一个合格的语法单位，但放到更大的句法结构或句子中，前后的意义完全不同。针对第一种情况，我们可以从句法单位组合的结构原则出发，直接判定它是一个非语法形式的"N_1(的)N_2"，即语言中不存在这样的结构体，N_1 与 N_2 在语义上不能够搭配组合。如"(迷失)方向的海明威""(表演)节目的舞台""(来)北京的时候""(阅读)名著的心得""我人格(担保)""大家电话(联系)"中的"N_1(的)N_2"等。对于第二种情况，若单独考察"N_1(的)N_2"，并不违背句法单位组合的结构原则，但这个组合单位却不能再进入下一个更大的结构体或句子当中，或者说，即使进入下一个句法层次的组合，意思也与原来完全不同，也就是说，"N_1(的)N_2"虽然没有违反句法单位组合的结构原则，但却违背了句法单位组合的功能和意义原则，这时的"N_1(的)N_2"组合要么不能与其前后的其他成分 X 或 Y 继续组合，要么就是与 X 或 Y 组合后意义与原来不同。如"暗杀斯大林的任务""去北京的飞机""客人楼上请""打他的主意""送他的钢笔""他的篮球打得好""老师屋里坐"等。

(二)从句法和语义的理解角度来处理

对于非语法形式"N_1(的)N_2"组合中的第一种情况，句法上这样的结构体并不存在，语义上 N_1 与 N_2 不能搭配(不合逻辑)。这里主要针对第二种情况，从句法与语义的理解的角度来加以识别与处理。拿前面所举的例子“暗杀斯大林的任务”来说，“暗杀 N_1 的 N_2”这样的结构，“暗杀”这个二价动词要求一个施事论元和一个受事论元，若 N_1 与 N_2 均为指人名词，则有多种语义角色安排：当 N_1 与 N_2 互不领属时，N_2 为施事，N_1 为受事；当 N_1 与 N_2 之间有领属关系时，则“暗杀 N_1 的 N_2”有歧义，可以是 N_1 为受事，N_2 为施事，也可以 N_1 是与事，N_2 为受事，此时“N_1 的 N_2”已经不是我们所讲的非语法形式了(即单独的“N_1 的 N_2”与进入更大语法结构中的“N_1 的 N_2”意义相同)。例如：

〔23〕暗杀斯大林的特务——N_1 为受事，N_2 为施事，N_1 不领有 N_2。(“N_1 的 N_2”是非语法形式)

〔24〕暗杀斯大林的特务——N_1 表领属，N_2 为施事。(“N_1 的 N_2”是非语法形式)

〔25〕暗杀斯大林的特务——N_1 表领属，N_2 为受事。(“N_1 的 N_2”是语法形式)

由此可以提出一个设想，即在“暗杀 N_1 的 N_2”这样的结构中，若 N_2 为施事的话，则这时的“N_1 的 N_2”一定为非语法形式。通过变换其中的 N_1，就能证实这一设想。例如：

〔26〕暗杀小组的特务——N_2 为施事，“小组的特务”在这里不能组合。

〔27〕暗杀专业的特务——N_2 为施事，“专业的特务”为非语法形式。

〔28〕暗杀美国的特务——N_2 为受事，“美国的特务”为合格的语法形式。

〔29〕暗杀前面的特务——N_2 为受事，“前面的特务”为合格的语法形式。

〔30〕暗杀三个特务——N_2 为受事，“三个特务”为合格的语法形式。

我们可以继续补充上面的规则，对于“暗杀”这样的动词来说，“暗杀 N_1 的 N_2”组合中，若 N_2 为指人名词，N_1 为非指人名词时，N_2 是否充当施事还要受到 N_1 名词小类和语义特征的影响。当 N_1 是具有[+抽象]语义特征的抽象名词时，N_2 充当施事，这时的“N_1 的 N_2”是非语法形式，如例〔26〕〔27〕；当 N_1 为具有[+处所][+方位][+数量]等语义特征的处所词、方位词和数量结构时，N_2 只能充当受事，这时，“N_1 的 N_2”是合格的语法形式，如例句〔28〕〔29〕〔30〕。

再如：

〔31〕(专门)暗杀特务的小组——N_1 为受事，“特务的小组”不能组合。

〔32〕暗杀特务的专业(设置)——N_1 为施事，“特务的专业”在这也不能组合。

〔33〕暗杀(那个)特务的地点——N_1 为受事，“特务的地点”不能组合。

〔34〕暗杀特务(住)的房间——N_1 为施事，“特务的房间”也不能组合。

〔35〕暗杀特务的后面(有一个警察)——N_1 为施事，“特务的后面”不能组合。

〔36〕暗杀(了的)特务(有)三个——N_1 为受事，“特务三个”不能组合。

〔37〕(进行)暗杀(的)特务(有)三个——N_1 为施事，“特务三个”不能组合。

以上的例句中，N_1 为指人名词，N_2 为非指人名词，我们发现，在这种情况下，无论 N_1 是否充当施事，“暗杀 N_1 的 N_2”中的“N_1 的 N_2”都是非语法形式。

综上所述，我们就可以对“暗杀 N_1 的 N_2”结构中的“N_1 的

N_2”是否为非语法形式定义一个比较完备的规则：

当 N_1 与 N_2 均为指人名词时，若 N_2 表施事，则“N_1 的 N_2”为非语法形式。

当 N_2 为指人名词，N_1 为非指人的抽象名词时，“N_1 的 N_2”不能组合；当 N_2 为指人名词而 N_1 为处所词、方位词、数量结构时，“N_1 的 N_2”是合格的语法形式。

当 N_1 为指人名词时，不论 N_2 是什么小类的名词，“N_1 的 N_2”在“暗杀 N_1 的 N_2”结构中都不能直接组合。

第五章 [N的V]短语研究

[N的V]短语(其中的N包括NP,V包括VP)是现代汉语书面语中一种比较特殊的短语,其特殊性在于它是一种体词性短语,在句中作主宾语(包括介词宾语),而其中心语却是由谓词性词语充当的。例如"他的到来""这本书的出版"等等。[N的V]短语的这种特殊性使它成为体词性偏正结构中为数不多的几种难以根据词类配列、词类功能、句法手段(语序、虚词)加以直接分析描写的短语结构。作为指称性的[N的V]结构与其中心语的矛盾使得多年来人们对其存在着诸多争议。本章试图从三个平面的理论对[N的V]短语作综合的考察,以期对[N的V]短语有一个较深刻、全面的认识。

第一节 [N的V]短语内部构成成分

一 [N的V]结构中V和N的分类考察

(一)对[N的V]短语中V的考察

关于[N的V]偏正结构,汉语语法学界曾有过不少研讨和争论,主要是争论这一格式中V的词类性质。本节尝试从另一个角度讨论这一格式。具体地说,是考察动词进入这一格式的能力差异。我们以孟琮、郑怀德、孟庆海、蔡文兰(1987)编的《汉语动词用法词典》为根据,具体考察[N的V]中的V。

根据考察,能进入[N的V]格式中的V既可以是光杆形式,也可以是复杂形式,不过以光杆动词为常。本节重点考察当V为单个动词时,哪些能进入[N的V]格式,哪些不能,其结论不影响V为VP时的结论。

孤立地考察单个动词能否进入[N的V]格式,有时不太容易确定。这跟这一格式是一个粘着格式,总得出现在一定的语境中不无关系。有的动词形成的[N的V]格式的实例,似乎只能跟一些比较固定的语境发生联系。例如:

感谢您的收听(广播)

感谢您的收看(电视)

这里的"收听"和"收看"就很难再造其他的以"收听"或"收看"为V的[N的V]的实例。再例如:

〔1〕她的力气十分惊人,我们一帮男人也按不住她,每个人都挨了她的抓,她的踢,我已花得像面星条旗了。

〔2〕她真是贱,放着福不享偏来受你的治。

这表明一定的语境对[N的V]格式的可接受性有显著的影响。因此仅根据个人语感对单个动词能否进入[N的V]格式作判断,应该作从宽处理。又如:

〔3〕就是说一时半会儿死不了,但也不是说没有这样的可能。

〔4〕要使生活变得美满、充实多么容易,只需要一个微笑,一份无声的承认和人们的肯定。

像上面的例子中的V出现在[N的V]短语中,对语境的依赖性极强,在一般情况下,单音节动词、助动词是不能进入[N的V]短语的。我们先把那些有把握的,在任何情况下都不能进入这一格式的动词找出来,剩下的动词再作具体分析。

根据我们的考察,词典中的动词按义项分共2117个,其中单音节动词有1316个,双音节动词801个。

1. 不能进入[N的V]中的V

(1)音节

单音节动词中除"爱、哭、死、笑、恨"外都不能进入[N的V]。

例如：

挨 安 熬 掰 摆 搬 办 拌 帮 绑 包
剥 抱 背 奔 蹦 逼 闭 避 编 变

双音节动作动词、趋向动词也不能进入[N的V]。例如：

奔跑 奔走 抄写 出发 打听 登记 等候 动弹
昏迷 摆弄 驾驶 躲藏 粉碎 告诉 跟随

究其原因，这些动作动词都对应着现实世界中比较具体的动作图式，有发出该动作的主体特定的身体部位（如“跑”），或有特定的动作方向（如“推、拉”），或有固定的运动方式（如“飞”），动作性很强，而用于指称的“事件性”很弱。

有些单音节动词动作性不强，但是也不能进入这一格式。例如：

办（办理、处理） 得（获得、得到）
敬（尊敬、尊重） 考（考试、考问）
差（派遣） 瞒（隐瞒） 忍（忍耐）

这说明这一格式对V的音节数目有一定的要求，这些动词要想进入[N的V]必须变成双音节的形式。例如：

〔5〕 结婚证的办理需要到二楼。
*结婚证的办需要到二楼。
〔6〕 金牌的获得说明了我们的实力。
*金牌的得说明了我们的实力。
〔7〕 今天的考试一定能够顺利通过。
*今天的考一定能够顺利通过。
〔8〕 我对他的忍耐是有限度的。
*我对他的忍是有限度的。

(2)语义

[N的V]格式的整体功能相当于名词,表示指称意义,它不像动词形成的其他结构都是表示陈述意义的。就指称性而言,这个格式又不同于一般名词。一般名词所指的是“事物”,而这个格式所指的是“事件”,这就要求能进入这一格式中的动词,本身语义构成中应包含事件性的一面,即应包括与动作有关的人物、时间、地点、方式等等。而能愿动词(例如“可能、肯定、愿意、情愿、能够”等)、粘宾动词(例如“感到、据说、经历、敢于、迎接、开辟、妄图”等)、准谓宾动词(例如“进行、加以、予以、给以、促进、促使、认为”等)、存在动词(例如“成为、呈现、充满、等于”等)、“得”动词(例如“记得、晓得、觉得、懂得、使得、显得、值得”等),这些动词作为指称性的“事件”,语义不完整,不能进入[N的V]。

(3)结构形式

不能进入[N的V]的双音节动词,以联合式、述宾式、述补式为主,偏正式、主谓式则较为少见。

联合式:

爱惜	摆弄	包含	包括	奔跑	奔走	避免	标志
采取	成为	呈现	出发	出来	出去	答应	达到
逮捕	担任	耽误	到达	得到	登记	等候	动弹
夺取	躲藏	防守	放弃	告诉	跟随	昏迷	阅读
寄存	接受	警惕	看见	领取	埋没	埋葬	念叨
捏造	扭转	呕吐	盘算	佩带	佩服	碰见	飘扬
品尝	认识	容纳	算计	探望	替换	退还	完毕
洗澡	喜欢	下来	下去	协商	谢谢	省悟	休息
解散	隐瞒	迎接	游泳	酝酿	综合	阻挡	阻止
遵守	遵照	琢磨	流行	密切	譬如	谦让	维持
张望	综合	安插	承担	偿还	开除	透露	完毕

结束 具备 超过 打听 防止 符合

述宾式:

毕业 发愁 放心 负责 告别 害羞 留神 留心
忍心 生气 失望 俘虏 讨厌 鞠躬 帮忙 结婚
出差 当心 告别

述补式:

明白 明确 说明 扰乱 充满 改正 养活

偏正式:

促进 促使 粉碎 互助 朗读 没有

主谓式:

心疼 自习

(4)语体差别

喜好(爱好) 埋怨(抱怨) 哺养(哺育)
退却(撤退) 滋生(繁殖) 吩咐(嘱咐)
分开(分离) 感动(感激) 歌颂(讴歌)
攻下(攻克) 挂念(牵挂) 查看(观察)
后悔(悔恨) 无视(漠视) 反省(检讨)
离开(脱离) 商量(商讨) 失去(丧失)
实行(实施) 调笑(戏弄) 误会(误解)
招待(款待) 满意(满足) 相信(信任)
赞成(拥护) 爱护(爱戴) 平安(安全)
占领(霸占) 奔忙(奔波) 催促(敦促)
取消(废除) 告诉(通知) 捏造(臆造)
完成(实现) 讨厌(厌恶) 谈论(议论)

原谅(谅解)

以上每组同义的动词,前一个均不能进入[N的V],而后一个都可以进入[N的V]。究其原因,是因为[N的V]格式是一种书面语体的格式,对口语词比较排斥,因而相对来说,书面语词有进入[N的V]的优势。

2. 能进入[N的V]中的动词

(1)音节

单音节的"爱、哭、死、笑、恨"。这些单音节动词有一个共同的特点,即它们既是一种动作、行为或变化,但又同时伴随着某种其他因素。例如,"死"是一种变化,但同时又意味着一种结果;"笑"是一种动作或行为,但又带有明确的活动方式。双音节的占绝大多数,共519个。多音节的除双音节的动词外,还有一些动词性的四字语或多音节的熟语经常出现在这种格式里。例如:

〔9〕这本书的风行一时,确非偶然。(《跟父亲一块过日子》)

〔10〕检字法层出不穷,这就证明汉字检字的病入膏肓。(《吕叔湘语文论集》)

(2)语义

语言的交际功能主要有两种:指称和陈述。尽管指称和陈述所反映的意义不同,但两者却是可以相互转化的。德国心理学家冯特从心理联想的角度来阐明转化的心理诱因,有较强的解释能力。在能够转化的词里,表示动作的意义与表示事物的意义之间在心理上的自然联系是显而易见的,比如说到"翻译"这个动作,自然会联想起动作的施事;说到"建筑"这个动作,自然会联想到动作的结果;说到"题词"这个动作,自然会联想起动作的受事,如是等等。因此,在现代汉语里,"翻译""建筑""题词"等就有了两种互相区别而又有联系的意义,具有了陈述和指称两种功能。陈述具有动作性的语义特征,指称反之,具有非动作性语义特征。

从宏观上看,单音节动词具有义项多、动作性强度高等语义特征,而双音节非动作动词义项单一,动作性强度弱,极易表指称进入[N的V]。

(3)结构形式

《动词用法词典》中双音节动词共801个,能进入[N的V]格式的,其中联合式占绝大多数。

爱护 安排 安慰 安置 把握 战斗 交换 团结
吸收 遗留 帮助 包围 保存 保护 保留 报复
报告 报销 比较 变化 辩论 表达 表决 表示
表现 表演 表扬 剥削 补充 补助 布置 采集
采纳 采用 参观 参加 参考 操纵 测量 测验
拆除 撤消 陈述 称赞 成立 呈现 冲突 重复
筹备 出现 处罚 处理 传达 创造 刺激 答复
打扮 打击 打算 代理 代替 到来 倒退 等待
抵抗 惦记 调动 斗争 督促 锻炼 兑换 躲避
发动 发挥 发明 发生 发现 发行 发扬 发展
翻译 反对 反抗 反省 反映 防备 访问 分别
分裂 分配 分析 丰富 讽刺 服务 抚养 辅导
改造 干扰 干涉 工作 贡献 勾结 勾引 估计
鼓励 观察 管理 贯彻 规定 核对 呼吸 护理
恢复 活动 积累 集合 集中 计算 记录 纪念
妒忌 继承 继续 寄托 加入 监督 监视 检查
检讨 检验 建立 建设 建议 鉴别 奖励 校对
教训 教育 接待 接近 接见 接收 解释 进攻
警告 警惕 救济 举行 觉悟 开动 开辟 开展
考虑 考验 恐吓 控制 控诉 扩充 来往 理解
利用 连累 联合 联络 联系 了解 领导 留传

流动 流露 旅行 满足 蒙蔽 弥补 描写 命令
模仿 抹杀 排除 排挤 排练 排列 派遣 判断
盼望 叛变 培养 赔偿 配合 批评 剽窃 评论
迫害 欺骗 欺压 企求 企图 比赛 启发 迁移
牵连 签订 抢劫 敲诈 侵占 屈服 取得 劝解
缺乏 散发 设计 申请 审查 审问 生产 生活
生长 使唤 使用 实验 收获 收集 衰亡 说明
思考 搜查 搜集 损害 损失 抬举 讨论 逃避
淘汰 讨论 提拔 提倡 提高 挑选 调解 调整
挑拨 挑战 停顿 通知 同情 投入 投降 推测
脱离 挽救 忘记 威胁 维护 委托 慰问 稳定
侮辱 希望 牺牲 袭击 下降 陷害 羡慕 享受
想念 消除 消化 消灭 消失 泄露 欣赏 形容
休养 修改 修理 叙述 宣布 宣传 选择 学习
训练 压迫 压制 研究 掩饰 要求 邀请 移动
隐藏 应用 拥抱 拥护 运输 运用 责备 展开
掌握 照顾 照料 折磨 镇压 争吵 争夺 争论
挣扎 整顿 整理 支持 支配 指使 支援 指导
指点 指挥 指教 制定 制造 嘱咐 注解 转移
追求 准许 组织 尊敬 尊重 指望 结束

偏正式：

霸占 抽查 传染 对抗 奋斗 否认 总结 热爱
伏击 公布 号召 轰动 欢迎 回答 回忆 指责
重视 忍受 实行 坚持 交流 交涉 决定 迷信
歧视 树立 突击 拟定 虐待 盘问 普及 歧视
强迫 预防 召集 召开 推荐 误解 清理 响应
清洗 旋转 请求 请示 游行

述宾式：

闭幕 担心 道歉 动员 复员 关心 怀念 怀疑
开幕 抗议 考试 离婚 恋爱 卖弄 埋怨 伤心
贪污 赞美 增产 主张

述补式：

打破 打倒 捣乱 颠倒 端正 放松 改变 改进
改良 巩固 加强 健全 降低 降落 夸大 扩大
揭发 揭露 解放 灭亡 批准 破坏 破裂 离开
取消 声明 失败 失去 缩小 坦白 提高 推翻
推广 拖延 完成 削弱 延长 增加 增长 转变
提醒

我们可以按语用、语义功能把动词分为三类：

类别＼功能	陈述	指称	
		自 指	转指(事件)
V_1	+	—	—
V_2	+	+	—
V_3	+	+	+

V_1 类动词只能用于陈述或辅助陈述，主要包括助动词、情态动词和粘着动词，其语义不完整，不能作为指称性的 V 进入[N 的 V]结构。V_2 类包括绝大部分单音节动作变化动词及部分双音节动词，V_1、V_2 类动词都不能进入[N 的 V]格式。V_3 类除少数几个单音节动词外都是双音节动词，它们都可以进入[N 的 V]格式。

从 V 的结构类型看，联合式的 V 占绝大部分，其次是偏正式，再次是述宾式和述补式，主谓式只发现一例“地震”。张国宪

(1994)认为,动词在由单音节转变为双音节的双音化的过程中,“不但增加了音节,同时也增加了句法功能和交际功能”。如单音节动词不能光杆充当主语和定语,不受名词直接修饰,不能与不可计量的名词搭配等,转变为双音节后,增加了这些句法功能;又如,单音节动词只适宜于陈述,双音化以后,除了陈述之外,也可以指称了,增加了交际功能。他以陈爱文(1986)兼类名词的标志作为动词功能增殖量的测定标准对汉语动词进行考察,其结论为:双音节动词功能增殖是一个连续统,其中附加式双音节动词的功能较为稳定,其次为补充式、陈述式、支配式,而联合式双音节动词的功能则极易增殖。

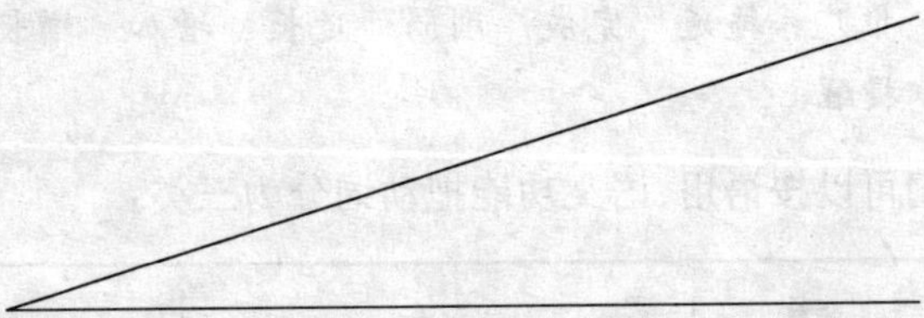

[N的V]短语是一个指称性的短语,该短语对进入其格式的动词V有严格的限制,可以说,符合动名兼类标准的动词不一定能进入[N的V]格式。因此,从某种程度上说,[N的V]格式鉴定动词功能增殖这一点上比一般的动名兼类标准更严格。根据我们对《汉语动词用法词典》的考察,424个双音节联合式动词中,有328个可以进入[N的V],约占双音节联合式动词的77%;在44例支配式动词中,有25例可以进入[N的V],约占双音支配式动词的56%;在47个补充式的双音节动词中,有25个可以进入[N的V],约占补充式双音节动词的53%;在54个附加式的双音节动词中,有48个可以进入[N的V],约占附加式动词的88%;陈述式双音节动词只发现三例,即“地震”“心疼”和“自习”,其中“地震”可以进入[N的V]结构,而后两例均不能进入[N的V]结

构。从中可以揭示出双音节动词的构成方式与功能增殖的内在联系。

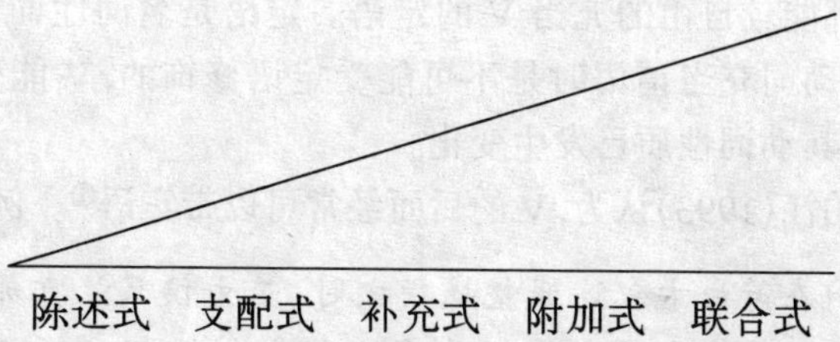

处于斜坡最低端的是陈述式,其次是支配式,而后依次是补充式、附加式、联合式。联系前面所考察的不能进入[N的V]格式的动词,它们是以支配式、补充式、联合式为主,附加式、陈述式鲜见。除联合式外,其他四种结构类型在两种情况下呈互补的态势。这说明陈述式双音节动词功能较为稳定,处于中间位置的支配式和补充式处于不稳定当中,而处于最右端的联合式因为是动词最主要的构词方式,其在动词中所占的数量最大,因此在两种情况下的分布都很广泛。联合式动词在[N的V]格式中最为活跃,其功能增殖的强度最大,原因在于双音节动词的构成是以单音节动词或动语素组成的联合式为主的。至于补充式和支配式的双音节动词,其后语素有激活前语素动词性的功能,所以支配式和补充式的双音节动词有强动词性,而具有强动词性的语法单位在[N的V]这种格式中最受限制。陈述式从某种程度上说也是一种谓词性的语法成分,因而也较难进入这一结构。而[N的V]结构中联合式的和附加式的动词都是非动作动词,不具有强动词性,因而较易进入这一格式。

(二)[N的V]中V的语法功能

V的前边经常出现状语。情状副词(例如:苦心、悉心、无端、暗中、随手、顺口、稳步、大力、大肆)、否定副词、形容词经常作V的状语。但时间副词、范围副词(例如:都、全、仅)、语气副词(难道、大概、也许、偏偏等等)、时间名词不能作 V 的状语。

V 前边经常出现定语。介词短语、数词、形容词性的词语、方位短语都能较自由的充当 V 的定语。定语是名词性词语前的附加成分,动词充当谓语时是不可能受定语修饰的,V 能受定语修饰,可见其动词性质已发生变化。

张伯江(1993)认为,V 的后面经常可以带宾语①。例如:

〔11〕在芮白卡叙述城堡战役之时,艾文侯只注意那场战役,对芮白卡的关心他,却毫无感觉。

〔12〕常四爷的爱大清国,有他十分具体的爱法,属武装斗争一类。

〔13〕预审人员们分析,从叶之枫当时的思想状况看,她的答应帮忙还只是为了表示自己的权利和能力。

〔14〕荪亚的同学走了以后,荪亚向立夫道谢,感谢他的帮助解围。

可据我们考察,V 后带宾语的例子非常少,即便是带了宾语,这些句子从语感上来说,也不是十分自然,这说明 V 带宾语的能力受到很大的限制。

V 后出现补语非常少见,且仅限于结果补语。表示动量、时量、趋向的补语很难出现在 V 后。

V 后一般不能带动态助词“着、了、过”。

V 不具备重叠形式。

总观 V 的语法功能,我们可以看到,汉语中表示动作行为发生时间的语法形式,如时间名词、时间副词作状语,时间名词作补

① 张伯江(1993)认为,“NP 的 VP”中的 V 后出现宾语的情况比较普遍,有单音节的,也有双音节的;有代词、名词,也有谓词性的;有意义比较具体的,也有意义比较抽象的。

语,V不能与之搭配。动作行为的进行时态“着、了、过”,V不能与之搭配。同时[N的V]当中的V不具备重叠形式,也不能与趋向补语搭配,而汉语中名词性词语的附加成分(定语),却能较自由地同V组合。从V的语法功能我们可以看出,V的动词性质受到极大限制,同时增添了名词的语法性质。

(三)[N的V]短语中N的构成

根据我们的考察,[N的V]当中的N可以是名词、代词、名词性偏正短语、联合短语和同位短语,数词、量词、绝大部分的数量短语不能充当N。

1. N为名词

我们根据功能和意义相结合的原则,参照彭睿(1996)的《名词和名词的再分类》一文名词的分类标准,将汉语名词分为个体名词、集体名词、抽象名词和专有名词。

(1)个体名词

个体名词是一个十分庞大的开放类,依据其意义特征,又可以分为若干小类。它们在[N的V]中作施事、受事或当事。其中,群体组织机构类,例如“民族、氏族、部落、球队、代表团、集团、家庭、政党、国家、单位、协会、学会、组织、机关、机构、政府、农场、工厂、矿山、学校、邮局、商店、部委局、剧团、委员会、报社、班、连”等,这种名词都可以进入[N的V],在[N的V]中作当事、受事,但不作施事。同时,单音节的“部、委、班、连”单独不能进入[N的V],变为复杂形式就可以了。例如:

〔15〕*班的改组引起众人争议。

班排的改组引起众人的争议。

二班的改组引起众人的争议。

地域类名词,例如“特区、城市、省市、自治区、县、乡、山寨”等,是一个封闭的小类,在[N的V]中可以作当事或受事。但单

音节的不能进入[N 的 V],必须变为复杂形式,最常见的是构成联合短语进入[N 的 V]。例如:

〔16〕*县的改革如今轰轰烈烈,如火如荼。
　　县、乡的改革如今轰轰烈烈,如火如荼。
〔17〕*省的领导班子改造正按部就班地进行。
　　省、市的领导班子改造正按部就班地进行。

或者变为方位短语,例如:

省里的领导班子改造正按部就班地进行。
市里的领导班子改造正按部就班地进行

通过考察我们发现,以上几类名词绝大部分都可以进入[N 的 V]结构,但在进入[N 的 V]的优势上有差别。首先,单音节的名词绝大部分不能进入[N 的 V],必须变为联合式或偏正式等复杂形式才能进入。其次,能进入[N 的 V]结构中的 N 的优势语序为施事(受事)/当事/关涉(结果、方式、依据、范围、领域、目的)/时间(方所)。与此相对应,以上名词当中,生命度高的名词进入[N 的 V]有强势,生命度低的名词进入[N 的 V]具有弱势。

(2)抽象名词

抽象名词不能进行具体的逐一的计量,从意义上看,它们所指称的概念往往抽象、虚幻、空灵。例如:

思维　思想　思潮　是非　食欲　人心　热情　民意
乐趣　理想　阴谋　勇气　意见　意识　心理　心情
信念　特性　特点　特色　事态　实质　性状　性能
局势　机能　规律　温度　容积　强度　频率　面积
长度　比重

这些名词在[N 的 V]结构中作 V 的当事或受事。

(3)集合名词和专有名词。例如:

书刊 男女 海洋 亲友 枪支 鲁迅 中国 北京

这两类名词均可以进入[N的V]。具有[+述人]特征的名词可以作V的施事或受事,不具有[+述人]特征的名词可以作V的当事或受事。

2. N为代词

人称代词均可以进入[N的V]。指示代词"这儿、那儿、这会儿、那会儿、这样、那样"也可以进入[N的V]结构。例如:

〔18〕他是为了全公社的老百姓才受到这样的打击。

〔19〕这儿的动迁得赶紧。

"这、那"单独进入[N的V]比较少见,但"这、那"加上名词进入[N的V]却很自由,格式多为"这/那+名词+的+V"。例如:

〔20〕那(这)里面的讲究多着呢。

〔21〕那时候的艰难困苦可想而知。

"每、某、另"不能单独进入[N的V],必须加上量词和名词,有时量词可以省略。"各"可以单独进入。例如:

〔22〕空气紧张得就像等待着某种东西的爆炸。

〔23〕幸福的家庭各有各的幸福,不幸的家庭各有各的不幸。

疑问代词不能单独进入[N的V],它们必须与量词组合构成短语才能进入[N的V]。例如:

〔24〕谁家的夫妻争吵能少得了。(*谁的夫妻争吵能少得了。)

〔25〕什么样的革命才算革命。(*什么的革命才算革命。)

〔26〕哪回的争吵不是以他的投降而告终。(*哪的争吵不是以他的投降而告终。)

〔27〕她不害怕这些,这十来年里,什么样的压迫和打击她没

受过。（＊她不害怕这些，这十来年里，什么样的压迫和打击她没受过。）

疑问代词“多会儿、几、多少、怎么、多”不能进入[N的V]。

3. N为数量短语

数词、量词均不能单独进入[N的V]短语，必须组合成数量短语才可以进入[N的V]，这种数量短语只限制于表时间或频率的。例如：

〔28〕十几年的朝夕相处，加上这几年洪水一样爱情的熏陶，他们彼此谁也离不开谁了。

〔29〕三番五次的劝说都不管用。

二　[N的V]短语的配价考察

(一)[N的V]短语中与V共现的语义角色

依据N与V之间的隐性语法关系，一般把[N的V]短语分为六类，即：

N为施事　总理的出访　　N为时间　去年的落选

N为客体　文明的诞生　　N为工具　皮鞭的抽打

N为受事　文章的修改　　N为处所　南京的屠戮

据我们的考察，N与V之间的隐性语法关系不止六种。

施事　皇帝的登基　他的到来

受事　学校的管理　成绩的取得

当事　水土的流失　生命的启示

领域　经济的合作　市场的拓展

方所　课堂的教学　菜市场的巧遇

时间　战前的动员长时间的交谈

关涉　质量的保证　财力的限制

结果　产品的开发　服装的裁剪

工具 电视的转播 鱼雷的袭击

依据 道德的评判 法律的制裁

范围 全球的保护 电影界的聚会

目的 晚会的筹备 总统的竞选

此外,语料中还有一些说不出语义角色的例子。例如:

〔30〕他出国并不是为了表面的镀金。

〔31〕他拒绝了对教授这一职位的聘请。

〔32〕他现在对这个问题有了理智的认识。

〔33〕当时,小量的输氧已经不够。

〔34〕他顺利通过了海政文工团的考试。

〔35〕她的行为实际上是对他的一种韧性的反抗。

〔36〕这个消息无疑对他是一个毁灭性的打击。

〔37〕他带着满肚子的惶惑进来,又带着满肚子的狐疑离去。

可见,[N的V]短语中与V共现的语义角色是多种多样的。

(二)从配价的角度考察V对不同语义角色的选择

[N的V]短语中与V共现的语义角色多种多样,但这些不同的语义角色充当N的强度不同,其进入[N的V]的优势强弱依次为施事(受事)/当事/关涉(结果、方式、依据、范围、领域、目的)/时间(方所)。

以《汉语动词用法词典》为根据,我们从配价的角度考察V对N不同语义角色的选择限于篇幅。我们只考察V对施事、受事或当事的选择。

1. 一价动词

一价动词只能选施事或当事。

(1)只选施事的一价动词

毕业 表决 冲突 捣乱 到来 咳嗽 道歉 集中

斗争 贡献 合作 呼吸 化装 活动 集合 判断

破裂 期待 期望 劳动 离婚 恋爱 旅行 灭亡
区别 屈服 忍耐 生活 生长 声明 实行 实现
试验 衰亡 停顿 推测 妥协 下降 旋转 延长
影响 应用 展开 争吵

(2)只选当事的一价动词

爆发 比较 闭幕 变化 倒退 发生 分裂 流传
流动

2. 二价动词

二价动词只选施事或只选受事,或既可以选施事也可以选受事。

(1)在施事和受事中只选施事的动词

爱 爱好 帮助 包围 保护 尊重 抱怨 辩论
表现 表演 表扬 剥削 驳斥 参观 参加 尊敬
称赞 成立 抽查 处罚 处分 处理 刺激 打扮
打算 担心 等待 抵抗 调查 动员 督促 躲避
反对 反抗 反映 防守 访问 分配 分析 奋斗
讽刺 服从 服务 干扰 干涉 感谢 工作 攻击
勾引 估计 鼓动 鼓励 关心 观察 号召 护理
怀疑 报复 欢迎 回答 回忆 抗议 记录 妒忌
汇报 加入 监督 监视 检查 揭发 解释 进攻
警告 介绍 举行 开动 控诉 夸奖 浪费 理解
联合 联系 练习 了解 领导 流行 埋怨 蒙蔽
描写 命令 模仿 虐待 排挤 派遣 叛变 配合
批评 欺骗 欺压 歧视 欺负 乞求 企图 启发
谦让 敲诈 侵略 歧视 请求 劝解 审问 实践
收获 思考 搜查 算计 损失 抬举 贪污 谈论

坦白 逃避 讨论 提拔 提醒 提议 体会 体贴
体现 调解 挑拨 同情 同意 推荐 脱离 挖苦
威胁 委托 慰问 侮辱 希望 牺牲 袭击 陷害
叙述 选择 压迫 争论 压制 掩护 要求 邀请
依靠 引诱 赞美 责备 折磨 震动 镇压 支持
支配 指导 指点 指挥 指责 嘱咐 追求 准备

(2)在施事和受事中只选择受事的二价动词

摆脱 保持 保护 保留 报销 暴露 补充 争夺
采集 采纳 采用 拆除 产生 撤消 重复 筹备
出版 传达 传染 打破 断绝 兑换 发行 发扬
发展 改变 改进 改良 改善 改造 公布 巩固
贯彻 核对 忽视 恢复 积累 加强 驾驶 取得
散发 丧失 失去 推广 选举 整顿 整理 安置
接受 解决 举行 开辟 开展 恐吓 扩大 扩充
流露 排除 排列 批发 批改 普及 签订 切除
取消 缺乏 生产 实现 使用 收集 树林 搜集
淘汰 提高 调剂 调整 挑战 完成 稳定 消除
消化 消灭 消失 泄露 宣布 削弱

(3)既可以选择施事又可以选择受事的二价动词

安排 保证 把握 布置 抽查 出现 创造 对抗
发明 发现 训练 翻译 改革 设计 申请 失败
研究 缩小 解放 培养 迫害 破坏 投入 宣传
学习 转变

3. 三价动词[①]

① 朱景松在(2000)将三价动词分为给予类、制作类、杂类三类。

(1)只选施事的三价动词

安慰　答复　奉承　回答　奖励　救济　补助　盘问　请示　招待　鼓励　照顾　嘱咐　帮助　委托　规定　补充

这类动词集中在给予类动词上。

(2)只选受事的三价动词

印刷　制造　采购　测量　修理　运输

这类动词主要集中在制作类动词上。

(3)既可以选施事,又可以选受事的三价动词。

传授　支援　安排　赔偿　治疗

据詹卫东(1998b)的研究,二价动词在施事和受事中只选择施事的动词约占整个二价动词的60%,而在施事和受事中只选择受事的二价动词只占极少部分,约7%,既可以选择施事又可以选择受事的二价动词约占32%左右。据我们考察,第一类基本相同,而第二类约占30%,第三类约4%,只占极少部分。

前文我们曾经考察过,能进入[N的V]结构中的N的优势语序为施事(受事)/当事/关涉(结果、方式、依据、范围、领域、目的)/时间(方所)。与此相对应,以上名词当中,生命度高的名词进入[N的V]有强势,生命度低的名词进入[N的V]具有弱势。因此,只选施事的二价、三价动词占绝大多数,其次是只选受事的二价、三价动词,既可以选择施事又可以选择受事的二价、三价动词只能是少数。

通过比较不难看出,就动词跟名词的语义关系构成来说,(2)类动词内部有显著共性,这类动词对所带的宾语都含有很强的致使或造成某种结果的意味。从认知语法的观点看,(2)类动词在其语义关系的构成上,是受事突出的动词,相应地,其施事成分在语义关系的构成过程中所起的作用就不太显著了。而(3)类动词的受事宾语成分在动词语义关系的构成中没有对施事成分形成压倒优势，因而，处于两可的情况。(1)类动词只选择施事，这也明显表现出在动词语义关系的构成中，受事成分地位低，相应地，施事成分则占压倒优势，这类动词是施事突出而受事不突出的动词。对受事不突出的(1)类动词，如果要让V的受事进入[N的V]格式表示指称意义的话，需要加上介词“对”形成有标记形式。

有时，一个动词有不同的义项，可以出现不同的情况。例如“操纵”一词有两个义项，一是“控制或开动机械、仪器”，二是“用不正当的手段支配、控制”。义项一属于受事、施事突出程度相近的(3)类；义项二强调施事操纵者，被操纵的对象是抽象的，不突出。

第二节 [N的V]短语的结构类型及功能性质

一 [N的V]的结构类型

(一)光杆V组成的[N的V]短语

1. 光杆的N

〔38〕姐姐看来又高兴又难受，高兴的是立民上了大学，而难受的是为了他们的分离。(N为人称代词)

〔39〕冯国斌的到来使我们兴奋无比。(N为专有名词)

〔40〕屋里的谈话又开始了。(N为方位词)

〔41〕我要用自己的双手，自己的努力去挣得自己的进步和前程。(N为代词)

〔42〕故乡山野的风带着春天的温暖，轻轻抚摸他夹杂了几根白发的头。(N为普通名词)

2. N为名词性偏正短语

〔43〕十几年的朝夕相处，加上这几年洪水一样爱情的熏陶。(N为数量短语)

〔44〕少男少女恋爱了，这就意味着孩子时代的结束。(N为名词＋名词)

〔45〕这不寻常的活动规律引起了我父母的注意。(N为人称代词＋名词)

〔46〕有时我老觉得我们好得不真实，像场美梦，我恍惚受了什么幻象的蛊惑。(N为疑问代词＋名词)

〔47〕她不害怕这些，这十来年里，什么样的打击她没受过。(N为疑问代词＋量词)

〔48〕那锣鼓和丝弦的喧闹，那笑语哗然的人声，那激昂慷慨的戏文，撩拨着你的心。(N为代词＋名词＋名词)

3. N为名词性联合短语

〔49〕台下，他们四个经常发生各种各样的摩擦，有政治上的，有学术上的，也有生活上的。(N为指量短语＋指量短语)

4. N为介词短语

〔50〕到了汉代，已经实现了从釉陶到青瓷的演进。

5. N为"对N的V"

〔51〕在柳明看来，这一切归结为一句话，就是宣泄，对政治、经济、文化、精神，甚至生理许多方面的压抑的宣泄。

(二)光杆N构成的[N的V]短语

1. V为光杆动词

〔52〕只在我的感觉和嗅觉里留下一些痕迹和芳香证实他的存在。(V为光杆动词)

2．V为名词性偏正短语

〔53〕他的这种沉默就是对她的问话的肯定答复。(V为数量短语+动词的名词性偏正短语)

〔54〕这样想的时候,他自己就在心中渐渐平息了要急于向她表示爱情的强烈冲动。(V为形容词+动词的名词性偏正短语)

〔55〕我面临着个人的迫在眉睫的困扰。(V为成语+动词的名词性偏正短语)

〔56〕下面广场有两个妇女在吵架,她们的恶毒咒骂断断续续,高一声低一声传上来。(V为形容词+动词的名词性偏正短语)

3．V为动词性偏正短语

〔57〕她的突然出现,如同一道强光,刺得她眼花缭乱。(V为副词+动词的动词性偏正短语)

〔58〕那次只不过是一次饭店保卫部门的突然清查。(V为副词+动词的动词性偏正短语)

〔59〕今年的大学招生已经完毕,但地区师范学校的招生刚开始。(V为名词+动词的动词性偏正短语)

4．V为联合式短语

〔60〕所长也带着一种认真的理解和同情,宽宏大量地说:"这我完全理解。"(V为动词+动词的联合式短语)

〔61〕若无刘志彬的参与合作,这间屋子在她上厕所的几分钟内不会变得如此面目全非。(V为动词+动词的联合式短语)

〔62〕当时确有种种迹象表明他们俩的相互吸引和迅速接近。(V为联合式短语)

〔63〕一个人的痛苦和不幸，往往就在这时候开始。(V为形容词+形容词的联合式短语)

〔64〕她夜里常常做恶梦，我经常被她的搐动和呻吟弄醒。(V为动词+动词的联合式短语)

〔65〕早看穿你，典型的志大才疏，没什么本事还这也瞧不起，那也看不上，好像天下谁也不如你。(V为主谓关系+主谓关系的联合式短语)

5.V为主谓短语

〔66〕我们一点也没注意街上的情况变化。(V为名词+动词的主谓短语)

〔67〕南方的粮食丰收缓解了北方旱灾对国民经济的压力。(V为名词+动词的主谓短语)

6.V为述宾短语

〔68〕常四爷的爱大清国，有他十分具体的爱法，属武装斗争一类。(V为动词+名词的述宾短语)

〔69〕在竞选总统过程中虽然不那么顺利，然而，他的继任总统职位将不成问题。(V为动词+名词性偏正结构的述宾短语)

〔70〕苏亚的同学走了以后，苏亚向立夫道谢，感谢他的帮助解围。(V为动词+动词的述宾短语)

7.V为述补短语

〔71〕李雪健多种角色的塑造成功，再次说明，表演艺术的根应扎在现实生活的土壤之中，扎在角色的心灵深处。(V为动词+形容词的述补短语)

〔72〕体仁已习惯于银屏的照顾周到，而今在家真是觉得缺她，也嫌赖妈蠢笨，用着不称心。(V为动词+形容词的

述补短语)

[N的V]结构里不太容易出现V后带补语或动态助词“着、了、过”的情况。“着、了、过”和趋向补语是汉语里典型的表示时态意义的语法手段。

(三)复杂的N和复杂的V构成的[N的V]短语

1.N为定中短语和V为状中短语构成的[N的V]短语

〔73〕他的这种沉默就是对她的问话的肯定答复。(N为名词性的偏正短语,V为动词性的偏正短语)

〔74〕我国经济的长期稳固发展是肯定能实现的。(N为名词性的偏正短语,V为动词性的偏正短语)

2.N为定中短语和V为联合短语构成的[N的V]短语

〔75〕一个人的痛苦和不幸,往往就在这时候开始,而真正的人生,也许就在这时候开始。(N为偏正式的数量名短语,V为形容词性的联合短语)

3.N为联合短语和V为动词性偏正短语构成的[N的V]短语

〔76〕小兰和同伴的不懈努力最终感动了老人。(N为名词性的联合短语,V为动词性的偏正短语)

从200万字的语料中,我们对[N的V]的结构类型进行了考察,按照N或V的不同构成分成三大类十五小类。但这三大类十五小类的[N的V]的不同类型出现的频率是不均衡的。其中第一大类占[N的V]的结构类型的绝大多数,即V为光杆动词的[N的V]短语占绝大多数。其次为第二大类的V为偏正式(包括名词性和动词性的)或联合式的[N的V]短语。V为述宾式、述补式、主谓式的[N的V]结构比较少见。第三大类的

[N的V]结构也比较少见。

二 [N的V]的整体功能和性质

(一)[N的V]短语的语法功能

1.[N的V]经常作主语,其谓语中心经常由以下8类材料充当。

(1)判断类动词:如"是、好像、像、活像、算得上"等。

(2)标志类动词:如"标志、证明、象征"等。

(3)引起类动词:如"勾引、引起、带来"等。

(4)使令类动词:如"使、逼"等。

(5)增减类动词:如"增加、减少、增多"等。

(6)形容词:如"有利、体面、有限、错、快"等。

(7)主谓短语:如"张大哥的奔走,连天真都动了心:'得包个车吧?天太热!'"

(8)动作动词:这一类动词出现得较少。例如:

〔77〕李太太的施威,丁二爷的助威,马先生的惨败,都被老李看见,可是他似乎没看见。

[N的V]作主语,其谓语中心主要由非动作动词、形容词充当。

2.[N的V]经常作宾语,述语中心主要由以下11类动词充当。

(1)心理动词:如"怕、理解、了解、关心、相信、喜欢、感谢、感激、想"等。

(2)感知类动词:如"知道、注意、理会、意识"等。

(3)增减类动词:如"增加、减少"等。

(4)存在类动词:如"有、没有"等。

(5)标志类动词:如"标志、证实、证明、反映、说明、表示"等。

(6)判断类动词:如"是、成了、变成"等。

(7)获取类动词:如"得到、获得、取得、赢得、博得"等。

(8)遭受类动词:如"受、受到、经受、承受、接受、遭到"等。

(9)强化维持类动词:如"强化、深化、促进、加快、加深、保持、维持"等。

(10)引起类动词:如"勾起、引起、激起"等。

(11)动作类动词:如"看到、听、回答、读、夹杂"等。

以上11类动词中前10类有两个共同的特点:从语义上看,都不表示具体的动作,都属非动作动词;从带宾语的能力来看,都属于体宾、谓宾兼带的动词。

3.[N的V]经常作介词的宾语。例如:

〔78〕他没有把秦波的刁难,视为难以忍受的凌辱。

4.[N的V]还可以在兼语句中作兼语成分。例如:

〔79〕这一回痛苦的经验,又使你灵智的长成进了一步。

5.[N的V]还可以作定语

〔80〕在柳明看来,这一切归结为一句话,就是宣泄,对政治、经济、文化、精神,甚至生理许多方面的压抑的宣泄。

[N的V]不能作谓语。

(二)[N的V]短语的功能性质

确定[N的V]的功能性质,主要依据其语法功能。[N的V]不能作谓语,却经常充当主语、宾语、兼语,这说明[N的V]具有名词的语法性质。目前,语法学界多数人据此就认为[N的V]属于名词性短语。但仔细考察一下,[N的V]作主语宾语的情况,就会发现,第一,[N的V]作主语是有一定条件的,它的谓语中心基本上是由非动作动词(判断类动词、标志类动词、引起类动词、使令类动词、增减类动词和形容词)充当的。第二,[N的V]作宾语也是有一定的条件的,它的述语中心基本上是由非动作动词

(心理动词、感知类动词、增减类动词、存在类动词、标志类动词、判断类动词、获取类动词、遭受类动词、强化类动词、引起类动词)充当的,这同动词性词语作主语、宾语对其谓语所要求的条件恰恰吻合,这些都说明[N的V]具有一定动词的性质。

三　动词原形式作主宾语与[N的V]短语作主宾语的考察

本文所说的动词原形式指的是广义的动词性词语(谓词性词语),它包括光杆动词、动词性短语以及形容词和形容词性短语。

从语言事实来看,汉语的V作谓语是无条件的,凡是V一定能作谓语,V作谓语最普遍、最常用。主谓结构的谓语,绝大多数由V充当。而V一般不作主宾语,特别是动作动词作谓语或谓语中心语所构成的主谓结构,几乎所有的V都不能作它的主宾语。而一些人认为,V既能作谓语,又能作主宾语,而且几乎所有的动词和形容词都能作主语和宾语,因此V作主宾语和V作谓语同样普遍、具有同等的地位,这种观点值得商榷。

在实际语言的运用中,动词、形容词作主语、宾语并不是自由的,要受到一定条件的限制。例如能愿动词("能够、情愿、可以、该、必须、得"等),判断动词和联系动词("是、等于、有"等),形式动词("加以、给予、予以、给予"等)均不能作主宾语。动词、形容词作主语时,从语法意义上看,主语和谓语的关系不是通常所说的陈述与被陈述的关系,而是判断、描写、说明等关系。从充当谓语的动词的词义来看,一般是表示判断、诠释意义的,表示评议、估量意义的,表示存现、显示意义的,表示产生、使成意义的。从词性来看,谓语一般是由判断词、形容词、行止动词充当。例如:

〔81〕抢救庄稼要紧。(述宾短语作主语)

〔82〕吃得太饱不好。(述补短语作主语)

〔83〕慢跑有助于你的身体恢复。(动词性偏正短语作主语)
〔84〕赋诗作画是他的业余爱好。(动词性联合短语作主语)
〔85〕躺着看书不好。(连动短语作主语)
〔86〕坚持就是胜利。(动词作主语)
〔87〕讨论开始了。(动词作主语)
〔88〕调查已经结束了。(动词作主语)
〔89〕躺着舒服。(动词作主语)
〔90〕安安稳稳地躺着舒服。(动词性偏正短语作主语)
〔91〕在床上躺躺可能会舒服一点。(动词性偏正短语作主语)
〔92〕运动有益健康。(动词作主语)
〔93〕喝牛奶可以养胃。(述宾短语作主语)
〔94〕每天晚上喝一杯牛奶可以养胃(动词性偏正短语作主语)
〔95〕他的精心辅导帮助我通过了考试。(动词性偏正短语作主语)
〔96〕打过没什么大不了的。(动词作主语)
〔97〕打过他也没什么大不了的。(述宾短语作主语)
〔98〕确实打过他也没什么大不了的。(动词性偏正短语作主语)

谓词和谓词性短语作宾语,其谓语中心可以是动作动词,表示处置、行为意义的形式动词、心理动词和判断类动词。例如:

〔99〕她觉得紧张。
〔100〕她觉得非常紧张。
〔101〕她觉得现在紧张得很。
〔102〕大会开始辩论。
〔103〕问题必须加以解决。

从以上例句中我们可以看出,动词原形式作主宾语与[N的V]作主宾语对谓语的选择是大体一致的,从总体上来说,动词原形式与[N的V]的语法功能是相同的,但是我们不能因此而推断动词原形式中的V与[N的V]中的V具有相同的语法功能。

我们知道,主宾语的语法位置赋予在此位置上的语法成分极强的指称性,因此,此语法位置比较排斥具有强动词性的语法成分。因此,具有强动词性的含有语气意义的副词明显都不能放在动词原形式和[N的V]的V前。例如:

大概　到底　的确　顶多　敢情　果然　果真　何必
何苦　恐怕　莫非　难道　难怪　难免　颇为　恰好
恰巧　千万　万万　往往　未必　兴许　幸而　幸好
幸亏　也许　早就　正好　终归　终究　准得　没准儿

此外,时间副词也不能放在动词原形式和[N的V]的V前。例如:

曾经　已经　业已　早就　从来　向来　正在　就要
终将　刚刚　立刻　马上　当即　顿时　常常　时时
偶尔　间或　一直

再次,与句子的情态密切相关的助动词大多不能放在动词的原形式和[N的V]的V前。例如:

能够　可以　可能　应该　应当　愿意　情愿　乐意
值得　会　得　要　敢　想

动词原形式作主宾语有的是陈述性的,有的是指称性的,而[N的V]作主宾语都是指称性的,因此,动词原形式中的动词与[N的V]中的动词语法功能并不完全相同。动词原形式中的动词的动词性要强于[N的V]当中的V,它可以自由地带宾语、补语,可以带动态助词"着、了、过",还可以有动词的重叠形式,更重要的是,这些动词性的特征绝大部分可以同时实现,而[N的V]短语中这些动词性的特征绝大部分都不能实现,反而是一些名词性的附加成分比如形容词性的定语可以自由地与[N的V]中的V组合。

我们的结论是:动词原形式作谓语,其谓词特点的全部实现是自由的。作主宾语的动词原形式中的动词与处于典型位置的动词相比,其动词性有所减弱,其动词的主要特征不能完全实现,但是动词的典型特征可以同时实现。[N的V]结构中的V由于受"N的"的限制,其动词性受到更大的限制,与动作和时间有关的典型的动词特征消失,带宾语的能力很受限制,同时有的只能加状语,不能加定语,有的既能加定语又能加状语,有的只能加定语不能加状语,其动词性是依次减弱的,而名词性却是逐渐增强的。由此我们可以断定,V在典型位置、主宾语位置、[N的V]结短语中其动词性是依次减弱的。

四 [N的V]的语用功能

关于[N的V]偏正短语,语法学界已有过较多的讨论,但大多集中在[N的V]短语本身的语法功能及语义特点的分析上,对[N的V]的外部功能即语用功能关注较少。本节我们将对[N的V]结构作一番外部考察,即考察[N的V]在篇章结构中表现出来的特点和规律。

1.[N的V]短语中的V是动词,但整个[N的V]短语却表示指称意义。关于指称和陈述,朱德熙先生曾经说过:"指称性的谓词性主语,虽然仍旧表示动作、行为、性质等等,可是跟谓语联系起来看,这些动作、行为、性质状态等等已经事物化,即变成了可以指称的对象。"朱先生说,谓词性成分作主语,是指称性的还是陈述性的,这是"跟谓语联系起来看的"(朱德熙,1982:101),这个说明极其重要。就一般印象说,"N、NP"易用于指称,“V、VP”易用于陈述,这就使人们很容易把“N、NP”看成就是指称形式,把“V、VP”看成就是陈述形式。简单地把“N、NP”与指称、“V、VP”与陈述划等号是值得商榷的,词语只有用于指称和用于陈述的分别,没有孤立的离开语境的指称形式和陈述形式。

名词性成分和谓词性成分,都可以离开语境来确定,而指称与陈述的确定则比较复杂。陆俭明(1993:94)曾说:“VP是陈述形式,NP是指称形式,指称形态反映在语法上,是体词性成分,反映在意义上是个名称。陈述形态反映在语法上,是谓词性成分,反映在意义上是个命题,或者说断言,但是陈述和指称在一定条件下可以相互转化。”因此,词语在句中处于被包围的状态,是指称的还是陈述的,必须联系与之相关的成分来确定。

特定的句法位置可以使名词性成分表现为陈述性,动词性成分表现为指称性的。例如:

够哥儿们(陈述性的)　　干净最重要(指称性的)
太娇气(陈述性的)　　教书最容易(指称性的)

又例如:

〔104〕一位大姑子,而不欺负兄弟媳妇,还怎么算做大姑子呢?

〔105〕工程师的女儿是个烧菜的,说出去多难听啊。

后两句的主语均是强调人的身份,这是朱先生所说的主语这个句法位置赋予名词性成分以陈述性的现代汉语用例。

2. 对[N的V]格式而言,其指称性是由其句法位置和结构助词“的”使然。[N的V]格式的形成是以陈述性的“N+V”语用前提句为基础的。“N+V”是陈述性的,N是处在主语位置上的体词性成分,因而只能是指称性的。在“N+V”中承担陈述功能的是V,[N的V]的整体是指称性的。其中N是“N+V”直接转化来的,其指称性质仍然保持不变,这就意味着在[N的V]中承担整体指称功能的主要因素是V,[N的V]中的V是一种具有指称性功能的成分。

每一个[N的V]都各自回指前提句并指称分别由它们指称的事件信息“N+V”。“N+V”(N为施事)与其他各类[N的V]的语用前提句的基本格式是相同的。[N的V](施事)选择了前提句中的施事成分,而其他则分别选择了前提句中的处所、时间、工具及其他客体成分。例如:

〔106〕他们在办公室里吵个不停,办公室的吵嚷使得她感情上的疑惧似假还真。

〔107〕昨天晚上他们吵了一架,……昨晚的吵架已成为遥远的过去。

〔108〕他们以最残酷的刑具折磨他,但刑具的折磨对他毫无效果。

〔109〕春天来得很迟,春天的迟迟到来压得他有些喘不过气来。

有时还可以选择两种以上的N。例如:

〔110〕盈菊如今的希望,全在女儿华子身上。

[N的V]的多样性说明,同一个前提句可以转化为多种类型的[N的V]。例如:

〔111〕他们在办公室吵嚷个不停,……

……他们的吵嚷使得他感情上的疑惧似假真。

……不停的吵嚷使得他感情上的疑惧似假真。

……他们的不停的吵嚷使得他感情上的疑惧似假还真。

产生这种现象的原因在于“N + V”作为事件不仅仅具有其主体，而且还可能包括时间、处所、工具等多重因素的限制。[N 的 V]当中的 N 就是根据不同的表达需要转化而来的。

据此，我们可以作如下结论：[N 的 V]中的 V 是指称一种由各种因素构成的事件，饲转指一个以自指义为核心的事件。在语法上，V 仍为动词，改变的是由特定语用目的而决定了的语义特征；[N 的 V]格式的形成是语用上的，而 N 与 V 的相互选择，不仅有语法上的原因，同时还有着语义上的原因。多项 N 为[N 的 V]的形成提供了现实性，而具体选择哪个 N、哪些 N，则体现为语义表达的选择性。

3.[N 的 V]负载旧信息，[N 的 V]是预设部分。

在无标记的句子里，一个体词性成分若是陈述性的，就负载新信息，若是指称性的，则负载旧信息。[N 的 V]是指称性的，因而负载旧信息。

作为预设部分的[N 的 V]实质蕴涵了“N + V”命题，而[N 的 V]话题句恰恰是以“N + V”命题为预设的。根据命题是否已经成为语境中的事实，我们将“N + V”预设分为两种——事实预设和主观预设。以语境中存在相应事实的“N + V”为预设，这样的预设我们称之为事实预设。例如：

〔112〕龙子劝他冷静些，不要蛮干，但他对龙子的劝告无动于衷。

句中划线部分陈述了一个事实作为[N 的 V]话题句的语用预设。

主观预设是指语境中并不存在“N + V”相应的事实，但说、写者主观认为“N + V”为真或肯定能够实现。例如：

〔113〕活动活动对您的康复大有好处。

〔114〕国际反法西斯统一战线的建立对法西斯的灭亡将产生决定性的影响。

以上两句分别预设以下语境命题："您会康复的"，"法西斯必然灭亡"。两个命题都处在未然状态，但对说、写者而言，它们都必将成为事实。不管是事实预设还是主观预设，所预设的命题信息都应该成为交际双方的共知信息。

第三节 与[N的V]短语相关的问题

一 "N_1的N_2"与[N的V]

(一)"N_1的N_2"与[N的V]内部关系和语法功能考察

现代汉语中既有"N_1的N_2"短语，又有[N的V]短语，那么以动名兼类词为中心语的偏正结构就是一个歧义结构，有时是"N_1的N_2"，有时是[N的V]。例如：

〔115〕我认为他的翻译不好。

"他的翻译"就是一个这样的"N的N/V"的同形异构体。"N_1的N_2"短语的特点是语义上与单个名词基本相同，而[N的V]短语的V为动词，而整个[N的V]短语却具有指称性质。由于这两类短语都可以出现在主、宾语的位置上，因而，对于动名兼类词，哪些属于"N_1的N_2"，哪些属于[N的V]，就有两种分析。"N_1的N_2"与[N的V]两种短语的差异，可以从内部语法关系和外部语法功能来考察。

1．从内部关系看，"N_1的N_2"内部是单纯的修饰、限制关系，有的去掉"的"字关系不变。例如"木头的房子"(木头房子)。[N的V]的结构关系表面上是限制关系，实际上隐含着施事与动作或受事与动作等潜在语义关系，去掉"的"就变成主谓关系。例如：

〔116〕他的到来

〔117〕水土的保持

2. 从外部功能分析,同是作主语,它们对谓语动词的选择不同。[N 的 V]作主语时,从结构上说,谓语不能是单个动词、形容词,而“N_1 的 N_2”没这个限制。同是作宾语,它们对述语动词的选择也有所不同。“N_1 的 N_2”作宾语,动词可以是纯体宾动词,[N 的 V]作宾语则要求动词是体谓宾动词。另外,[N 的 V]作主语的单句多与某种复句存在转换关系,而“N_1 的 N_2”作主语的句子则不然。

所有的[N 的 V]短语都是粘着的,只能作主语、宾语(包括介词宾语),不能作其他成分,“N_1 的 N_2”短语则不受限制。[N 的 V]短语一般不出现在口语中,经常出现在书面语中,而“N_1 的 N_2”短语则在口语中也相当活跃。

3. 从内部构成看,“N 的 N/V”的同形异构体的产生条件是 N 为人称代词或指人名词或数量短语或指量短语。例如:

〔118〕我的翻译

〔119〕这样的翻译

〔120〕老师的翻译

(二)[N 的 V]中动名兼类词考察

关于动名兼类词,我们以胡明扬考察的动名兼类词为基础,具体考察能够进入[N 的 V]格式中的动名兼类词。

胡明扬《动名兼类的计量考察》一文以《汉语动词用法词典》、《汉语水平词汇与汉字等级大纲》(国家对外汉语教学领导小组办公室汉语水平考试部编)、《北京话口语汇释》(宋孝才著)为考察对象,按照能直接受名量词修饰,能直接作“有”的宾语,能直接受名词修饰三项标准,将动名兼类词分为单音节口语动名兼类词、单音节书面语动名兼类词和双音节口语动名兼类词、双音节书面语动名兼类词四类。

我们对胡明扬的动名兼类词进行考察,结果发现,对于[N 的

V]短语,单音节的口语、书面语动词不能进入,而可以进入[N的V]格式的动名兼类词集中在双音节的口语动名兼类词和双音节的书面语动名兼类词上。其中双音节口语动名兼类词是少数,即"包裹、打扮、花销"等词,而[N的V]格式中的大量的动名兼类词是双音节的书面语动名兼类词。

像双音节口语动名兼类词"包裹、打扮、花销",在[N的V]格式中其动词词性的转移程度最高,完全可以归为名词,而"来回、打算"则还具有较强的动词性。

双音节书面语动名兼类词,一类是表示动作行为的动词兼指动作行为产生的结果。例如"记录、报告、通知、批示、创造、收获、发明、调查、汇报、报道、发现、经历"等。一类是表示动作行为的动词兼指动作行为所凭借的材料或手段。例如"练习、访问、酬劳、广播、借口、比喻、叙述、描写、捐款、奖励、花费、支出、补贴、补助、调查"等。一类是将动词作为事物或现象予以指称。例如"工作、学习、生产、改革、运动、贸易、比赛、指导、地震、支持、活动、发展、变化"等。还有一类是表示动作行为的动词兼指动作行为的具体内容。例如"提问、回答、批评、主张、安排、表演、要求、估计、建议、考虑、回忆、想象、体会、感觉、希望"等。最后一类是表示动作行为的动词兼指动作的施行者。例如"翻译、指挥、监理、监护、编辑、保管、组织"等。这些词已经完全转化为名词。当这些词出现在[N的V]结构时,该结构是有歧义的,而其他动名兼类词出现在此结构中,则不会产生歧义。由此我们把能进入[N的V]结构的动名兼类词分为三类:

(1)类动词

骂　到来　完成　建立　打算　来往　罢工　出现
去世　暗示　罢工　拜访　报销　变动　变革　变化
变迁　表扬　表彰　搏斗　裁决　操练　储存　创作

调动 动员 反击 反馈 分析 辅导 干扰 共鸣
合作 呼吸 回答 积累 讲解 交替 介绍 抗议
扩建 扩散 摩擦 清查 审判 胜利 输出 输入
束缚 损耗 威胁 维修 污染 压迫 压缩 掩护
要求 预报 预测 镇压 争吵 整顿 整理 制裁
治疗 转变 转播 转移 追求 报复

这些词只能加状语,不能加定语,有的可以带宾语或补语,在[N的V]结构中不会产生歧义。

(2)类动词

采访 冲击 冲突 处分 反抗 反应 改建 攻击
供应 呼吁 记录 记载 检测 检查 检验 奖励
交谈 较量 接洽 解答 解释 警告 聚会 勘探
抗议 考察 考虑 考试 考验 联系 恋爱 判断
赔偿 批发 支援 评审 评选 普查 企图 牵连
牵制 迁移 侵略 设想 审查 失误 谈判 探索
讨论 体会 体验 投入 投资 推论 误会 误解
需要 选择 影响 援助 争论

这些动词既可以加状语,也可以加定语,在[N的V]结构中不会产生歧义。

(3)类动词

记录 报告 通知 批示 成就 创造 收获 发明
调查 汇报 报道 发现 经历 批示 练习 访问
酬劳 广播 借口 比喻 叙述 描写 捐款 奖励
花费 支出 补贴 补助 调查 工作 学习 生产
改革 运动 贸易 比赛 指导 地震 支持 活动
发展 变化 提问 回答 批评 主张 安排 表演

要求 估计 建议 考虑 回忆 想象 体会 感觉
希望 翻译 裁判 指挥 监考 监理 监护 编辑

(3)类动词已经完全转化为名词,当这些词出现在[N 的 V]结构时,该结构是有歧义的,而其他动名兼类词出现在此结构中,则不会产生歧义。(3)类动词作动词和作名词时意义很不相同,应分归为不同的词类。

汉语中动词名化现象是语法学者一致承认的事实,但是由于各家确定词类的原则不同,特别是给名词和动词划类所持的标准不同,因而引起了较多的争论,包括动词语法特点的改变,取得了名词的一些特点(动词名化),动词已经转变为名词(动名兼类词)。

动名兼类词反映了汉语双音节书面语动词在功能上向名词的转移,这主要是"受西方语言,特别是受英语的影响"(胡明扬,1996:266),这种影响是一个过程。动词向动名兼类词转移也表现为一个渐变的过程,在这样一个连续过渡体中两头比较清楚,中间地带是模糊的,边界不清的。

典型名词	动名兼类词	典型动词
太阳	援助	打
翻译	翻译	翻译

陈宁萍(1987)采用 Ross 的"连续统词类模式"分析汉语的双音节动词,体现的就是这一思想。

张学成(1991)用几种不同的结构框架来检测动词名化现象,用"名的____"来检测汉语中两类行为动作动词。一类为典型动作动词(来、去、打、哭、看见、喜欢、跳动、寻找),另一类为兼有动词和名词双重性质的双音节词。他认为两类动词均可以进入[N 的 V]结构,V 同时具有名词、动词两种性质。例如:

〔121〕我们的演出

〔122〕我们的突然演出(动词)

〔123〕我们的文艺演出(名词)

〔124〕消费、产业结构的调整

〔125〕消费、产业结构的逐步调整(动词)

〔126〕消费、产业结构的指数调整(名词)

他认为在[N 的 V]结构中的两类动词均是动名兼类词。根据我们前文的考察,[N 的 V]当中的 V 是动词,只是处于向名词转化的过程中。[N 的 V]当中的 V 的转化强度不同。其中(1)类动词只能加状语、宾语、补语而不能加定语,体现出较强的动词性,而大量的 V((2)类动词)则既可以加状语,又可以加定语,体现出游移不定的状态,动词性明显向名词性转化,还有一少部分 V 已完全转化为名词。

关于汉语词的兼类问题,目前人们已达成的共识是,兼类的词只能是少数,兼类的判定应以比较稳定的经常性的语言现象为依据。因为语言中成千上万的词各自的语法特点是复杂的,从一类词到另一类词,在语法特点上常常是过渡的,而并非是完全离散的,无论人们采用什么样的分类标准,不同词类之间的交叉重合现象总是难以完全避免的。

二　[N 的 V]与“V_1 的 V_2”“N 的 A”“V 的 A”

(一)[N 的 V]与“V_1 的 V_2”

“V_1 的 V_2”当中的 V_1 指的是动词和动词性短语和形容词、形容词性短语。例如:

〔127〕他感到自己正在体验一种前所未有的激动。

〔128〕因为人有尊严,所以需要平等的对待。

1.[N 的 V]短语与“V_1 的 V_2”短语语法功能相同,两者在句中都可以作主语、宾语、介词宾语。以下例句中加点的部分为“V_1”。例如：

〔129〕枉费心血的彻夜苦思，常常使他入睡后仍不能平静。(“V_1的V_2”短语作主语)

〔130〕通过他绘声绘色的讲述，我们好像来到故事的现场。(“V_1的V_2”短语作介词宾语)

〔131〕他把他和警察们之间的对话都变成了一种情绪完全受他控制的逗乐。(“V的V_2”短语作宾语中心语)

〔132〕我实在忍受不了她那种充满怀疑的盘问。(“V_1的V_2”短语作宾语)

〔133〕马林生眼含热泪皱着眉头忍受着身体内部突然袭来的不适。(“V_1的V_2”短语作宾语)

〔134〕经过激烈的争论、哭泣、恳求、权衡盘算，各演出队的人员和分成比例终于确定下来。(“V_1的V_2”短语作介词宾语)

〔135〕因为人有尊严，需要平等的对待。(“V_1的V_2”短语作宾语)

〔136〕院子里的冯国斌听到这些话，受到极大的震动。(“V_1的V_2”短语作宾语)

〔137〕这种暴风骤雨般的扫荡并没有吓倒解放区的居民。(“V_1的V_2”短语作主语中心语)

[N的V]与“V_1的V_2”结构关系不同。N与V之间具有潜在的主谓关系或述宾关系，而V_1与V_2之间是修饰与被修饰，限制与被限制之间的关系。

〔138〕他们在办公室吵个不停，…………

……他们的吵嚷([N的V]短语作主语)使得他感情上的疑惧似假真。

……不停的吵嚷(“V_1 的 V_2”短语作主语)使得他感情上的疑惧似假真。

2. 动词和动词性短语可以修饰名词作定语,也可以受动词和动词性短语的修饰表示指称意义。例如:

〔139〕看的人

〔140〕发言的代表

〔141〕讨论过的问题

〔142〕维修过的东西

再例如:

〔143〕他把他和警察们之间的对话都变成了一种情绪完全受他控制的逗乐。(宾语中心语)

“V_1 的 V_2”短语,V_1 包括述宾短语、述补短语、动词性联合短语、主谓短语、形容词和形容词性短语等,表示 V_2 的方式、状况、情况。V_1 不是 V_2 的一个配价成分,V_1 的存在不仅仅是语法上的选择,更重要的是语义上的选择。V_2 的配价成分处于句中其他位置或隐含在句子当中,“V_1 的 V_2”从信息量上来讲与[N 的 V]不同,但从语法功能上来讲完全相同。

(二)[N 的 V]与“N 的 A”“V 的 A”

“N 的 A”“V 的 A”当中的“A”指的是形容词或形容词性词语,“V 的 A”当中的 V 包括动词、动词性短语、形容词、形容词性短语。

1.“N 的 A”“V 的 A”的语法功能相同,而且它们都是指称性质的。

〔144〕兰兰苍白的脸上带着难言的悲哀。(“V 的 A”短语作宾语)

〔145〕村庄沉浸在一种神秘的静谧中。(“V 的 A”短语作宾

语中心语)

〔146〕就因为这一点,他赢得了普遍的尊敬。("V的A"短语作宾语)

〔147〕这个人的脸一下变得像死灰似的惨白。("V的A"短语作补语)

〔148〕你是不是感到正经历那种真正的,无法溢于言表的深沉痛苦。("V的A"短语作宾语中心语)

〔149〕我感到了脱离组织的孤单和落伍于潮流的悲哀。("V的A"短语作宾语)

〔150〕我们都觉得一身都很紧张,不想再人为地制造更大的紧张了。("V的A"短语作宾语)

〔151〕我认真地做出副乖巧的嘴脸,表现出一些天真的羞涩和腼腆。("V的A"短语作宾语中心语)

〔152〕我在清澈透明的池底翻滚、爬行,惊恐地挥臂蹬腿,想摸着踩着什么坚硬的东西,可手足所到之处,毕竟是一片温情脉脉的空虚。("V的A"短语作宾语中心语)

〔153〕现在刻骨铭心的惨痛,过个几十年回头看看,你就会觉得无足轻重。("V的A"短语作主语中心语)

〔154〕等到夏小雨的哭声听不到了,她脸上才出现了深刻的伤心和绝望。("V的A"短语作宾语)

〔155〕诉说着作为一个低级老师的苦恼与不幸。("N的A"短语作宾语中心语)

〔156〕他为自己的唐突不好意思地摇了摇头。("N的A"短语作介词宾语)

〔157〕他现在冷静地意识到,他那前一段爱情的狂热仅仅是单方面的。("N的A"短语作主语中心语)

〔158〕他无法掩饰自己的欢欣。("N的A"短语作宾语)

〔159〕老鼠的苦闷不言而喻。("N的A"短语作主语)

〔160〕这家主人的勤谨和清洁使我很有好感。(“N 的 A”短语作主语)

〔161〕那个时候，人们普遍缺乏保养，妇女到了她那个年龄大都形容槁枯，但她仍保持着皮肤的白皙和头发的乌黑。(“N 的 A”短语作宾语)

由于“V 的 A”和“N 的 A”具有指称性，它们的语义和句法功能与名词 N 和“N_1 的 N_2”基本相同，因此，“V 的 A”和“V 的 N”，“N 的 A”和“N_1 的 N_2”可以组合成具有指称功能的名词性联合短语。例如：

〔162〕我不讳言，书中革命者的勇气，曾使我激动不已，心驰神往。

我不讳言，书中革命者的无畏，曾使我激动不已，心驰神往。

我不讳言，书中革命者的无畏和勇气，曾使我激动不已，心驰神往。

再例如：

〔163〕除非他不挣扎和搏斗，否则的话，只怕下刀的深浅就没法掌握了。

除非他不挣扎和搏斗，否则的话，只怕下刀的部位就没法掌握了。

除非他不挣扎和搏斗，否则的话，只怕下刀的深浅和部位就没法掌握了。

2.“N 的 A”“V 的 A”中的“A”是形容词，但在两个格式当中却具有指称性，具有名词的语义特点和语法功能。我们以贺阳的形名兼类词为根据，考察能进入这两种格式中的 A。

贺阳(1996)在确定一个形容词是否兼属名词时，以目前多数人认可的名词语法特点作为标准,即只要一个形容词具有这些名词语法特点中的一项,就算兼属名词。(1)凡是能接受名量词修饰的形容词兼属名词。(2)凡能受“很多、许多、不少”这些表示数量的词语直接修饰的形容词,兼属名词。(3)凡是能直接作“有”的宾语的形容词,兼属名词。(4)凡是能直接受名词修饰的形容词,兼属名词。但排除“社会的安定”“领土的完整”之类格式。根据以上形名兼类标准,他在1538个形容词中发现形名兼类词33个,其中单音节词4个,双音节词29个。它们是:

假　苦　美　圆　安全　必要　不幸　不足
烦恼　方便　光亮　光明　欢乐　混乱　机密　进步
坎坷　苦恼　欢乐　麻烦　耐心　便宜　曲折　热情
实惠　痛苦　危险　温暖　先进　幸福　意外　忧伤
自信

兼类标准 / 词例	标准1	标准2	标准3	标准4
假		+	+	
苦		+		
美				+
圆	+	+		
安全				+
必要			+	
不幸		+		
不足	+	+	+	
烦恼				
机密				+
进步	+	+	+	
坎坷		+	+	
苦恼		+	+	

续表

词例＼兼类标准	标准 1	标准 2	标准 3	标准 4
欢乐		+	+	
麻烦	+	+	+	
耐心			+	
便宜	+	+	+	
曲折		+		
热情	+		+	+
实惠		+	+	
痛苦		+	+	
危险	+	+	+	+
温暖		+		+
先进	+	+	+	+
幸福			+	+
意外	+	+	+	
忧伤		+	+	
自信			+	

这 33 个形名兼类词除“圆”外，都能进入“N 的 A”结构。从句法功能上来讲，“N 的 A”等于“V 的 A”。

从对[N 的 V]相关格式的考察，我们可以知道，短语[N 的 V]只是“X 的 V”短语的一部分，“X 的 V”还同时包括语义和功能基本相同的“V_1 的 V_2”“A 的 V”“N 的 A”“V 的 A”等短语。

三　现代汉语中的[N 的 V]、“N 之 V”短语与古汉语的“N 之 V”短语

（一）古汉语“N 之 V”短语的句法功能

1.“N 之 V”短语在单句中作主语、宾语、谓语、定语、状语

例如：

〔164〕师道之不传也久矣！（主语，《师说》）

〔165〕甚矣，汝之不惠。（主语，《列子·汤问》）

〔166〕固知公子之还也。（宾语，《史记·魏公子列传》）

〔167〕王无异于百姓之以王为爱也。（介词宾语，《孟子·梁惠王上》）

〔168〕夫以百亩之不易为己忧者，农夫也。（介词宾语，《孟子·滕文公上》

〔169〕此庸夫之怒，非士之怒也。（谓语，《战国策·魏策》）

〔170〕吾妻之美我者，私我也。（定语，《战国策·齐策》）

〔171〕媪之送燕后也，持其踵为之泣。（状语，《战国策·赵策》）

2."N之V"短语在复句中充当分句

加"之"的主谓短语可以充当一个分句，这是古代汉语中特殊的语法现象，它充当分句时，可以表示并列、连贯、转折、因果、目的、假设等关系。例如：

(1)充当并列分句：

〔172〕夫日月之有蚀，风雨之不时，怪星之见，是无世而不常有之。（《荀子·天论》）

(2)充当连贯分句：

〔173〕神之听之，介而景福。（《荀子·劝学》）

(3)充当转折分句：

〔174〕雄鸠之鸣逝兮，余犹恶其佻巧。（《离骚》）

(4)充当目的分句：

〔175〕君子之学也，以美其身。（《荀子·劝学》）

(5)充当假设分句：

〔176〕虽我之死，有子存焉。(《列子·汤问》)

(6)加“之”主谓短语也可以单独成句：

〔177〕天下归之之为王，天下去之之为亡。(《荀子·正论》)

比较古汉语的“N之V”短语与现代汉语的[N的V]短语，我们可以看到，[N的V]短语中N与V的语义关系与“N之V”中N与V的基本相同，但两者语法功能差别较大。

(二)现代汉语中“N之V”短语

现代汉语中“N之V”短语，在单句中只能作主语、宾语，没有发现作状语、定语、谓语的用例。而且现代汉语中“N之V”短语也不作复句中的分句。例如：

〔178〕或许天才与傻瓜，本来就只有一线之隔。(宾语)

〔179〕莫洛亚说“女人之爱强的男子只是表面的，但她们所爱的往往是强的男子的弱点”。(主语)

〔180〕人之相知，莫如兄弟。(主语)

〔181〕在这个时候上，如流水之无首尾，如流星之划破夜空，说来就来，说走就走。(宾语)

〔182〕他是哈代笔下的苔丝与金斯基魅力之融合。(宾语中心语)

〔183〕号码既没有贵贱优劣之分，更无价值可言。(宾语)

〔184〕中国的拍卖业虽起步较晚，但来势之猛，发展之迅，拍卖种类之多，令人目不暇接。(主语)

〔185〕莱维又带了些帆布以供淘金者做帐篷之用。(宾语)

〔186〕父亲之好佛，端在佛典中的哲理部分，不及其他。(主语)

〔187〕他学识之渊博，阅历之广泛，见解之独到，议论之锋锐，

令问者只有瞠目结舌而已。(主语中心语)

“N之V”短语是一种文言格式,在古汉语中可以充当多种句法成分,在现代汉语中这种格式已经很少使用了,无论是在口语当中还是在书面语当中。我们从100万字的语料当中只发现了11个“N之V”短语的用例。这说明“N之V”短语由于本身具有的文言格式的特点,使得它在现代汉语中受到极大限制。现代汉语的[N的V]、“N之V”结构与古汉语的“N之V”结构相比,其语法功能有所减少,但是我们还是可以从现代汉语的“N之V”结构中看出它们的一脉相承的关系。

四 [N的V]短语与数量短语修饰语

1.[N的V]短语具有指称性,所以其前面可以非常自由地带名词性数量短语作修饰语。例如:

〔188〕他浑身上下一副老农民的穿戴。

〔189〕中年男子浮起一脸训练有素的微笑。

〔190〕一种难言的兴奋涌上心头。

这种数量短语有时还可以是表示动量的数量短语。例如:

〔191〕整个下午,他都在等待那顿意料之中的盘问和训斥降临。

名词或名词性短语前经常以数量短语作为限制成分。在名词中,除了专有名词、处所词、时间词和一些抽象名词以外,其他名词都能自由地使用下面的格式计量,即“基数词+量词+名词”。不同的名词往往有不同的名量词。而谓词的谓语式则一般不能用“基数词+量词+动词”这一格式(“三分懊悔,七分嫉妒”,这里的“懊悔、嫉妒”由陈述变为指称),动量词以用在谓词后为常。动词前可以用量词“种”,但在这里,“量”的作用不是记数，而是限定和分类。名词中的可数名词可以用“种”，不可数名词也可以用“种”，谓词大多数可以用加“种”的格式，但此时不是谓语式。此外像“些、一点儿、一些、某些、哪一些、这一些、那一些、多少、很多、这么多、多少、一切、所有、一部分、任何”这都是典型的名词前修饰语，谓词若加上了这些修饰语，就失去它作为典型谓词的性质。

2. 对于[N的V]短语来说，当中的V具有指称性，它所指称的概念往往蕴涵以V为中心的过程或动程于其中，人们将整个过程式动程从发端到终结视为一个整体，可以用个体量词来计量，从而使概念具有个体的意味。[N的V]短语前的量词有名量词、动量词两类，以适应[N的V]的指称性及V的动词性的要求。没有数量短语修饰的[N的V]都可以根据不同的语义构成带上相应的数量短语。例如：

〔192〕吴月琴一怔，马上，嘴角浮起了嘲讽人的微笑。
吴月琴一怔，马上，嘴角浮起了一丝嘲讽人的微笑。

(1)“数词(指示代词)+名量词+X的V”短语

〔193〕她觉得，每一朵花都好像是一个意味深长的微笑——而这无数灿烂的微笑似都对着这块玻璃，对着她。
〔194〕他浑身上下一副老农民的穿戴。
〔195〕我带着这个充实的收获，站在队伍的后面。
〔196〕一霎时，屋子里只剩下了我跟父亲，一片欢乐而愉快的宁静。
〔197〕我认真地做出副乖巧的嘴脸，表现一些天真的羞涩的腼腆。
〔198〕想来等待着她有一个光辉夺目的再现。
〔199〕一阵很难堪的沉默后，她凭感觉知道所长已经站在她身边了。

〔200〕在无边的静谧中，我感到一股巨大的吸引和召唤。

〔201〕老汉手端酒碗献上了几句真诚的祝愿。

〔202〕中年男子浮起一脸训练有素的微笑。

〔203〕要使生活变得美满、充实多么容易，只需要一个微笑，一份无声的承认和不言语的肯定。

(2)"数词(指示代词)+动量词+X的V"短语

〔204〕台上锣鼓一阵激烈的敲打后，女主人公终于出场了。

〔205〕门外传来一声深深的叹息。

〔206〕她一切看起来还是老样子，但精神上却经历了一次庄严的洗礼。

〔207〕这种庄严的思考当然首先感动了我自己。

〔208〕我们都无法忍受这种面对面的折磨。

〔209〕所长也带着一种认真的理解和同情，宽宏大量地说："这我完全理解。"

〔210〕一种难言的兴奋涌上心头。

〔211〕现在他们正处在一种焦躁不安的等待中。我听到一声清脆的尖叫。

〔212〕整个下午，他都在等待那顿意料之中的盘问和训斥降临。

〔213〕她把一个倒霉的令人沮丧的经过讲成了一场有趣的唐老鸭式的冒险。

对于"数量短语(指量短语)+X的V"结构，其内部句法结构关系是不同的。

动量词 + V(A) + 的 + V ，其结构关系为：

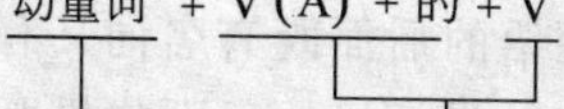

例如：

〔214〕当时，每一秒都可能骤然爆发一场血腥的斗殴。

名量词 + N（普通名词）+ 的 + V，其结构关系为：

例如：

〔215〕空气紧张得就像是等待着某种东西的爆炸。

名量词 + N(指人名词) + 的 + V，其结构关系分为两种：

第一种　名量词 + N（指人名词）+ 的 + V

例如：

〔216〕这个孩子的非凡举动。

其中量词还可以省略，变为“这孩子的非凡举动。”

第二种　名量词 + N（指人名词）+ 的 + V

例如：

〔217〕一副老农民的打扮。

3. 朱德熙认为：“一些、一点儿、很多、许多、不少、丝毫、毫无”等数量词语，既能修饰一般名词，也能修饰动词和抽象名词。例如“一点儿毛病”，“一点儿表示”，“不少现金”，“多少运气”，“加强一点管理”，“有一些准备”，“没有多少保护”，“受到不少影响”，“没有丝毫表示”。如果这些数量短语的后面既有名词又有动词时，该句法结构有歧义。同样，这些数量短语的后面如果既有形容词又有动词时，该结构也存在歧义。例如：

〔218〕一些劳工的抱怨。

〔219〕我们听到了一些劳工的抱怨，这些抱怨都是反映工资问题的。

〔220〕我们听到了一些劳工的抱怨，这些劳工都是年纪较大的。

又例如：

〔221〕难道做儿女的就连一点点 悲哀和痛苦的 表示

都没有，还能畅快地唱歌吗？

〔222〕难道做儿女的就连一点点 悲哀和痛苦的 表示

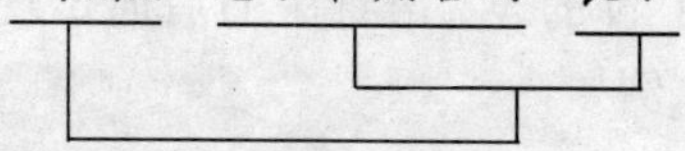

都没有，还能畅快地唱歌吗？

对于具有歧义的结构，如果该结构有强调重音存在，那么就按照强调重音所在的位置划分句法结构。如果句中没有强调重音存在，对于例〔219〕〔221〕〔222〕来说，仅立足于该结构本身无法解决问题，恐怕要向外看，要结合与该结构相连的其他成分来达到分化歧义的目的。至于如何分化，我们还需要作进一步的研究。

五 "N的V"的语法组合和非语法组合

现代汉语中很多句子都包含"N的V"的语符串，但是这些"N的V"的性质是不同的，有的是"N的V"的语法形式，有的是"N的V"的非语法形式。所谓语法形式是指"通过层次分析所切分到的大大小小的语言片段”(马真、陆俭明,1996)。即语言符号之间存在直接组成成分关系,是语法形式的语符串,才具有短语的资格。例如:

〔223〕救济院的管理人员无法割断这种手足之情,只好让姐弟俩住在一起。

〔224〕儿女成双的她还坚持进莫斯科纺织学院读书,期望今后在提高人民的生活水平方面尽力。

〔225〕她认为此举是他当众不尊重她的生活方式的表现。

〔226〕父亲的游泳课不及格。

〔227〕戒烟酒则是父亲的胜利战例。

句中加点的部分均不是“N 的 V”短语的语法形式。

通过考察,我们总结了“N 的 V”为非语法组合的语法规则。

当“N 的 V” 语符串的后面出现 N 时,则“N 的 V”为非语法组合。例如:

〔228〕救济院的管理人员无法割断这种手足之情,只好让姐弟俩住在一起。

〔229〕儿女成双的她还坚持进莫斯科纺织学院读书,期望今后能在提高人民的生活水平方面尽力。

〔230〕与莉丽娅的爱情甚至改变了马雅可夫斯基的生活方式。

〔231〕戒烟戒酒,则是父亲的胜利战例。

〔232〕我的一位同伴在市青年宫的绘画比赛中一举多夺魁。

〔233〕他是一位享有声誉的管理专家。

这些非语法组合有一个共同的特点,即“N 的 V”语符串中的 V 均为动名词。这种情况占大多数,但是也有 V 为动词的。例如:

〔234〕它是一种价值理想的衡判尺度。

〔235〕不少青年在学生时代就已经开始了与异性的同居生活。

当“N 的 A”语符串的后面出现 N 时,则“N 的 A”为非语法组合。例如:

〔236〕这家主人的清洁习惯使我很有好感。

当“A 的 V”语符串的后面出现 V 或 N 时,则“A 的 V”为非语法组合。例如:

〔237〕列宁后来在业拉卡耶夫卡从事革命理论的研究,并投身到紧张的革命实践中。

〔238〕蒋经国久住海外,对中国陈旧的参拜神佛一类的事不感兴趣,甚至很反感。

“N 的 V”语符串的后面出现单音节的名语素或单音节名词时,则“N 的 V”为非语法组合。例如:

〔239〕硬压在心底的呜咽声,抽泣声顿时响成一片。

〔240〕他面对特务的威胁毫无惧色,面对贫病而不屑一顾美国的救济粮。

〔241〕毛泽东在给徐老的祝寿信中写到:“你是我二十年前的先生,你现在仍然是我的先生,你将来必定还是我的先生。”

〔242〕父亲的游泳课不及格。

〔243〕他公开宣扬,每个士兵的背囊里都有一根元帅的指挥棒。

〔244〕恰在此时,一阵冲锋枪的扫射声响彻夜空。

〔245〕它拥有森林达 14000 万亩,煤、石油、天然气、铁的贮藏量极为丰富。

〔246〕对欲望的企图占有者来说,初恋时所展现的爱的魅力,

往往是会因欲望的实现,完全占有而告消失。

"N的V"语符串的V的中心为判断动词"是"时,则该"N的V"为非语法组合。例如:

〔247〕当时有这种经验的只是我一个人。

〔248〕可以告慰罗亦农英灵于九泉的是,他还关在巡捕房的时候,中央特科就提前给他报仇雪恨了。

六 与[N的V]短语有关的歧义问题

(一)介词加"X的V"在句中所能作的成分

"X的V"可以作介词的宾语,在句子中主要是作状语、句首状语,作宾语、补语。

1."X的V"用在介词短语的中间,介词短语在句中作状语、补语。例如:

〔249〕列宁后来在亚拉卡耶夫从事革命理论的研究,并投身到紧张的革命实践中。(补语)

〔250〕她的母亲在疾病和痛苦的折磨中去世了,她如今在政治上和生活上都成了孤儿。(状语)

〔251〕一九八六年在一次电影界的聚会上,戴安娜用一只易碎的杯子击败了威尔士,这并没有产生什么危害。(句首状语)

〔252〕从这次调查的另一个问题的回答中,我们也看到,绝大多数中国城市青年对作为一名中国人感到很自豪。(句首状语)

〔253〕人类在每一个阶段的追求里都各个形成了自己的创造格局。(状语)

2.从考察中我们发现,"X的V"短语可以用在"在……中"

“在……下”“在……上”介词短语中。

黄伯荣、廖序东《现代汉语》认为,“‘在……下’中间插入的应该是名词或名词性短语,一般不能是谓词性短语”[①]。据我们考察,“在……下”可以插入名词或名词性短语,包括不典型的名词性偏正短语[N的V]。例如:

在党的旗帜下

在党的领导下

在妈妈的催促下

关于“在……下”中间的[N的V]短语中的V,存在几种情况:

(1)V为兼类词。例如“翻译、领导”等。

(2)V为典型动词,但是必须带宾语的动词不能进入;不能带宾语的动词,其中支配式不能进入,非支配式可以进入。例如“点名”就不行。

(3)具有使令意义的可以构成兼语式的双音节动词最容易进入该格式。例如:

安排　帮助　动员　鼓励　号召　介绍　领导　命令
培养　启发　请求　率领　说明　提拔　提醒　推荐
限制　要求　邀请　引诱　拥护　允许　支持　指导
指点　制止　阻止　催促　引导　煽动　督促　强迫
指挥　阻挡

这种具有使令意义的动词组成的[N的V]短语一般表条件,表示在[N的V]的情况或条件制约下,将会产生某种结果。“在N的V下”用在句首,是句子SV产生的条件。“在N的V下”中的V对SV行为产生直接的促进作用,即V与SV之间存在着比

① 黄伯荣,廖序东《现代汉语》认为,“在……下”中间插入的应该是名词或名词性短语,但中间的构成成分具体是什么并没有作具体、详细的解释。

较明显的条件——结果的语义关系。

(4)还有一些动词虽然不能构成兼语式,但它们的动作也可以对SV行为产生一定的影响,可以进入“在N的V”格式。例如:

安慰　包围　保护　剥削　筹备　监督　努力　坚持
控制　观察　处理　打击　调查　斗争　反对　改造
关心　解释　进攻　警告　指示　盘问　交涉　侵略
维护　协商　宣传　审问

需要注意的是“在……下”中的V不能是简单的光杆动词,V必须带上修饰语。对V来讲,修饰语最常见的是领属性的,而且从语义上来讲,充当修饰语的人称代词或名词跟动词V之间是一种施事—动作关系。另外指代性的也可以修饰V,而单纯描写性的修饰语则绝对不行。例如:

领属性的:在党的领导下　在他们的帮助下
指代性的:在这样的打击下
描写性的:*在精心的策划下　*在残酷的统治下

如果已经有了领属性的或指代性的修饰语,再加上描写性的修饰语是可以的。例如:

在他的精心策划下
在这样残酷的统治下

对“在N的V下”格式的考察,我们可以发现,这一格式中的V不能带宾语、状语,却可以带领属性、指代性、描写性的定语,从而从另一个侧面证实了[N的V]是名词性短语,“在……下”格式只能允许名词或名词性短语进入,而不允许动词或动词性短语进入。

3.[N的V]可以作介词的宾语,整个介词短语在句中作状语、句首状语、宾语、补语。例如:

〔254〕他为自己的唐突不好意思地笑了笑。(状语)

〔255〕倘两性恋爱,如不基于上述的两点,只是因为情势的逼迫,色相的喜好,感情的冲动而来的,就很危险。(状语)

〔256〕倘若活人之塑像是由于集体的创造,而不是各人的创造,那么这成功失败也是属于集体,而不是仅仅属于各人。(宾语)

〔257〕难道不正是由于对生命一般意义的否定,才使我们更强烈地感觉到自己心中对于一切生命更深刻、更博大的爱和依恋。(宾语)

〔258〕那天夜里很多居民都在睡梦中被惊心动魄的呼叫惊醒,躺在黑暗的床上心烦意乱。(状语)

〔259〕经过激烈的争论、哭泣、恳求、权衡盘算,各演出队的人员和分成比例终于确定下来。(句首状语)

〔260〕所以今日孩子的痛苦,可以归罪于父母的作孽,不可以归罪于五千年前祖宗的作孽。(补语)

〔261〕据有关方面的估计,政府官员每年的行贿与受贿量可能在十亿美元之上。(句首状语)

4.[N的V]短语可以用在介词“对”的后面,作介词“对”的宾语。例如:

〔262〕对刚才的骚乱记忆犹新的瘦高侦察员有些畏缩。

〔263〕曲强对徐宝生如此主动的招供感到纳闷。

但是,用在介词“对”后面的[N的V]语符串有的并不是介词“对”的宾语。例如:

〔264〕*对其余四对夫妇的检查盘问也无收获。

〔265〕*就目前的情况看,我们只能先抓住徐宝生,一切问题

才能迎刃而解。因为对任何方向的突击都无功而返，所以我急着回去。

〔266〕＊我见的比你多，年纪比你大，对婚姻的理解比你深。

〔267〕＊他对我个人的憎恶超过对金钱的渴望。

〔268〕＊当对方对自己身体的控制解除后，白丽从床上坐起，镇定地套上睡衣，从容发问。

〔269〕＊他相信这举动会有助于对女人的感化。

〔270〕＊但是对各人的反省容易，对民族的反省很难。

〔271〕＊痛苦是灵魂的焦渴，是对劳动和友谊的呼唤。

〔272〕＊从以下摘录的片段中，我们可以窥见不同地区和国家的青少年们对未来世界的展望和心态。

〔273〕＊理智是对陌生人的设防，我拒绝同理智对话。

(二)"对'N的V'"的消歧

因此，介词"对"后面的"N的V"语符串，有的是"N的V"短语作介词"对"的宾语，有的是N作介词的宾语，"对"和N一起组成介词短语作V的定语。那么对"对+N+的+V"的语符串，我们如何分化它们不同的语法结构呢？从大量的语料中我们发现，"对+N+的+V"的语符串中不同的语法结构在句中的语法功能是不同的。"对+N+的+V"的语符串在句中作状语，其语法结构类型为"N的V"短语作介词"对"的宾语，整个"对+N+的+V"的语符串作谓语动词的状语。但如果"对+N+的+V"的语符串在句中作主语、宾语或补语，则该语符串语法结构关系为"对"和N组成介词短语作V的定语，整个"对+N+的+V"的语符串在句中作主语、宾语、补语。"对+N+的+V"的语符串在句首，则就有两种理解。例如：

〔274〕对美国的道歉，我们感觉没有诚意。

"对美国的道歉"可以放在句首，作话题主语，此时，"对"和N

一起组成介词短语作V的定语。“对美国的道歉”也可以放在句首作句首状语,而此时其语法结构类型为“N的V”短语作介词“对”的宾语,这个“对”可以用“对于”来替换。

我们知道,主语、宾语的语法位置赋予处于该位置的语法成分以极强的指称性,“对”和“N的V”短语组成的介词短语其语法功能是修饰动词、形容词或动词、形容词性短语在句中作状语,因此该介词短语的语法功能决定了它比较受主语、宾语位置的排斥。而“N的V”短语由于受“N的”的限制,语义重心在V的上面,而且V具有指称性,因此当“对+N+的+V”的语符串出现在主语、宾语位置上时,“对”和N组成介词短语作V的定语才能突出V的指称作用。

“对N的V”格式在动态的语言环境中,我们可以根据其语法分布来确定其结构语义关系。“对N的V”在静态条件下,该格式有时存在歧义,即“对N的V”格式包含两种可能的层次构造和语义关系。例如:

对朱自清的研究　　对曹雪芹的研究
对胡适之的批判　　对彭德怀的调查

“对朱自清的研究”,既可以理解为介宾结构“对-朱自清的研究”,也可以理解为偏正结构“对朱自清-的研究”。而有一些“对N的V”格式就没有歧义。例如:

对民间音乐的整理　　对地方戏曲的研究
对轻重工业的调整　　对先进单位的表彰
对国际形式的判断　　对今后工作的建议
对历史问题的决定　　对语言起源的假设
对西洋音乐的鉴赏　　对集体农机的使用
对一般顾客的吸引　　对是非善恶的评判

这些例子中的N均是名词，而不是指人名词或人称代词。但是我们发现，并不是所有的N为人称代词或指人名词的“对N的V”格式都存在歧义。例如：

对孤儿的同情

对坏人的挑拨

对敌人的恐吓

对于这种在静态环境下的“对N的V”格式，我们尝试从动词配价的角度去分化歧义。

1. 一价动词在“N的V”短语中只选择施事或当事，不会产生歧义。例如：

〔275〕对疾病的流行，我们没有充分的思想准备。

〔276〕对他的到来，我们表示热烈的欢迎。

2. 二价动词

(1)只选受事的二价动词，绝大多数没有歧义，有歧义的只有“保护、改造、选举、接收”等词。

(2)只选施事或当事的二价动词，有的有歧义，有的没有歧义。

有歧义的：

爱	爱护	安慰	霸占	帮助	包围	保护	报告
抱怨	表扬	剥削	驳斥	抽查	处罚	处分	处理
刺激	答复	担心	抵抗	调查	调动	动员	督促
反对	反抗	防守	访问	分析	丰富	讽刺	奉承
服从	服务	干扰	干涉	感谢	攻击	估计	鼓励
关心	观察	规定	号召	护理	怀疑	报复	欢迎
回答	回忆	抗议	汇报	监督	监视	检查	揭发
解释	警告	介绍	控诉	夸奖	理解	练习	了解

领导 埋怨 蒙蔽 模仿 虐待 排挤 盘问 赔偿
批评 欺骗 欺压 歧视 欺负 企求 企图 迁就
谦让 敲诈 侵略 轻视 请求 请示 劝解 审问
搜查 算计 抬举 坦白 讨论 提拔 体贴 同情
挖苦 威胁 慰问 侮辱 袭击 压迫 压制 赞美
责备 折磨 镇压 支持 支援 指导 指点 指挥
指教 指责 嘱咐 追求 尊敬 陷害

没有歧义的：

创造 发明 发现 申请 缩小 转变 爱好 报告
比赛 辩论 表达 表现 表示 表演 参观 参加
操纵 陈述 称赞 成立 打扮 打算 等待 躲避
反映 分别 分配 奋斗 工作 勾引 鼓动 加入
进攻 举行 开动 浪费 联合 联系 举行 描写
命令 叛变 实践 贪污 收获 思考 贪污 谈论
探望 逃避 讨论 提醒 提议 调解 挑拨 推荐
希望 牺牲 叙述 选择 争论 掩护 引诱 影响
震动 主张

从“对N的V”短语的句法分布考察，“对N的V”语符串在主语、宾语的位置，则“对N的V”结构为“对N……的V”。“对N的V”在句中状语位置，其语义结构为“对……N的V”。“对N的V”在句首状语位置，则存在两可的情况。在考察中我们还发现，介词“对”和“对于”语义及语法功能不完全相同。介词“对”既表示关涉对象又表示关涉内容，而“对于”只表示关涉内容，因此用“对于”的“N的V”短语就不会产生歧义，而用“对”的“N的V”短语就能产生歧义。黄伯荣、廖序东《现代汉语》认为，“对”和“对于”在许多场合都可以通用，一般能用“对于”的地方也能用“对”。但据我们考察，这一结论不适合于“对N的V”结构。在“对 N 的 V”结构中，能用“对于”的地方不一定能用“对”。例如：

〔277〕对于美国的道歉，我们感觉没有诚意。

这里，如果将“对于”改作“对”，语义将会有所改变。

以上有歧义的二价动词，如果把介词“对”换成“对于”，那么就不会产生歧义了。例如：

对他的爱	对于他的爱
对他的抱怨	对于他的抱怨
对我们的表扬	对于我们的表扬
对你的支援	对于你的支援

而对于不会产生歧义的 V，将格式中的“对”换成“对于”该格式语义完全相同。

第六章 $[(V+N_1)+N_2]$短语研究

(一) $[(V+N_1)+N_2]$的考察范围

$[(V+N_1)+N_2]$ 格式就是指“述宾组合+宾语”，是一种特殊的述宾短语，是汉语句法结构的显著特点之一。本文从句法、语义和语用三个方面，对$[(V+N_1)+N_2]$格式的结构、语义进行较为全面的考察，对$(V+N_1)+N_2]$格式所受的限制及格式的成因作出合理的解释。

我们考察的$[(V+N_1)+N_2]$格式中的“$V+N_1$”都是双音节的。三音节以上的动词性组合，不管是词还是短语，都不能带宾语，所以不在我们考察范围内。V是单音节的动素或动词，N_1也是单音节的，大多数是名素或名词。但N_1也有非名词性单位，如：“讨好”的“好”和“走红”的“红”是形素，“登记”的“记”和“行刺”的“刺”是动素。由于构成方式的同化作用，非名词性N_1多少都有了名物化倾向，代表的是一个事件或程度的某个稳定状态，时间性或程度性很弱，具有一定的空间性。为了便于研究，形容词性成分充当“$V+N_1$”中的V的一些可带宾语的词语，暂不考虑。

“$V+N_1$”包括述宾式动词和述宾短语，合称为“述宾组合”。这些可带宾语的述宾组合的两个语素(词)之间并不是简单的加合关系，整个组合的意义也并不是参与组合的两个语素意义的总和，而常常是由两个语素意义化合而成的新的意义。随着语言的发展，适应语言简洁经济的要求，近几年，一些原本不能带宾语的述宾式动词也可以带宾语了，而且还有扩展的趋势。另外，也有不少双音节的述宾短语开始带宾语，这一类述宾带宾现象尤其在对语言的经济、简洁上要求特别高的新闻文体(集中体现在标题)中高频率地出现。如：

〔1〕杨教授让誉中青年

〔2〕三位社会名流赠画中山大学

〔3〕外国航空公司将获准参股大陆民航公司

〔4〕抗日战争后，厦门大学由长汀复校厦门

N_2 有体词性的，也有谓词性的。$[(V+N_1)+N_2]$音组模式共有三种：2+1、2+2、2+多，N_2 以双音节或多音节为主，单音节数量极少。一般来说，N_2 的音节数和性质有某种倾向性的对应关系：

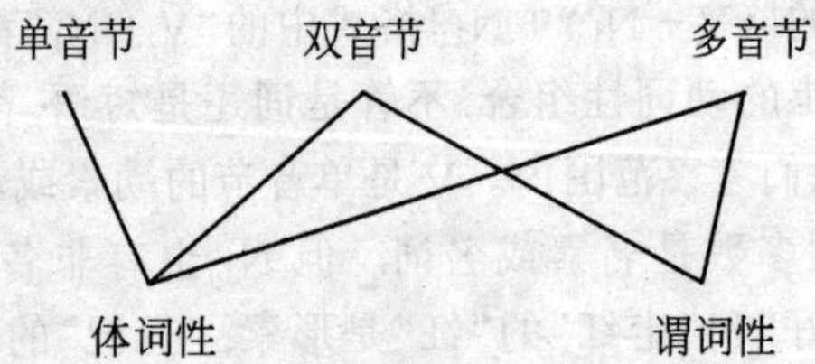

即单音节 N_2 都是体词性的，且多由单音节人称代词充当，如"担心(他)、抱怨(我)"等；双音节 N_2 以体词性居多，也有部分谓词性的；多音节 N_2 以谓词性的居多，也有不少体词性的。

为了行文的方便，本文短语层面举例时，体词性 N_2 的音节有双音化倾向，谓词性 N_2 也尽量简短。如：

入股宝钢　担心孩子　出土恐龙蛋

动员下乡　着手策划　帮忙打电话

(二)$[(V+N_1)+N_2]$的类别

述宾组合带宾语并不都是新兴现象。根据述宾组合带宾语格式在语言发展历程上的时间先后，"$(V+N_1)+N_2$"可以大致划分为三个阶段：

1.“$V+N_1$”一直可以带宾语。这一阶段的“$V+N_1$”主要是述宾式动词,包括一部分述宾式离合词[①],如“关心孩子”“注意身体”“出版刊物”等。这一类能带宾语的“$V+N_1$”,其间往往有一个语素意义已经虚化,V 和 N_1 之间的语义关系已不明显,人们常常把这些词作为一个整体来认知。因此,这些“$V+N_1$”的配价成分不止一个,且常以带宾语的形式出现。

2. 带宾语是近年来出现的新现象,现已取得了合法的地位,逐步被大众接受。这一阶段的“$V+N_1$”带的宾语大多数是处所宾语和对象宾语,“$V+N_1$”多数是词,带宾语的述宾短语仍是有限的,如“登陆上海”“致电总统”“复信老朋友”等。

3. $[(V+O_1)+O_2]$受前两类尤其是第二类的影响,属于格式类推的结果,其合法性还有待时间的检验。这一阶段述宾组合加宾语格式出现有较强的语境约束,大多出现在标题中,如“亮相广州”“曝光奥斯卡内幕”“复校厦门”等。

可见,述宾结构的发展是一个渐进性的动态过程。

第一节 $[(V+N_1)+N_2]$格式的结构功能

一 $[(V+N_1)+N_2]$的结构描写与分析

(一)“$V+N_1$”的结构类型

1.“$V+N_1$”的内部构成

“$V+N_1$”的内部构成主要是词和短语两类。一般情况下,能带宾语的“$V+N_1$”以词居多。一些表面形式完全一致但内部构成不同的“$V+N_1$”,其功能有很大差异,主要表现在能否带宾语上。如“插足”在文本中有两个结构,一是结构相对松散的述宾短语,

---

① 根据杨庆蕙(1995)所收 1600 个述宾式离合词,其中 1551 个不带宾,带宾的仅占 3%。

意义就是“插”和“足”简单相加；一是述宾式动词，意义是字面意义的引申。在我们已有的语料中只有动词“插足”可带处所宾语。如：

〔5〕他的起居室，地上堆起的书有一米高，再向外发展，就无插足之地了。

〔6〕失踪孩子们的父母们在难以插足的焦糊的尸体下找呀、翻呀，在已认不出模样的尸体上，凭着一个纽扣、一只耳环、一小块残存的布片来辨认。

〔7〕海外有不少书籍、文章把贺子珍的出走，说成是江青插足毛泽东家庭，甚至绘声绘色描述贺子珍如何在延安窑洞里跟江青吵架。

〔8〕李应臣的叛变，反使康生这个插足别家的“第三者”成了“正面人物”，并且使他们“合法”地正式同居了。

短语“$V+N_1$”结构越松散，带宾语的可能性就越小；结构越是凝聚，结构意义并非字面意义的单纯组合，而是引申意义，N_1 在“$V+N_1$”结构中没有独立的含义，从句法上来说，“$V+N_1$”本身的述宾构成式淡化，真正起句法作用的是 V，其带宾语的能力自然就强。现代汉语中有很多“V+N”语符串跟“插足”一样，表面形式和内部构成相同，但构成紧密度不同，属于不同的语言单位，能带宾语的往往就是述宾式词而非述宾短语。

由于 V 和 N_1 结合的紧密程度不尽相同，也可以根据能否扩展及扩展的形式进行分类。不能扩展的是词，有限扩展的是我们常说的离合词，无限扩展的词则界于词和短语的中间状态。“$V+N_1$”构成成分的松紧在很大程度上决定了能否带宾语。一般来说，不能扩展的“$V+N_1$”都能带宾语；有限扩展的一般可以带宾语，个别有待观察；无限扩展的结构一般不带宾语，只有少数能带宾语。根据 V 和 N_1 能否扩展，可以列出“$V+N_1$”带宾语能力大小的倾向性序列：

不能扩展的“$V+N_1$”＞有限扩展的“$V+N_1$”＞无限扩展的“$V+N_1$”

2.“$V+N_1$”的功能类推性

在带宾语的“$V+N_1$”中，我们发现了这样一种现象，即语义关系一致，且有一个构成成分相同或类似的“$V+N_1$”的功能也基本相同，也就是说这样的“$V+N_1$”具有功能类推性。如“出兵”和“出师”，“插手”和“插足”，“标价”和“估价”“出价”等。

同语义的“$V+N_1$”尽管在功能上有很大的类推同化作用，但表现出来的差异性还是很明显的。如：

撤兵　撤军　撤防　撤差　撤佃

上面五个“$V+N_1$”结构在构词上并无区别，在义项上也无差别，理论上应该具有同样的语法功能，但事实上，这五个结构带处所宾语的能力强弱不一：撤兵/撤军＞撤防＞撤差/撤佃。这与句法和语义无关，可能是语用因素造成的。我们发现带处所宾的强弱序列正好与这些述宾结构的使用频率成正比：常用的带处所宾语的能力最强，少用甚至在现代汉语中不常用的带处所宾语能力依次减弱，直至此项功能的消失。从认知的角度来说，常用的结构会尽量简洁，便于人们记忆，因此“撤兵/撤军”语义内涵的处所义由前加状语中的介词宾语简化为后带处所宾语。

3.“$V+N_1$”的兼类现象

有一部分述宾组合除了能带宾语外，还能充当状语。如：

放眼——放眼天下（述宾）
　　——放眼望去（状中）
纵情——纵情四海（述宾）

——纵情挥霍(状中)

舍命——舍命沙场(述宾)

——舍命相救(状中)

“放眼”“纵情”“舍命”用作副词或动词时,有比较明显的形式特征:后跟的体词性成分主要是处所词语时,构成$[(V+N_1)+N_2]$格式,即述宾短语,格式相对稳定,带有较强的仿古色彩;后跟谓词性成分时,构成状中短语。

在状中短语中,这类词表示与相关行为有关的人体、五官和思维活动的方式时,具有很强的实义性,有人称之为“描摹性副词”(张谊生,2000)。这类词在现代汉语中主要用如状语,但是在古代或近代汉语中却是可以充当谓语的。根据语言发展进化过程,这类描摹性副词大致经历了“述宾短语—述宾式动词—描摹性副词”的发展,因此在现代汉语中有少数述宾式描摹性副词保留了作谓语的用法,且可以带宾语,但所带宾语以处所宾语居多,也有少数对象宾语。如:

侧目——侧目易帅(尹世超例)

——侧目而视

倾情——倾情残疾儿童(新浪网)

——倾情演出

“$V+N_1$”在用作副词时,不仅在功能上发生了变化,甚至在语义上也产生了差异。作为带宾语的“$V+N_1$”,它的意义是可以从字面上来理解的;而作为副词时,多用组合的引申意义。由于在意义上具有密切的联系,我们可以把功能不同的同一语法结构当作兼类现象来处理。能带宾语的“$V+N_1$”不具有广泛性和类推性,N_2也往往较为固定,由于数量很少,兼有述宾组合和描摹性副词用法的词,可以穷尽列举[①]。

(二)述宾组合的宾语 N_2

1. N_2 的形式分类

按照述宾组合与宾语在句法结构中连接的紧密程度,可将宾语分为自由宾语和粘着宾语。这里采用金昌吉(2001)对粘宾动词的定义来套用粘宾"V+N_1":粘宾"V+N_1"是在句法结构中只能处于宾语之前而且其后的宾语不能以任何方式与之分裂的"V+N_1"。

能带粘着宾语的"V+N_1"数量极少,只有"归咎(他人)、归罪(他人)、归功(他的努力)、放眼(世界)、取胜(卡塔尔)"等少数几个。[(V+N_1)+N_2]格式中的粘着宾语大多数是双音节或多音节的,没有单音节的;宾语大多数是体词性的,谓词性的很少,像"归功他的努力",宾语"他的努力"中心语虽是谓词性的,但总体是定中短语,是体词性的。

粘宾"V+N_1"所带的宾语不能以任何方式移到"V+N_1"前或其他非宾语位置;自由宾语可以不出现在宾语位置上,但[(V+N_1)+N_2]格式中的自由宾语如果不出现在宾语位置上,就一定会出现在其他位置上,可以通过不同的方式来满足"V+N_1"对 N_2 的语义上的需求。当然,能移位的宾语一定是体词性的。

自由宾语除了宾语位置以外,可以出现的句法位置主要有以下几个:

(1)与介词构成介宾短语,作"V+N_1"的状语或补语。如:

投资中国——在中国投资　出兵海地——出兵到海地

① 根据张谊生(2000)对描摹性副词的定义,我们能够确定的兼有"V+O_1"和描摹性副词功能的词有:侧目、放眼、无心、倾情、纵情、舍命、驱车、埋头等,而其中"侧目"等还只能在标题格式中有事宾语的用法。

质疑美国——向美国质疑　复电主席——复电给主席

献身革命——为革命献身　备战世界杯——为世界杯备战

(2)中心语位置，受“$V+N_1$”修饰限制，但一般要加“的”。如：

关心孩子——关心的孩子　出版图书——出版的图书

现身海滩——现身的海滩　失踪了乘客——失踪的乘客

(3)主语位置。能出现在主语位置的比较少，较多出现在“被”字句中。如：

毕业了2000个学生——2000个学生毕业了

揭秘植物世界——植物世界被揭秘

出土大量青铜器——大量青铜器被出土

曝光奥斯卡内幕——奥斯卡内幕被曝光

(4)定语位置。一般要加“的”后修饰限制“$V+N_1$”，如果构成的定中短语常常在某一场合被当作固定结构来使用的话，可以不加“的”。如：

开荒南泥湾——南泥湾开荒

会师井冈山——井冈山会师

聚焦体坛——体坛聚焦

2. N_2 的功能分类

根据 N_2 的功能的不同，可以将宾语分为体词性宾语和谓词性宾语两类。

只能带体词性 N_2 的“$V+N_1$”，称为体宾“$V+N_1$”。如：

投资中国　亮相京城　加盟中远

复信总统　聚焦APEC　挑战极限

[$(V+N_1)+N_2$]格式中，体宾类“$V+N_1$”不仅在数量上占据了绝对的优势，而且带体词性宾语的情况也最为复杂。

只能带谓词性 N_2 的"V+N_1"，称为谓宾"V+N_1"。谓词性宾语包括动词性短语和主谓短语，没有形容词性短语充当"V+N_1"的宾语的例子。有些"V+N_1"带的宾语只能是动词性短语。如：

忍心离开家庭

帮忙叫救护车

从语义上看，上述充当宾语的动词性短语前隐含了一个施事成分，它跟"V+N_1"的施事是同指的。但这一隐含成分不能还原出来，在句法中还原后句子不合格。所以决定了这类"V+N_1"只能带动词性短语，不能带主谓短语。如：

他不忍心离开家庭。

*他不忍心他离开家庭。

我帮忙叫救护车。

*我帮忙我叫救护车。

有些"V+N_1"除了带动词性短语外，还能带主谓短语。如：

他提议出国定居。

他提议全家出国定居。

其实这类"V+N_1"所带的谓词性宾语只是同一类型的两种表现形式，这里充当宾语的动词性短语只是主谓短语的一种省略形式，这种省略跟上面的隐含不是同一类语言现象。省略的成分可以在上下文或语境中找回，具有省略成分的确定性和省略成分添补后句法结构的合法性特征(参见张国宪，1993)。省略的成分与"V+N_1"的主语没有指代同一关系，而是指一个不确切的施事者，属于语境中出现过的表示主语之外的任意指或泛指成分。在带谓词性宾语的[(V+N_1)+N_2]格式中，有一类比较特殊的省略现象，省略的成分既是"V+N_1"的宾语，又是后接谓词性成分的主语。如：

党委动员下乡劳动。

党委动员全体党员下乡劳动。

队长命令马上出发。

队长命令先锋队马上出发。

这主要与“$V+N_1$”本身具有的使令义有关，整个$[(V+N_1)+N_2]$格式可以构成兼语结构，这样的“$V+N_1$”可以同时带体词性宾语和谓词性宾语。

“$V+N_1$”除了能带体词性宾语外，也能带谓词性宾语，可称之为体谓宾“$V+N_1$”。如：

担心孩子/回不了家

负责学生工作/分配毕业生

能带谓词性宾语的述宾组合从意义来看，主要有表言语、心理和行为等三类，且以前两类为多。如“发誓、提议”等属言语类，“忍心、担心”属于心理类，“负责、帮忙”属于行为类。述宾组合的意义特征也会影响其带宾语的能力及所带宾语的语义性质。如“$V+N_1$”具有[+言语]这一义项时，一般带的都是谓词性宾语，而且一般书面色彩都很浓，多用于较为正式的场合。如：

许诺一定回来　　发誓替父报仇

承诺不再赌博　　扬言赶超欧美

提议去上海　　断言他不会来

二　$[(V+N_1)+N_2]$的句法功能

$[(V+N_1)+N_2]$从整体来看，结构上是述宾短语，功能上是动词性的。一般的述宾短语可以较自由地充当谓语、定语，可以在满足一定的限制条件下作主语、宾语、状语、述语和补语(齐沪扬、连蜀，2001)。$[(V+N_1)+N_2]$在句法功能上与一般述宾短语有共通之处,但更多地表现出与一般述宾短语的差异性,如[(V+N_1)+N_2]不能充当述语、状语和补语,在作谓语和主宾语时,也要受到比一般述宾短语更严格的限制。现代汉语中,能作述语的述宾短语就是双音节的“V+N_1”,在带了 N_2 后,就不再可能带宾语了;[(V+N_1)+N_2]表示某一动作行为或动作行为所涉及的事情,而能够作状语和补语的述宾短语一般都是表情状的,具有较强的修饰说明性。所以[(V+N_1)+N_2]也不能充当状语或补语。我们主要探讨的是[(V+N_1)+N_2]充当谓语、主宾语和定语的句法功能。

(一)充当谓语

充当谓语应该是[(V+N_1)+N_2]主要的句法功能,所受限制很少。但是“主语指陈述的对象,主语是被陈述的,谓语则对主语加以陈述”(胡裕树主编,1995),主语和谓语是主谓句的两个直接成分,它们的关系十分密切。因此,主语的类型往往会影响谓语的结构,反之,谓语的结构类型也将牵制主语类型。在[(V+N_1)+N_2]充当谓语的句子中,没有发现谓词性主语,因为只有表示评议或判断意思的述宾短语才能充当谓词性主语句的谓语,而[(V+N_1)+N_2]不具有评议或判断意义。

[(V+N_1)+N_2]充当谓语主要有两种情况:

1. 单独作谓语。单独充当谓语的[(V+N_1)+N_2]可以受状语的修饰。例如:

〔9〕中共中央不得不于18日再次致电共产国际执委会,请求“检查重发”。

〔10〕吴仪对加拿大企业家的演讲结束后,那些大老板兴高采烈地说:“我们不仅要进口中国的商品,而且要进口像Madam Wu这样的部长。”

[(V+N_1)+N_2]单独作谓语时,也有部分处所词充当主语的

例子。例如：

〔11〕河南方面当然吃惊：西峡出土了恐龙蛋化石？我们怎么就没听他们讲？

〔12〕学校今年毕业了近2000名学生。

处所词作主语时，对作谓语的$[(V+N_1)+N_2]$有一些限制性的要求："$V+N_1$"后一般要出现表示时间范畴的成分"了"，N_2往往需要出现表示数量范畴的成分。

2. 和其他动词性成分共同充当谓语。主要在连动短语中充当其中一个并列项，也有出现在兼语短语中的例子。例如：

〔13〕一年后，费席尔获释，取道日本回国。

〔14〕唐林现身高雄国际书展大跳韵律，除了小朋友聚精会神，清凉劲装也引来港都男子争相"观摩"。

〔15〕她自己透露整容3次，行骗至日本海关，帮黑社会走私毒品。

〔16〕南德再帮川航贷款，组织收购国内大量积压的各种产品，委托国际易货公司出口苏联。

在充当谓语的连动短语中，$[(V+N_1)+N_2]$常常作为连动短语的前项出现，另一并列项一般也是述宾结构的，这是结构对称性和工整性的一种体现。

$[(V+N_1)+N_2]$格式在充当谓语时，才有重叠的可能。能够重叠的$[(V+N_1)+N_2]$格式数量并不多，且重叠方式一般只有"$(V+N_1)+(V+N_1)+N_2$"一种，且能够重叠的格式中的"$V+N_1$"一般都不能是短语或离合词。因为离合词"$V+N_1$"的重叠式是"$VV+N_1$"，而重叠式也是离合词分离的一种形式，而分离后的语法单位就不再是词，而是短语了，此时N_2提升为宾语，结构上语义自足，也就不能再带宾语了。

$[(V+N_1)+N_2]$格式的重叠对语境有较高的要求，并且在不同的语境中，格式重叠表达的意义也不相同。[(V+N$_1$)+N$_2$]格式的重叠多出现在祈使句式中，一般重叠后表尝试义或轻松义。如：

〔17〕你去动员动员群众吧。

〔18〕你也该操心操心孩子的事了。

如果不在祈使句式，就要求出现重叠并列项，句子才能成立。语义上，这类重叠表达的是“往小里说”的语义倾向，表示动作行为者轻松、不在意的心理状态。例如：

〔19〕——最近忙什么呢？

〔20〕——我嘛，出席出席会议，起草起草文件。

（二）充当主宾语

早期的语法著作认为，动词性短语或者动词如果出现在主语或宾语的位置上，就转化为名词或“名物化”了。现在，大多数学者都认识到动词性短语或动词出现在主宾语位置上，并不改变原来的词性，但是要受到一定的限制，并不完全自由。属动词性短语的[(V+N$_1$)+N$_2$]也不例外，在充当主宾语时，会受到限制。

[(V+N$_1$)+N$_2$]作主语时，同其他动性成分一样，大多数出现在“是”字句和“有”字句中，也可以出现在形容词谓语句中。如：

〔21〕出台限制政策是为了防止媒体资源浪费和误导消费并净化屏幕。

〔22〕投资京城早餐是他近年来最大的计划。

〔23〕得罪了领导就麻烦了。

〔24〕起草文件最要紧。

[(V+N$_1$)+N$_2$]能否充当宾语，主要取决于述语动词的性质。能带[(V+N$_1$)+N$_2$]宾语的述语动词主要有以下几类：

1. 判断动词“是”

〔25〕他的主要工作就是起草文件。

〔26〕抗战时期，他最大的心愿就是投身革命，报效祖国。

2. 表示心理活动的动词，如“提议、打算、同意、主张”等

〔27〕苏联打算出兵阿富汗。/他们主张回笼资金。

3. 表示起止的动词，如“开始、停止、禁止”等

〔28〕各大企业开始纷纷登陆上海。/严禁插手他国内政。

4.“-于”式动词，如“忙于、急于”等

〔29〕近日，新浪正忙于起诉搜狐。/投资商急于抢滩上海，挖掘无限商机。

在真实文本中，[(V+N_1)+N_2]充当主宾语的并不多，但根据其所受限制条件，不难造出[(V+N_1)+N_2]作主宾语的句子。

(三)充当定语

几乎所有的[(V+N_1)+N_2]都可以作定语，但充当定语时一般都要加上“的”。例如：

〔30〕实质上这就是“效忠校长”的“黄埔同学会”。

〔31〕这位早年投身革命的职业革命家的一段“间谍”生涯却鲜为人知，以至于因为这段“不可告人”的历史使她在后来的审干中难以“过关”。

〔32〕奖状，是他勇敢活下去的惟一的力量，也是他对13岁就卖身火坑的姐姐的惟一的报答。

真实文本中[(V+N_1)+N_2]加“的”作定语时，修饰限制的中心语常常是具有高生命度的表人名词，语义上[(V+N_1)+N_2]的施事或与事。当然也可以生成很多中心语是抽象名词的例子。

如：

〔33〕效忠校长的心愿/想法

〔34〕投身革命的激情/念头

〔35〕卖身火坑的遭遇/岁月

有时$[(V+N_1)+N_2]$也可以不带“的”作定语。例如：

〔36〕截止目前，西峡各级公安机关先后共破获走私恐龙蛋化石大小案件10余起，查收恐龙蛋化石250多枚。

〔37〕今天出席会议人数多达200余人。

〔38〕南京海关查处一起走私恐龙蛋化石案，化石来自河南省西峡县，望及时查证。

“的”是否同现，主要与受$[(V+N_1)+N_2]$修饰限制的中心语有关：一是音节限制，即当中心语是单音节时，不能加“的”，当中心语是双音节或多音节时，一般要加“的”；二是中心语是量化的，这时中心语的量化成分的作用就相当于“的”；三，在整个定中短语前后出现数量成分。

根据$[(V+N_1)+N_2]$在不同句法位置上的功能表现，基本上可以得出如下结论：$[(V+N_1)+N_2]$充当谓语和定语时较自由，充当主语和宾语时要受到较多限制，不能充当状语、补语和述语。$[(V+N_1)+N_2]$和一般述宾短语的句法功能的差异见下表（“+”表示可以自由地充当这个成分，“-”表示不能充当这个成分，“(+)”表示要受到一定的限制）：

短语	谓语	述语	主宾语	状语	定语	补语
$[(V+N_1)+N_2]$格式	+	-	(+)	-	+	-
一般述宾短语	+	(+)	(+)	(+)	+	(+)

三 [$(V+N_1)+N_2$]格式的同形异构辨析

(一)[$(V+N_1)+N_2$]的歧义现象

当一个短语类型结构对应于一个以上的句法功能结构时,就有可能对这个短语类型结构的句法功能作出两种或两种以上的不同解释,这时,就说这个短语类型结构是潜在歧义结构(potential ambiguous structure)。之所以说是"潜在歧义",是因为在这个短语类型结构中,当用词汇单元来代替词类标记时,这种歧义有可能继续保持,也有可能消除,因此这种歧义是潜在的而不是现实的,它只具有歧义的可能性,但不一定具有歧义的现实性。[$(V+N_1)+N_2$]格式的歧义也是一种潜在歧义。

[$(V+N_1)+N_2$]的歧义问题主要集中在双音节"$V+N_1$"+双音节 N_2 上,且 N_2 一定是体词性宾语。[$(V+N_1)+N_2$]构成的歧义短语如"出土文物、走私汽车、进口大米、出口服装"等,是述宾短语和定中短语的歧义。

1.[$(V+N_1)+N_2$]的歧义成因分析

相当一部分[$(V+N_1)+N_2$]的歧义是由于结构关系不同而造成的,其深层的语义关系是一致的,如"出土文物","$V+N_1$"与 N_2 表现为"动作—受事/对象"关系;"下榻宾馆","$V+N_1$"与 N_2 之间表现为"动作—处所"。

但也有一些[$(V+N_1)+N_2$]的歧义不仅结构关系不同,连深层的语义关系也不一样,如"投资企业",当它是述宾短语时,语义上是"动作—对象";当它是定中短语时,语义关系则为"动作—施事"。还有"绑架青年""动员干部"等。这一类歧义结构中的"$V+N_1$"一般都是二价述宾组合,构成歧义的两个语义关系正好是"$V+N_1$"的两个必有论元。

[$(V+N_1)+N_2$]的歧义多为语义关系相同而结构关系不同

的前一类，此时 N_2 一般是低生命度的名词。而后一类语义和结构关系都不同，歧义在比例上要明显低于前一种，且按照认知的原型理论，这一类会优先被当作述宾短语来看待，这类的 N_2 大多是高生命度名词。两类[(V+N$_1$)+N$_2$]歧义数量上的差异，或许可以从 N_2 的生命度的角度得到一些解释。一般来说，高生命度名词具有较强的空间性特征，是名词内部的典型成员，与之对应的句法成分是主语和宾语；而低生命度名词的空间属性较弱，为非典型性成员，定语和中心语与之对应。因此，在述宾短语中有一种很强的倾向，即生命度从高到低的信息流向与结构类型的从述宾到定中的认知流向相关联(张国宪，1997)。也就是说，生命度越高，越容易进入述宾短语；生命度越低，越容易进入定中短语。在述宾的歧义短语中，高生命度名词的出现率是处于劣势的。

2.[(V+N$_1$)+N$_2$]的消歧

一般潜在歧义在句子层面是不存在的。[(V+N$_1$)+N$_2$]格式在句子中要表达的意义是很清楚的。例如：

〔39〕今天全体剧组人员下榻宾馆。

〔40〕全国政协委员董文华到下榻宾馆报到。

在短语层面我们可以通过以下几个方法来消除格式的潜在歧义。

(1)插入“的”或“了”

出土文物——出土的文物——出土了文物

进口大米——进口的大米——进口了大米

插入“的”后是定中短语，插入“了”后是述宾短语。

(2)内部扩展和外部扩展

进口大米——进口美国大米——美国进口大米

下榻宾馆——下榻星级宾馆——星级下榻宾馆

通过内部扩展，短语由“2+2”音步转变成了“2+4”音步，认知板块由一个增加到两个，从而使意义由定中关系转为了述宾关系。外部扩展主要表现为体词性成分的扩展，因而，不改变板块的数目，短语的类型也不发生变化。这种现象表明，述宾组合不是定语的典型成员，它大多数情况下只能占据贴近中心语的位置，一旦离开这个位置，很容易失去充当定语的资格。

(二)[$(V+N_1)+N_2$]格式的辨析

[$(V+N_1)+N_2$]格式的 N_2 是谓词性宾语时，与状中短语、连动短语会有界限模糊现象。这是因为这三者在语流串中都表现为“(V+N)+VP”[①] 的结构式，这一结构式是个潜在的歧义结构，它可以实现为述宾短语、状中短语和连动短语，其中述宾短语就是我们所讨论的[$(V+N_1)+N_2$]格式。由于谓词性宾语与述语的关系不如体词性宾语与述语的关系紧密，此时，[$(V+N_1)+N_2$]格式就很容易与“(V+N)+VP”语流串的另外两种实现形式产生界限混淆问题。例如：

述宾	连动	状中
立志求学	执笔改编	无心学习
动员参军	投资开发	有限开发

这种界限的混淆主要与“V+N”的性质有关：出现在“(V+N)+VP”语流串中合法的“V+N”可以是动词，也可以是副词，从而导致 VP 在整个结构中占据不同的句法位置。“V+N”是动词时，VP 可以是谓词性宾语或连动短语的另一并列项，结构上表现为述宾或连动短语；“V+N”是副词，表现为状中短语。

① “V+N”代表述宾式词，VP 表示谓词性成分。

1.$[(V+N_1)+N_2]$格式和状中短语的辨析

能与$[(V+N_1)+N_2]$格式产生界限混淆的状中短语，其充当状语的一定是述宾式构成的描摹性副词。因为这类副词的实义性较强，又具有构成合成谓语的功能，结构与“$V+N_1$”相同，在历史上也有过述宾短语、述宾式动词的用法，所以很容易与“$V+N_1$”混淆。述宾式副词多用于描摹情状和方式，跟用于限制和区别的典型副词有明显的区别。如果描摹性副词没有兼作动词的情况，利用副词功能上的独特性，即唯状性，就可比较容易地将状中短语与述宾区分开来。如果有兼类情况，我们在前面也提到过，作动词用时只能带体词性宾语，因此与谓词性宾语的$[(V+N_1)+N_2]$格式就不存在混淆现象。

2.$[(V+N_1)+N_2]$格式和联合短语的辨析

“(V+N)+VP”是述宾还是联合短语，我们可以运用插入连词、添加状语和 VP 是否有疑问形式等方法来辨别。

(1)插入法，能否插入连词“和、跟、同、与”。插入连词结构改变，但意义不变的是连动短语，插入后结构和意义都改变的是述宾短语。例如：

涉嫌贪污——涉嫌和贪污

执笔改编——执笔和改编

(2)添加法，添加修饰限制性成分。能在 VP 前插入限制修饰性成分的“(V+N)+VP”是述宾短语，反之，则是连动短语。例如：

立志留学——立志到美国留学——＊到美国立志留学

——立志尽快留学——＊尽快立志留学

——立志希望留学——＊希望立志留学

执笔改编——＊执笔在台湾改编——在台湾执笔改编

——＊执笔亲自改编——亲自执笔改编

——＊执笔要改编——要执笔改编

从短语结构的节律来说，述宾短语在宾语前有较长的停顿，就像体词性宾语前可以插入修饰、限制性成分一样，谓词性宾语前也可以插入相应成分，因用于修饰、限制谓词性成分，故多是介词短语或副词。连动短语由两个以上的并列项构成，但以整体的形式参与构句，即使有修饰、限制性成分也只能出现在连动短语前，同时对并列项产生作用。如可以说“在台湾执笔改编电视剧”“亲自执笔改编”等。

(3)添加疑问形式。能在VP中加入疑问形式，且保持结构、意义不变的“(V+N)+VP”是述宾短语，反之，则是连动短语。例如：

提议去北京——提议什么时候去北京

投资开发——*投资什么时候开发

第二节　[(V+N_1)+N_2]格式的语义分析

汉语有一个特点，即结构关系简单，而语义关系复杂。结构关系和语义关系既有联系，又有区别。结构关系是对语义关系的形式反映，是对复杂语义关系的简化，它本身根源于交际中便于造作的功能需要，对结构关系的描写，应该以形式解释为主。而语义关系是结构形式的构成内容，是隐含在结构深层的本质，对于语义关系的描写，应以逻辑意义解释为主。我们在对述宾带宾格式进行语义分析时，只考察体词性宾语。谓词性宾语不作分析，是因为谓词性宾语的语义情况比较单一，主要就是对象和目的两类，而且谓词性宾语与述宾组合的关系也只有一种，谓词性宾语不可能出现在宾语以外的其他位置。

根据N_2与“V+N_1”的语义关系，可以分为以下几类：处所宾语、对象宾语、施事宾语、结果宾语、目的宾语和时间宾语等①。我

① 为了减少繁复的语义分类，我们将受事、与事和对象宾语合为对象宾语，同样也将原因和目的合称为目的宾语。在具体分析时也不一一指出。

们对出现频率较高的处所宾语和对象宾语作重点考察，将余下的归入其他宾语来讨论。

一 处所宾语的[(V+N_1)+N_2]

N_2是处所宾语的[(V+N_1)+N_2]，其中的N_2大部分可以用介词引介，充当"V+N_1"的状语：

聚会北京——在北京聚会　扎根农村——在农村扎根

出兵海地——向海地出兵　移民美国——向美国移民

起程欧洲——从欧洲起程　撤兵阿富汗——从阿富汗撤兵

可以引介N_2的介词也不止上面提到的"在、向、从"，而且"介词+N_2"也可以充当"V+N_1"的补语，如"出兵海地——出兵到海地"。有些[(V+N_1)+N_2]格式可以用来引介N_2的介词是固定的，且"介词+N_2"出现的位置也是固定的，只有一种变换式；但有些[(V+N_1)+N_2]格式N_2可以用不同的介词来引介，位置也可前可后，可以有几种不同的变换格式，如"走私内地"可以有"在内地走私""从内地走私""到内地走私""走私到内地"等多种说法。

(一)[(V+N_1)+N_2]中N_2的语义类别

[(V+N_1)+N_2]可以有不同的变换格式，这与N_2所表现出来的语义特征有很大的关系。从空间系统看，N_2的语义类别有四种，分别是静位点、起始点、终结点和经由点。

1. N_2表示静位点

N_2表示静态位置点，即N_2是"V+N_1"所表示的动作行为或整个事件发生的场所，事件发生后，就作为一种状态留存在N_2所表示的空间位置中，"V+N_1"所表示的事件具有[+持续]的语义特征。可以细分为两类：

A. 决战海埂　就职白宫　逐鹿中原　揭幕长沙

B. 称霸武林　驰名中外　立足国内　失踪百慕大

A 里的“海埂”“白宫”“中原”“长沙”分别是“决战”“就职”“逐鹿”“揭幕”等事件发生的场所，而且整个事件自始至终都在 N_2 表示的场所进行。B 中的“武林”“中外”“国内”“百慕大”则分别是“称霸”“驰名”“立足”“失踪”等动作行为进行的场所，所表示的动作行为作为一种状态留存在 N_2 所指示的范围内。

当 N_2 表示静态位置时，$[(V+N_1)+N_2]$ 作为一个事件，在时间轴和空间轴构成的坐标系统中，可以用(1, 0)表示，即所进行的动作只在时间轴上有所表现，在空间轴上相对静止。所以，N 表静态位置的可以用表示位置的介词“在”提前，即 $[(V+N_1)+N_2]$ 可以变换为“在 + N + (V + N)”。所变换的“在”字句在空间位置系统中，可以看作是一种动作“在”字句(齐沪扬，1998)。例如：

征战海埂——在海埂征战　揭幕长沙——在长沙揭幕

称霸武林——在武林称霸　立足国内——在国内立足

2. N 表示起始点

N 表示起始点，即 N_2 表示 $(V+N_1)$ 动作行为开始的地点，“$V+N_1$”具有[+ 移动]的语义特征，移动的方向是背离 N_2 的。例如：

撤兵阿富汗　起程欧洲　着眼全局　搬兵国内

“阿富汗”“欧洲”“全局”“国内”分别是“撤兵”“起程”“着眼”“搬兵”等动作行为的起点，以上例句可用“$从_1+N_2+(V+N_1)$”格式变换，“$从_1$”是表示起始点的介词。但有些 $[(V+N_1)+N_2]$ 在短语层面可能造成歧义，N_2 是否表起始点，只有在具体的句子中才能明确。例如：

起程欧洲——从欧洲起程　起程欧洲——起程到欧洲

搬兵国内——从国内搬兵　搬兵国内——搬兵到国内

之所以会出现这一现象，跟“V + N_1”组合本身意义包含两个位置点有关。一般可以通过V的词义看出“V + N_1”的倾向位置点，如“撤兵”“出身”，“撤”“出”重在突出动作行为的起始点。但多数“V + N_1”的位置倾向性不明确，就造成了歧义短语。

3. N_2 表示终结点

N_2 表示动作行为最终到达的位置点，即 N_2 是(V + N_1)的终结点，“V + N_1”具有[+移动]的语义特征，向 N_2 所表示的处所方向移动。因为 N_2 表终结点，可以用位移结束于终结点的介词“到、朝、往、向”来引介 N_2。例如：

亡命东北——向东北亡命　迁址西安——朝西安迁址

移居欧洲——往欧洲移居　抢滩上海——到上海抢滩

其中“到”是最常用的引介终结点宾语的介词，因为“到”出现的位置比较自由，“到 + N_2”放在“V + N_1”的前后都可。例如：

存款日本——存款到日本——到日本存款

投资中国——投资到中国——到中国投资

登陆广州——登陆到广州——到广州登陆

下榻宾馆——下榻到宾馆——到宾馆下榻

4. N_2 表示经由点

N_2 表示经由点，即 N_2 的处所表现出的语义特征是[-起始点][-终结点]，也就是说，N_2 是“V + N_1”表示的动作行为途经的地方、场所。例如：

过境法国　　转道香港　　取道欧洲①

这里的 N_2 是动作行为所经过的处所，N_2 对 N_1 有领属关系。可以变换为"V + N_2(+的) + N_1"，也可以用"从$_2$ + N_2 + (V + N_1)"变换，"从$_2$"是表示经过、途经的介词。例如：

过境法国——过法国的境——从法国过境

转道香港——转香港的道——从香港转道

"过境""转道"与"撤兵""搬兵"一类"V + O_1"不同，前者需要时间上的持续，也需要空间上的连续，而后者不可能有空间上的持续。因为"撤兵"类后带处所宾语是表起始点的，跟动作行为发生的位移正好背离，动作行为也就不可能在表起始点的处所在有空间上的连续。

通过分析，可以看出，"V + N_1"带处所宾语的能力跟处所宾语的语义类别有很大关系。一般来说，"述宾组合 + 处所宾语"占据句子的谓语位置，表达一个与某一动作行为相关的事件。根据人的认知心理，如果一个介词短语表示的是动作或事件的结果，大多出现在谓语中心语后，表终结点的处所常常在表结果的介词"到"的引介下出现在谓语中心语后面。当这类处所充当宾语时，虽然不带介词，但表终结的语义没有改变，因而出现在谓语中心语后的几率与带介词时没有根本的变化。因此"V + N_1"带终结点处所宾语的能力最强。与终结点处所相比，经由点或起始点更多

① "取道 + N_2"一般作连动谓语的前项，"道"与 N_2 的是同位关系，N_2 所表示的处所在位移轴上是经由状态，没有合适的介词与之匹配，所以"取道"极少有"介词 + 宾语 + (V + N_1)"格式，具有很强的粘宾性。在 100 多万字的真实文本中只找到一例不带宾语的，即"罗被遣送到台湾时，火车从基隆取道至台北。"其他带处所宾语的"V + N_1"，可以有"(介 + N_2) + (V + N_1)"和"(V + N_1) + N_2"两种语法表达形式，而且以介宾加宾为常式，而"取道"则以带宾语为常。"取道"前如果有介词结构出现，且可带两个处所以上的处所宾，就更清楚的说明了"取道"的粘宾能力。

地表现出伴随性特征。根据人的认知模式,表伴随性特征的语言片段应该先于谓语中心语出现,因此宾语位置是经由点或起始点处所的弱势句法位置。表示静态位置点的处所,在语义上界于终结点和经由点或起始点之间,因而在一定的条件下可以占据宾语位置。目前新闻标题中出现的大量[($V+N_1$)+N_2]格式,如果 N_2 是处所宾语的,以表终结点的为最多,其次是静位点,经由点或起始点再次。因此根据 N_2 表示不同的语义,可以大致列出"$V+N_1$"带处所宾语的强弱序列:

终结点>静位点>经由点/起始点

(二)"$V+N_1$"中 V 与 N_1 的语义关系

由上面的分析,可以看出不同语义类别的 N_2 充当"$V+N_1$"宾语的能力有强弱之分,同样,[($V+N_1$)+N_2]格式中 V 和 N_1 的关系也会影响"$V+N_1$"带处所宾语的能力,而且 V 和 N_1 之间不同的语义关系也会影响[($V+N_1$)+N_2]的格式变换。[($V+N_1$)+N_2]格式中 V 和 N_1 的关系除了受到"述宾组合+宾语"这个大结构的影响和制约,同时也受到 N_2 的影响和制约。[($V+N_1$)+N_2]格式中 V 和 N_1 的不同关系有如下几种。

1. N_1 是 V 的目的、原因。例如:

〔1〕留学日本　出差广州　逃难四川　卧病桂林

〔2〕问鼎中原　备战青岛　征战卡塔尔

"学""差""鼎""战"等分别是"留""出""问""备"的目的和原因。但(1)的"$V+N_1$"后面只跟处所宾语,这一类占绝大多数;(2)中的"$V+N_1$"除了带处所宾语,也带其他宾语,所占比例较小。例如:

问鼎　　问鼎中原　　问鼎冠军

备战　　备战青岛　　备战世界杯

2．N_1 是 V 的工具和凭借方式，即可以用"用＋N_1＋在＋N_2＋V"来变换。根据 N_1 的不同，可以分为两种：

(1)N_1 是表示一般具体事物的名词。例如：

扬帆海上——用帆在海上扬

张榜城门——用榜在城门张(贴)

(2)N_1 是表示人或动物身体部分的名词。例如：

展翅蓝天——用翅(膀)在蓝天展

立足上海——用(足)在上海立

这一类[($V+N_1$)＋N_2]还有：

入股宝钢　揭幕长沙　闭幕上海　涉足歌坛

移步花厅　注目东方　放眼世界　插手中东地区

一般来说，(1)类"$V+N_1$"只能带处所宾语。(2)类"$V+N_1$"有的只能带处所宾语，如"涉足"；有的则还能带一般宾语，如"插手这个问题""放眼现实生活"等。

3．N_1 是 V 的处所

N_1、N_2 都表处所时，一般 N_2 占据的位置比 N_1 要大，N_2 是对 N_1 的范围限制和说明。例如：

定都北京　抢滩上海　入境加拿大

登陆广州　下榻宾馆　转岗文化厅

取道香港　支边云南　插队东北

这种"$V+N_1$"一般要求带处所宾语，不能带一般宾语。N_1、N_2 都表处所的[($V+N_1$)＋N_2]格式可能是"述宾组合＋宾语"这个大格式中较新的一种用法，但因其具有很强的类推性，这一类[($V+N_1$)＋N_2]格式的能产性较大。

4．N_1 是 V 的受事、对象

N_1 表受事时，N_2 一般是表静位点的处所，可以有“在 + N_2 + $(V+N_1)$”的变换式。例如：

扫盲农村　投资大陆　落户广州　开荒南泥湾
做客上海　抱病家中　帮教山区　执教法国
避难山林　扎根农村　承欢膝下　失信天下

N_1 表受事时，N_2 也有表终止点的处所，这时如果“$V+N_1$”独立成词的倾向大的话，$[(V+N_1)+N_2]$可以变换为“$(V+N_1)$ + 到 + N_2”，还可以变换为“把 N_2 + V + 到 + N_1”。例如：

落户广州——落户到广州——把户落到广州
投资大陆——投资到大陆——把资投到大陆
弃尸野外——弃尸到野外——把尸弃到野外
搬兵城下——搬兵到城下——把兵搬到城下

5. N_1 是 V 的施事

施事类 N_1 可以放到 V 的前面充当主语，构成典型的“S + V + N”格式。例如：

陈兵边境——兵陈边境　进军巴黎——军进巴黎
现身广州——身现广州　会师井冈山——师会井冈山

这一类还有：

出师中原　驻军伊朗　沉船太平洋　出身名门

6. N_1 是 V 的使事

使事即 N_1 是 V 的使述宾语，表示 N_1 是动作 V 致使的对象，N_1 可以用“使”提到 V 前。例如：

跻身前列　蜚声文坛　驰名中外
栖身窑洞　扬名天下　葬身鱼腹

V 和 N_1 的语义关系多种多样，不同的语义影响着"$V+N_1$"带宾语的能力。根据 N_1 的语义类型，可以大致列出带处所宾语的"$V+N_1$"的等级序列：

受事＞处所＞施事＞工具＞使事＞目的

(三)[$(V+N_1)+N_2$]中 N_1 和 N_2 的关系

从结构组合的层次来说，N_2 和"$V+N_1$"存在直接语义关系，这从 N_2 的语义类别分析中就可以看出。但是有一小部分[$(V+N_1)+N_2$]中的 N_2 除了与"$V+N_1$"具有语义关系外，还和 N_1 蕴涵着某种关系。

1. 领属关系

N_2 领有 N_1，可以在 V 和 N_1 之间插入 N_2，让 N_2 充当 N_1 的定语，即[$(V+N_1)+N_2$]可以变换为"$V+N_2(+的)+N_1$"。例如：

取道新加坡——取新加坡的道

入股宝钢——入宝钢的股

入境加拿大——入加拿大的(边)境

插队东北——插东北的队

开荒南泥湾——开南泥湾的荒(地)

扫盲农村——扫农村的(文)盲

这一类较多的是 N_1、N_2 都是表处所的，且 N_2 占据的位置总比 N_1 要大。如"下榻星级饭店""抢滩上海"等。

2. 同一关系

N_1 和 N_2 不仅在逻辑概念上等级平行，而且在语义指向上也完全一致，可以进入"N_1 是 N_2，且 N_2 是 N_1"的格式，如"定都北京""支边云南"等。

(四) [$(V+N_1)+N_2$]格式的带宾形式

以上论述中已经部分涉及到了"$V+N_1$"带处所宾语的能力，

发现有的“V + N_1”只能带处所宾语,可称为唯处所宾“V + N_1;而有的 “V + N_1”除了能带处所宾语外,还可以带其他宾语,称为可处所宾语“V + N_1”。

1. 唯处所宾“V + N_1”

所谓的唯处所宾就是指“V + N_1”只有后附处所名词时,才构成述宾短语,否则就会形成偏正短语。例如:

述宾:亡命天涯　　留学日本　　出差东北
偏正:亡命夫妻　　留学生涯　　出差日期

正如前面提到的那样,N_1 可能会对[(V + N_1) + N_2]大结构产生影响,当 N_1 表目的、原因时,N_2 只能是处所宾语。

2. 可处所宾“V + N_1”

根据 V 和 N_1 的语义关系及“V + N_1”可带其他宾语的语义类别,还可细分为以下几类:

(1)N_1 是 V 的受事、对象,这一类“V + N_1”可以带对象宾语。例如:

走私中国　　走私毒品
投资大陆　　投资园艺
聚焦中国　　聚焦明星
寄情山水　　寄情孤残儿童
帮教山区　　帮教失学儿童

(2)N_1 是 V 的处所,除了带处所宾语,还可带对象宾语。例如:

出口新加坡　　出口石油

(3)N_1 是 V 的施事,还可带对象宾语。例如:

会师井冈山　　会师红二方面军

可带处所宾语的“V + N_1”除了带处所宾语之外,最可能带的是对象宾语。

二 对象宾语的[$(V+N_1)+N_2$]

(一)对象宾语[$(V+N_1)+N_2$]的结构类型

N_2 是对象宾语的[$(V+N_1)+N_2$],大部分 N_2 都可以用介词引到"$V+N_1$"前,充当状语。也有部分可以与介词构成介词短语,充当"$V+N_1$"的补语。它们的变换式主要有以下几类。

(1)N_2 可以和表对象的介词"对、向、给"等构成介词短语,充当"$V+N_1$"的状语。其中用"给"引介的介词短语,位置可前可后。例如:

聚焦明星——对明星聚焦

挑战八一队——向八一队挑战

上书总理——给总理上书——上书给总理

让位袁世凯——给袁世凯让位——让位给袁世凯

(2)N_2 用"把"引介,构成"把 $N_2+(V+N_1)$"。例如:

出口石油——把石油出口

回笼资金——把资金回笼

(3)N_2 用"和、跟、同、与"引介。例如:

签约索尼——跟索尼签约

无缘世界杯——和世界杯无缘

会师红二方面军——与红二方面军会师

约会新闻界友人——同新闻界友人约会

这三类可用不同的介词来引介,实际它们可以细分为不同的语义类别。(1)是普通意义上的对象宾语,常与表对象的介词构成介词短语;(2)类可以算作受事宾语;(3)类可归为与事宾语。

这里将受事宾语和与事宾语都列入对象宾语，因而我们所提及的对象宾语都是广泛意义上的对象宾语。之所以作这样的处理，是因为“对象”“受事”和“与事”在语义分类上的界限本来就不很分明；而且，从与“V+N$_1$”的深层联系来看，这几类 N$_2$ 都是“V+N$_1$”不可或缺的必有成分，功能类似，不区分也不会影响分析。

(二)N$_2$ 的类别

1．N$_2$ 是指人对象宾语

指人对象宾语包括专有指人名词和普通指人名词。前者如“致信布什”中的“布什”；后者如“动员群众”中的“群众”。一般来说，专有指人名词多是个体名词，普通指人名词多为集体指人名词，因为名词前不出现数量成分或其他修饰成分时，名词表示的一般是类名。例如：

聚焦明星　关心孩子　寄情孤残儿童　贻害苍生

2．N$_2$ 是指物对象宾语

指物对象宾语也可以用对象介词引至“V+N$_1$”前作状语。例如：

投资北京早餐——给北京早餐投资

聚焦文学批评——对文学批评聚焦

3．N$_2$ 是处所对象宾语

前一节讨论的处所是表示方位、范围的；这里的处所则不表方位，主要起指代作用，两者有本质的差别。能够作对象宾语的处所一般多是专有处所名词，即专有名词的兼类和机构名词。这类名词不同于一般处所名词，大多是指社会中的某一政治或经济群体，具有动作行为能力，实质相当于一个集体指人名词。例如：

致电联合国　复信白宫　质疑欧盟　问罪法国

充当对象宾语的处所词语并不表示动作行为发生的处所或范

围，而是代表一个实体，属于对象宾语。这从它们和处所宾语受不同的介词引介、构成格式具有截然不同的变换式就可以看出。例如：

A	B
致电白宫——给白宫致电	就职白宫——在白宫就职
复信清华——给清华复信	投资清华——在清华投资

一般带处所宾语的"V + N_1"组合的变换式都有表处所的介词"在、到、从"等，如B栏中出现的"白宫""清华"等都可以用处所介词来引介。而A栏中的"白宫""清华"则无法用表处所的介词引介，却能用表对象的介词"向、给"等引介，其变换式则同带普通表人对象宾语的完全一致。例如：

A	B
致电白宫——给白宫致电	致电总统——给总统致电
复信清华——给清华复信	复信校长——给校长复信

也可以从A、C完全一致的变换式看出，"白宫""清华"类宾语只是在形式表现为处所词，在语义上，与"总统""校长"类一样都是对象宾语，在某种特定语境中，处所对象宾语就是某一类人或某一个人的代称。

(三)"V + N_1"的语义特征

从配价的角度来看，能带对象宾语的"V + N_1"都是二价的，具有两个必有论元。当"V + N_1"带对象宾语时，两个必有论元在句法上分别表现为主语和宾语。这是每一个能带对象宾语的"V + N_1"的相同点。但是"V + N_1"表现出的语义特征并不完全相同，主要可以归为以下两类。

1．交互类"V + N_1"①

---

①　命名参考了张谊生"交互动词"的叫法。见张谊生(1998)。

交互类“$V+N_1$”是指在句法上能带宾语，在语义上由两个方面的人或物同时参与才能实现或实施的“$V+N_1$”。参与的双方确切地说是主体成分 N_1 和从体成分 N_2，当然这两个论元也可以以联合、并列、替代、复指等方式合成一个合体成分“SN_S”。交互类“$V+N_1$”代表的动作的方向是相互的，即“$N_1 \longleftrightarrow N_2$”。在[$(V+N_1)+N_2$]格式中，从体成分在句法上就是 N_2，我们也将其称为对象宾语。根据鉴别交互类“$V+N_1$”的语义特征和句法功能，可以确定辨析交互类“$V+N_1$”的三个鉴别框架：

框架一：$N_1+(V+N_1)+N_2$

框架二：N_1 跟 $N_2+(V+N_1)$

框架三：$SN_S+(V+N_1)$

凡是可以进入框架一，又可以进入框架二和框架三的“$V+N_1$”都是真正的严格意义上的交互“$V+N_1$”。可以用这个鉴别框架来检验一下，试比较“会师”和“无缘”。

框架一：红一方面军会师红二方面军　贝克汉姆无缘世界杯

框架二：红一方面军跟红二方面军会师　贝克汉姆跟世界杯无缘

框架三：两军(红一、红二方面军)会师　——

需要说明的是像“签约”“无缘”这样的述宾组合，在“N_1”和“N_2”同为人，或同为物时，就可以进入鉴别框架二和三，符合“交互动词”的鉴别框架，但它们不能同时进入框架一，即不能带宾语，所以不是交互“$V+N_1$”。当涉及的双方一方是人，另一方是物时，“签约”“无缘”等能进入框架一和框架二，但不能进入框架三，因为非同类的“N_1”和 “N_2”不能构成“SN_S”，此时它们也不能算是交互“$V+N_1$”。因此不能说述宾式构成的交互动词就一定是交互“$V+N_1$”，因为有的述宾式交互动词没有带宾语的用法。

如果交互“$V+N_1$”中的从体成分不在宾语位置的话，就必须用介词“和、跟、同、与”来引出，不能用其他介词。但并不是说，能用这四个介词引介的成分就一定是"交互"的从体成分。如"无缘"的对象可以用上述四个介词引介,但"无缘"并不是交互"$V+N_1$"。

按照三个鉴别框架来严格鉴别,能归入交互"$V+O_1$"的述宾组合数量非常少。除了"会师"和"约会"以外,交互"$V+N_1$"还有以下一些:

儿子告别母亲　　安徽接壤浙江

意大利结盟德国　　中国建交美国

东航媲美新加坡航空公司

上述带宾语的交互"$V+N_1$",多数出现在新闻标题中,格式的合格度还有待语言事实的检验。

2. 非交互类"$V+N_1$"

除了少数的交互"$V+N_1$",其余带对象宾语的都是非交互"$V+N_1$"。一般这一类"$V+N_1$"所表示的动作行为只有一方参与就可以成立。两个必有成分在语义上对应为施事和对象,且动作的方向是单一的,即一定是"施事→对象"。对象在句法上不表现为宾语时,只能用单向的介词"对、向、给"等来引出对象。但上面提到的"签约""无缘"这类有参与双方,但不能满足交互"$V+N_1$"鉴别框架的也应归入此类。

(四)"$V+N_1$"的语义分析

1. N_1 是 V 的工具

N_1 表工具的,还可细分为两类。一类的 N_1 是身体的一部分,此时带的对象宾语多是指物的,如"插手他的家事""接手刑事案件"等。

一类的 N_1 是"信件""电文"一类的名词,具有[+公文]的语义特征。此时,"$V+N_1$"所带的宾语除了一般的表人对象宾语以外,有些形式上也表现为处所词语。例如:

致电联合国——给联合国致电　投书报社——给报社投书
复信国务院——给国务院复信　献计曹营——给曹营献计

2. N_1 是 V 的原因

这类"$V+N_1$"也可以同时带处所对象宾语和指人对象宾语。例如：

质疑中情局　　质疑他人
问罪美国　　问罪父母
告别母校　　告别亲人

跟上一类一样，机构名词"中情局"和"美国"都是"质疑"和"问罪"的对象宾语，同普通指人对象宾语组合具有同样的变换形式，都可以用"对"或"向"来引介。例如：

质疑中情局——对中情局质疑　质疑专家——对专家质疑
问罪美国——向美国问罪　问罪统帅——向统帅问罪

3. N_1 是 V 的对象

N_1 表示 V 所代表的动作、行为直接作用的事物或动作行为及于的对象。例如：

(1)关心孩子　迁怒家人　留意国际形势
(2)寄语读者　揭秘百慕大　寄情孤残儿童

(1)(2)两类的差别主要在 N_1 和 V 的联系紧密度，也即 N_1 的自由度上。相比较而言，(1)中的 N_1 意义较虚，对 V 的依赖性更强，构成的述宾组合也较固定，因而这一类带宾语的合格度早已被大家接受。〔2〕中的 N_1 相对比较自由，意义较实，一般能用"把"字提前。因此〔2〕类述宾组合中的"动"多被看作是一个句子里的主要动词，它所带的"宾"就是句中的宾语，后面再带宾语就比较困难。一般情况下说述宾组合不能带宾语，大多数指的就是

〔2〕组中的述宾组合。

4. N_1 是 V 的处所

V 和 N_1 之间的语义关系是“动作—处所”。有的 N_1 表示的 V 所代表的动作的源点，有的则是终点，如“出土”的“土”表源点，“回笼”的“笼”表终点。

一般“$V+N_1$”具有位移义，这除了跟 N_1 表处所有关外，主要与 V 的性质意义有关。一般与表处所 O_1 构成述宾组合中的 V 都是趋向动词，本身就含有动作的方向。根据结构的松紧程度，可将“$V+N_1$”分为两类。

(1)N_1 表示的处所义比较具体，可以还原为相应的处所名词，如“出土(土地)”“出口(港口)”等。

(2)“$V+N_1$”语义的整合性加强，N_1 所表示的处所义在述宾组合中不凸显，也不要求出现处所词来完整语义。而且，V 和 N_1 不能分开，必须构成整体对宾语 N_2 起作用，可以有“使 $N_2+(V+N_1)$”的变换式。例如：

回笼资金——使资金回笼

出台新政策——使新政策出台

一般情况下，这类“$V+N_1$”带宾语充当句子的谓语，句法上强制要求“$V+N_1$”蕴涵着的施事出现在主语位置上。N_1 表处所的语义，限定了出现在主语位置上的一般是跟处所有关的名词，或表具体的方所范围，或表政治经济实体。有的可能在句中没有明确，但在上下文可以很容易找出这一施事成分。例如：

〔41〕河南方面当然吃惊：西峡出土了恐龙蛋化石？我们怎么就没听他们讲？

〔42〕当时中国进口了 13 辆带空调的日本小轿车，每位政治局委员一辆。

〔43〕中央台广告部主任谭希松对记者说，出台限制政策是为

了防止媒体资源浪费和误导消费并净化屏幕。

在上述这些例句中，我们发现：N_1 表处所、N_2 表对象的[(V+N_1)+N_2]充当句子的主要谓语时，在句法上一般要满足两个条件：

A. N_2 一般不能为光杆名词

“V+N_1”所带的对象宾语 N_2 一般要受定语的修饰或限制，不能是光杆名词，且定语多具有“数量义”。从结构上来看，[(V+N_1)+N_2]格式在自然语流中呈现的线性结构与存现句有着很大的相似性。根据古川裕(1997)对现象句的考察，现象句中的宾语应该是数量名短语而不应该是光杆名词，要是没有数量定语，句子就很难成立，至少句子的独立性就会明显地减弱。从认知特点上来看，“V+N_1”隐含了一个位移义，描写了某种位移状态，这类述宾带宾都描写某一东西跨越移动的事态，这个移动的东西(即宾语)在认知上容易被人们看成是“有界”的个体事物，所以语法形式上一般要带上数量词定语的标记。当宾语名词有了定语对其进行限制或修饰后，所指就明确、具体，满足了动作语义的要求，满足了句子意义完整的语义要求。

B.“V+N_1”后要有时态助词

这类[(V+N_1)+N_2]在句子层面充当谓语，“V+N_1”后常常带时态助词，而且只能带时态助词“了、过”，不带进行态助词“着”。这是因为“V+N_1”蕴涵了[+完成]这一义项，而动词后没有时态标记时，一般表示动作行为正在进行。所以在句子层面，“V+N_1”不能与进行时态“着”搭配，只能带“了”或“过”。

一般来说，N_2 是对象宾语，且 N_1 表处所的格式充当谓语时，句法上至少要满足这两个条件中的一个，才能构成合法的句子。这两个条件在某种程度上相当于这类[(V+N_1)+N_2]进入句子的完句成分。

三　其他宾语的[(V + N_1) + N_2]

(一)N_2 是施事宾语的[(V + N_1) + N_2]

这一类"V + N_1"的特点是,所联系的必有成分只有一个,它既可以出现在动词前边,也可以出现在后边。在我们讨论的结构中表现为施事宾语,施事宾语一般都是高生命度的指人名词。宾语的[(V + N_1) + N_2]格式,具有"N_2 + (V + N_1)"的变换式。当上述结构中的施事宾语出现在句首作主语时,"V + N_1"就不再带宾语。

1."V + N_1"的语义分类

(1)N_1 是 V 的施事。例如:

复员 20 万军人
毕业数千名大学生

(2)N_1 表 V 的受事。例如:

失踪 43 个游客

2. N_2 的句法要求

施事宾语不能是光杆名词,一般由受数量成分修饰的短语来充当。例如:

复员	复员 20 万军人	复员军人
失踪	失踪 43 个游客	失踪游客
毕业	毕业数千名大学生	业大学生

这主要由施事宾语的句法、语义特点决定。N_2 是光杆名词时,由于宾语表施事,大多是高生命度的指人名词,在句法结构上容易构成潜在的歧义短语。二是光杆名词不能满足施事宾语的语义要求。一般来说,施事宾语传达新信息,是个无定成分,因此,它需要数量词的修饰,拒绝有定成分的修饰。

(二)N_2 **是结果宾语**

1."$V+N_1$"的性质

N_2 是结果宾语,表示"$V+N_1$"动作的结果。能带结果宾语的"$V+N_1$"语义上,表示创造或某一变化的动作。在形式上,可后加补语"成""为""好"等。例如:

起草报告——起草好报告

更名深圳海关——更名为深圳海关

命名"银河2号"——命名成"银河2号"

"$V+N_1$"大都可以带动态助词"了""过"。少数除了带"了"、"过"外,还可以带"着",如"起草"等。

2. 结果宾语 N_2 的类别

(1)N_2 是创造的新事物。结果宾语具有"从无到有"的特征,是完成了的事物。例如:

起草报告　　出版儿童刊物

冠名甲A　　命名"银河2号"

如果要添加出这类[$(V+N_1)+N_2$]格式的主语的话,主语就是创造结果宾语 N_2 的某人(少数[-人类])。

(2)N_2 表示原有的人或物发生变化后的新情况。这里的"结果"不是从无到有,而是原有的人或物的旧态转变而成或增添的新态,具有"从旧到新"的特征。例如:

更名深圳海关　　取名王小毛

就职南非总统　　入选亚洲小姐

这类[$(V+N_1)+N_2$]格式的主语跟 N_2 有某种事理上的联系,多为同一关系。

(三)其他宾语

1. N_2 是目的宾语

N_2 代表目的宾语,表示动作行为的目的。形式上,N_2 可以用"为……而"提到"$V+O_1$"前。例如:

献身革命——为革命而献身

备战世界杯——为世界杯而备战

征战中国顶级联赛——征战中国顶级联赛

2. N_2 是时间宾语

N_2 是时间宾语,带时间宾语构成的$[(V+N_1)+N_2]$格式多是四字格,用法较固定,常常构成对称格式,有一些成语也可归入此类。例如:

立足现在　　着眼未来　　流芳百世　　遗臭万年

3. 数量宾语

像"罚款 10 元""投资一亿""增产十万吨"这样后带数量短语的例子,我们不将其另立为一类。如果一定要对其进行归类的话,其中数量短语后加名词或名词短语仍可成立的这部分,并入对象宾语比较合适。例如:"罚款 10 元"可以说成"罚款 10 元人民币","投资一亿"可以为"投资一亿美金","增产十万吨"可以有"增产十万吨棉纱"的说法。如果数量短语后加名词或名词性短语不合格的话,就将其作为补语成分来处理。例如:

提速一倍——*提速一倍速度

建房 20 栋——*建房 20 栋公寓

这样处理,一是因为数量主要与述宾组合中的宾语构成同位复指关系,对述宾组合主要起补充说明的作用;二是数量出现在述宾组合后具有极强的类推性,只要述宾组合中的宾语是可数的,几乎都可以后带数量,在量上无法控制。

从上面的考察可知,语义类别对充当宾语的能力有很大影响,不同的语义成为述宾组合的宾语比率有较大差别。根据宾语的语义分类,可以排出这样的优势序列:

对象>处所>其他

现代汉语中的语义角色和句法位置虽然没有一一对应的齐整关系,但语义角色对句法位置的选择会有一定的倾向性,宾语位置是表对象的语义成分的最佳选择,施事对于宾位来说是处于相对弱势。根据高更生(1998)对80年代及其以前的两部词典的统计,能带对象宾语的述宾组合最多。90年代至今的述宾带宾情况目前没有现成的词典可以作为参考,但从公开发表的文章的举例和平时积累的材料来看,带对象宾语的述宾组合也最多,其次是处所宾语。但是近年来[($V+N_1$)+N_2]格式的运用,处所宾语出现的频率最高,语义关系也错综复杂。因此我们在对述宾加宾格式进行语义分析时,对处所和对象宾语的格式作了较为详细的描写,其他则相对简略些。

第三节 [($V+N_1$)+N_2]格式的限制条件

现代汉语中,特别是新闻媒体和口号、标题等,[($V+N_1$)+N_2]格式的使用频率越来越高,这种现象也越来越普遍。[($V+N_1$)+N_2]格式的广泛使用既有历时的句法形式基础,又有共时平面中语义、句法和语用的限制和要求。

一 [($V+N_1$)+N_2]格式的语义因素

(一)语义基础

“$V+N_1$”能否带宾语首先是个语义问题。从语义结构来看,“$V+N_1$”能联系多少语义成分及什么性质的成分等,是由“$V+N_1$”的语义决定的。“$V+N_1$”虽然本身已蕴涵一个宾语,但述宾组合在具体使用时,总会出现动作的指向、动作的结果、动作的对象等语义内涵,即我们所考察的“$V+N_1$”,在语义上一般都是多价的。也就是说,在已经占据了主语位置的一个论元外,至少还需要再带上一个论元。虽然不能说“$V+N_1$”的配价成分并不限于主、宾语位置,但我们可以说主、宾语位置是“$V+N_1$”配价的优选位置。当“$V+N_1$”的一个配价成分出现在主语位置时,另一配价成分优选宾语位置,如果行不通,才选择状语位置中的介宾位置或其他,因为介词宾语由于必须借助一个介词而增加了语言的负担。因此“$V+N_1$”带宾语有其内在的语义基础。

广义的语言理解,“除了建立意义过程外,还有一个意义的使用过程”(桂诗春,1991)。在理解语言时,人们会从常识性的语言背景出发,去理解它的语义关系。因此只要 N_2 在语义上能对“$V+N_1$”起补充说明,满足“$V+N_1$”语义上自足的要求,就可能被接受。

(二)“$V+N_1$”的语法化

对“$V+N_1$”来说,阻止它带宾语的主要原因在于“$V+N_1$”的结构对句法结构的干扰。人们在使用“$V+N_1$”时,能特别感受它们的双重语感:一方面音节数及组合的常用性,让人觉得是词,按词的方式使用时就会试图给它带上一个宾语,否则它们作为词的功能就会大大减弱;另一方面“$V+N_1$”内部结构的独立性倾向,让人们在运用时无法忽略内宾 N_1 的存在,从而干扰了再带一个宾语的功能。由此,我们可以推测:

> “$V+N_1$”的语法化程度越高,对句法结构的干扰就越小,“$V+N_1$”带宾语的可能性就越大。

意义和形式是同一个问题的两个方面,在“$V+N_1$”的虚化过程中是相互依存、相互促进的。句法位置和结构关系的改变会引起“$V+N_1$”词化的发生,同样,词义的“泛化、类比、再分析”等语法化机制也在这一过程中都起到或大或小的作用,导致组合的结构关系和语法功能的改变。“$V+N_1$”的语法化主要表现为以下两个方面。

1.“$V+N_1$”构成成分的粘着度高

泛化(generalization)是指实词语义的抽象化、一般化和扩大化,它是以实词的部分具体义素的脱离和词义的适用范围扩大为前提的。一个实词的语义成素部分消失,从而造成自身适用范围的扩大。词义的泛化在“$V+N_1$”上也有明显体现,“$V+N_1$”中 N_1 的实义性不断减弱,整个组合的意义集中在 V 上,从而使得原本占据宾位的 N_1 在“$V+N_1$”中地位的削弱。参与“$V+N_1$”的成分失去独立活动的能力,它们紧密结合在一起,只能以整体的方式被运用。“$V+N_1$”更多地体现出一个动词的特征,原来的述宾结构对它外带宾语功能的干扰就大大减少了,“$V+N_1$”也就可以像普通动词一样具有带宾语这一主要功能。

从历时的角度来看$[(V+N_1)+N_2]$格式,“$V+N_1$”在内部构成上由单音节词和单音节词的组合→成词语素和成词语素的组合→成词语素和不成词语素的组合,在语义上 N_2 的实义性不断减弱,体现了语法化单向性,即由具体变抽象。但“$V+N_1$”凝聚、融合的程度并不一致,在一些可带宾语的“$V+N_1$”中的 N_1 的实义性还很强,从目前能带宾语的述宾组合来看,语法化的层次性也得以体现。

2.“$V+N_1$”构成成分的语义融解度高

“$V+N_1$”中的 N_1 如果是不成词语素,独立性差,粘着性强。这样“$V+O_1$”内部的融合程度就高,表明了 V 与 N_1 不是简单的相加,不是短语性质,具备了意义的整体性,具备了动词的特性。而有了动词的特性,也就有了带宾语的语义要求的可能性。

在现代汉语中,有一些述宾组合已经在发生变化,由单纯的字面意义到引申意义,结构也越发凝聚,带宾语的能力越强,而且所带宾语的范围也大大扩大了。这也可以说是“$V+N_1$”语义融解度高的一个表证。例如:

进军——进军阿富汗
　　——进军好莱坞
登陆——登陆诺曼底
　　——登陆上海
落户——落户北大荒
　　——国内首家劳斯莱斯豪华车专卖店落户深圳（新）

“$V+N_1$”构成成分间因使用环境及社会文化的影响，结合程度和稳定程度都提高了，“$V+N_1$”带宾语的功能也越来越稳定。

二　[($V+N_1$)+N_2]格式的句法制约

(一)[($V+N_1$)+N_2]格式的传承

[($V+N_1$)+N_2]格式并非新兴格式，古已有之，从汉代→唐代→宋代→清末民初→“五四”到建国→建国后，汉语也经历了从古代汉语→近代汉语→现代汉语的发展历程，[($V+N_1$)+N_2]格式一直存在，虽有“沉寂”时光却没绝迹。这为[($V+N_1$)+N_2]格式在近十几年间完成了复兴并广泛流行提供了历史根基，提供了格式存在的深层次的合理性与流行的理据性。

当前流行的[($V+N_1$)+N_2]格式就 N_2 的语义类型来考察，最常见的是处所宾语。这与古代汉语里的[($V+N_1$)+N_2]格式主要是处所宾语(如：出兵函谷、逐鹿中原)有历史的承继性。这一点可以从保留至今的那些古语色彩较浓的成语或固定短语中可见一斑。例如：

A. 对簿公堂　　垂范后世　　待字闺中　　含笑九泉
B. 闻名天下　　称雄武林　　称霸天下　　饮誉全球

像“垂范后世”“对簿公堂”这样的成语，结构上符合[($V+N_1$)+

$N_2]$格式，音节上又是“2+2”模式，这种格式对脱离了固定格式的双音节述宾带双音节宾语或多或少起着类化作用。

(二)汉语语言构造的影响

由于现代汉语中双音节词占绝大多数，受这种形式标记的影响，单音节的 V 与单音节的 N_1 组合在一起时，就很容易被理解为一个动词，或者说这种组合具备了一定的词化特征。而汉语中的述宾结构又是一种优化格式，具有很强的促成能力（邢福义，1996），再加上以汉语为母语的人长期深受汉语典型的“S+V+N”模式的影响，便会自觉不自觉地把“$V+N_1$”的修饰说明成分省略掉介词，移到它的后面充当起它的宾语来了。

从句子成分的角度来看，我国传统的句子成分分析法一般把句子分成主语、谓语、宾语三种主要成分或中心成分，以及定语、状语、补语三种次要成分或附加成分。主语、谓语和宾语实际上是句子结构的信息支点，即主要信息所在，定、状、补实际上就是句子结构的次要信息所在，虚词实际就是句子结构在线性组合中所配载的次要词语。$[(V+N_1)+N_2]$格式就是把原有格式中的次要信息转换而成主要信息的一种句法形式。

(三)框式介词的作用

在框式介词的作用下，述宾组合带宾语的倾向性加强。因为与述宾组合所代表的动作、行为相关的语义成分，如对象、处所、原因、目的等原本需要用介词来引介，这样就造成了两个介词连用的现象，为了减少结构理解的负担，就会选择把宾语直接置于述宾组合后面。例如：

在挑战八一队前　　在致电总统前　　在登陆上海前
在签约索尼后　　在插手内政后　　在涉足影坛后

在现代汉语中，能进入框架介词的一般是名词性成分。如果动词性成分进入这类框架，动词性成分本身的陈述义减弱，指称义加强。这一点可以通过框式介词中述宾短语对副词的选择性限制得到证实。一般来说,框式介词中的述宾短语只能受描摹性副词修饰,不能受限制性副词修饰。例如:

插手内政——一再插手内政——肆意插手内政

在插手内政后——＊在一再插手内政后——在肆意插手内政后

致电总统——经常致电总统——亲自致电总统

在致电总统前——＊在经常致电总统前——在亲自致电总统前

通过上述例子可以看出,述宾组合在处于框式介词前既能受限制性副词修饰,也能受描摹性副词修饰,在框式介词中只能受描摹性副词修饰,不再受限制性副词修饰。当动词性成分在外界的某一作用力下由陈述义向指称义游移后,就不再能受限制性副词修饰了,但却仍可以受描摹性副词的修饰。这一区别就表明了,处在框式介词中的述宾短语的弱陈述性和强指称性。

跟双音节动词的指称强弱一致,述宾短语和状中短语相比,前者的陈述义弱,指称性强。所以在框式介词的作用下,会优先选择述宾短语这一弱陈述性结构。

(四)句法结构的制约

“$V+N_1$”带宾语,在语义上都应该是合格的,然而语义上有带宾语的要求并不意味着句法上一定能够实现。$[(V+N_1)+N_2]$格式中的宾语除了少数的粘着宾语外,一般可以出现在其他句法位置,主要有介词宾语、主语、中心语和定语等句法位置。是什么动力迫使这些原本处在别的句法位置的成分移向宾语位置的呢?我们认为除了历史和构造因素外,还受到了句法位置的制约,尤其是在陈述文体中。

1. 定语辖域的影响

“$V+N_1$”是动词性的，不管它是否带宾语，所在短语最主要的句法功能是充当谓语，谓语属于句子的第一层面。当“$V+N_1$”所在的短语充当定语时，处于句子的下位层次，这时“$V+N_1$”如果在语义上有配列项时，该语义项优选占据“$V+N_1$”的宾语位置，这符合大结构中充当句法成分的小结构凝固性强的要求。这一类充当定语的$[(V+N_1)+N_2]$的N_2以处所宾语居多，“述宾组合+处所宾语”作为一个整体充当句子的定语，对人或物进行修饰或限制。例如：

〔44〕这位名旦的唇髭显然是抗议战争的鲜明标志。

〔45〕这位早年投身革命的职业革命家的一段“间谍”生涯却鲜为人知。

〔46〕可曾经以《那山那人那狗》蜚声文坛的湖南作家彭见明却偏偏看中了清水学校，看中了莘莘学子。

2. 连动句式的结构对称性

当$[(V+N_1)+N_2]$格式充当连动句的分项谓语时，尤其当另一分项也是述宾结构时，为了节律的匀称、格式的对仗或齐整，优选$[(V+N_1)+N_2]$格式。例如：

〔47〕唐林现身高雄国际书展大跳韵律，除了小朋友聚精会神，清凉劲装也引来港都男子争相“观摩”。

〔48〕1939年8月，梅尔卡戴母子取道纽约前往墨西哥。

〔49〕让我们着眼长远，增进信任，扩大合作，开辟中印两国友好关系的新纪元。

3. 主宾语位置

当N_2是受事或施事，“$V+N_1$”作谓语时，N_2一般以主语为常态，但当“$V+N_1$”所在的短语充当句子的主语或宾语(包括介宾)

时，优先选择[(V + N_1) + N_2]格式。例如：

〔50〕中央台广告部主任谭希松对记者说，出台限制政策是为了防止媒体资源浪费和误导消费并净化屏幕。

〔51〕1988年，他主演的第一部电影《摇滚青年》上演，从此开始涉足影视界。

〔52〕于光远除了插手文艺，他在下列领域都犯下了罪行……

主宾语位置上的谓词性成分不能再具有时体特征，也就是说陈述性削弱，指称性加强，这一要求与出现在框式介词中的[(V + N_1) + N_2]格式是相似的。

三　[(V + N_1) + N_2]格式的语用要求

吴锡根(1998)的统计发现：在4636个不能带宾语的动词中，有3974个是述宾式的。这从侧面说明，述宾复合词作为一个动词次类，不能带宾语是一个较普遍的特征。吴文的统计仅局限于一般文本文体。一些原本不能带宾语的述宾组合在特定的语体或语境中也可以带宾语，[(V + N_1) + N_2]格式首先是在新闻语体中发展、流行开来的，尤其是标题中[(V + N_1) + N_2]格式的大量使用。

在我们的考察中，新兴的格式大多首先在新闻媒体语言中出现，集中出现在标题中，然后才逐步被人们接受、使用并推广。我们学习和使用的是"活"的语言，所以除了句法、语义因素的影响，[(V + N_1) + N_2]格式的流行，肯定还涉及到较多的语用因素。下面我们将对影响这一格式的语用因素作一下尝试的探讨。

(一)语体的包容性

现阶段[(V + N_1) + N_2]格式主要高频率地出现在新闻标题中，口语或真实文本中较少出现。这同新闻标题这一语体传递信息的特殊性有关。

1. 新闻标题作为新闻内容的高度浓缩与概括,简明性是它的特点之一。因此,在新闻标题中化长为短,化繁为简,以少寓多就成了必要的条件与特色。这种简明性的要求在表达、制作上往往尽量省略某些次要信息的词语,而强化主要信息的关键性词语。这就是为什么常规句中介词之类的虚词,到了标题中就成了省略的对象。也就是说,新闻标题这一特定语体给[(V+N_1)+N_2]格式以生存、发展的空间,语用简洁规则使新闻标题对语言常规有所突破。

2. 新闻标题与新闻正文的互补性使[(V+N_1)+N_2]格式具有可理解性。[(V+N_1)+N_2]格式在标题中出现,而相应的正文中有与之同义的“介宾短语+述宾组合”或“述宾组合+介宾短语”格式在共时平面上并存互见,人们可以通过对应、转换去理解。

3. 新闻标题力求创新,使[(V+N_1)+N_2]格式得以孕育、流行乃至定型。新闻标题永远是时代的弄潮儿,它一方面紧跟时代潮流,经常率先把新词语、新用法、新修辞表达手法引入标题;另一方面,又勇于突破语言文字自身的限制,超越常规而锐意创新、改革。格式最多出现在新闻标题里,既是这种语体自身发展的需求,也是这种语体满足读者求新尚异需求的结果。

(二)信息理解原则的要求

从信息表达角度看,语言这种人类交际工具的运用,实质上是人类重要的信息传输行为。从信息内容的构成看,一句话或一个语言片段在特定语境中所承载的信息并不是平衡均一地处在同等的地位,它有主要信息,有次要信息,还伴随着由于线性组合过程而配载的多余信息。交际过程中,人们往往提取双方所关切的主要信息作为整个语言结构的信息支点,也就是要抓住承载主要信息的关键词语,把它们放在比较突出的位置上。在[(V+N_1)+N_2]这一格式里,整体性较强的述宾结构“V+N_1”总是整个格式重要信息的载体。由于它处于格式的开头，地位显眼，容易让人对重要信息获得深刻的印象。另外，后加的宾语常常处于句子的末尾，占据句子的焦点位置，也容易让人获得新信息。新信息占据焦点位置的语用凸显。

陈建民(1986)在《现代汉语句型论》中指出，句型的变换，“有时候是指在基本格式上增删个别词语，经常则指向左向右移动词语的位置。格式变换之后，在语气上、感情色彩上、使用场合上都有细微差别”。将述宾组合不带宾语的形式变为[$(V+N_1)+N_2$]格式，正是人们自觉利用这一“细微差别”的表现。相比较那些基本同义但形式不同的表达式，[$(V+N_1)+N_2$]格式体现出信息突出、意义鲜明、语言简练等特点，因而被广泛使用并流行开来。

在一定的语言背景下，这种搭配的常识性被语言学习者认可，并在合适的时候再作为使用者将它们传播出去。一些新兴的[$(V+N_1)+N_2$]格式经历了“被动接受—主动使用—自觉传播”的过程，便逐步地被语言学习者或使用者以一种认可的心理定势将这种句法形式接受下来。

另外，语言不是一种孤立的现象，语言成分的相互影响和相互吸收也是一种普遍的语言现象。

(三)交际原则

法国著名语言学家马丁内主要从音位系统的演变事实出发，提出了语言的经济性原则，此项原则要求语言能用有限的材料和模式传达无限的意义和关系。根据马丁内的理论，语言发展的总趋势是由繁趋简，因而在语言发展中必然会造成某些词汇的多义性和句法模式的多义性(多结构关系、多功能。如“进口汽车”)，以满足用有限的材料和模式传达无限的意义和关系的需要。[$(V+N_1)+N_2$]格式正是避繁就简原则的体现。

从语言使用的经济原则看，还有一个重要的方面，语言的经济性原则要求表达凝练，这更加符合新闻媒体等简洁明快、表意突出的语言风格，这种语言使用上的需要，也给$[(V+N_1)+N_2]$格式的产生和流行提供了一个条件。当$[(V+N_1)+N_2]$格式所代表的常识性越强时，这种格式的使用就越频繁，人们从常识性的认知心理出发，对这种格式的宽容就越大，于是，这种不产生误解、简练的说法也就成了大家的习惯用法了。$[(V+N_1)+N_2]$格式的广泛使用是信息交流经济、简明、快捷要求在语法结构上的一种体现。

其他，如语言求偶和对称的审美原则对$[(V+N_1)+N_2]$格式的流行也有一定的影响。从音节结构上看，$[(V+N_1)+N_2]$格式往往形成整齐均匀的音节排列，这也是其他同义格式所不及的。

语义、句法和语用对$[(V+N_1)+N_2]$格式的制约作用并不是截然分开的，在语言发展定型过程中，这几种因素常常交互起作用。

据对《现代汉语词典》(1996 年修订本)中的双音节述宾式动词进行的统计分析，发现在 3018 个述宾式动词中，有 298 个在内地已经比较普遍地具有带宾语的用法。从目前来看，能带宾语的双音节述宾组合远远不止这些。虽然在整个双音节述宾组合中所占比重并不很大，但这类述宾组合的开放性和使用的高频性，已经成为汉语中不可忽视的一种语法现象了。

参 考 文 献

北京语言学院语言教学研究所，1986，《现代汉语频率词典》，北京语言学院出版社。

伯纳德·科姆里(Comrie B.)，1981，沈家煊译，《语言共性和语言类型》，华夏出版社。

布龙菲尔德，1980，《语言论》，袁家骅、赵世开、甘世福译，商务印书馆。

曹伯韩，1954，汉语的词类分别问题，《中国语文》第 10 期。

车竞，1994，试论"N+V"式定心结构，《汉语学习》第 1 期。

陈爱文，1986，《汉语词类研究和分类实验》，北京大学出版社。

陈昌来，1997，论现代汉语不及物动词及其所构成的句法、语义结构，中国语言学会第九届学术年会(南昌)论文。

陈昌来，1998，《语义成分研究》，复旦大学博士研究生学位论文。

陈承泽，1922，《国文法草创》，商务印书馆。

陈建民，1960，论兼语式和一些有关句子分析法的问题，《中国语文》第 3 期。

陈建民，1986，《现代汉语句型论》，语文出版社。

陈宁萍，1987，现代汉语名词类的扩大，《中国语文》第 5 期。

陈平，1982，释汉语中与名词性成分相关的四组概念，《中国语文》第 2 期。

陈庆汉，1991，"N 的 V"研究综述，《河南师范大学学报》第 2 期。

陈庆汉，1996，"N 的 V"短语的句法、语义、语用研究综述，《华中师范大学学报》第 2 期。

陈琼赞，1955，修饰语和名词之间的"的"字研究，《中国语文》第 10 期。

陈一，1989，试论专职的动词前加词，《中国语文》第 1 期。

陈一，1998，动名兼类词与 N 的 V/N 结构，《求是学刊》第 1 期。

戴浩一，1988，时间顺序和汉语的语序，黄河译，《国外语言学》第 1 期。

戴耀晶，1994，现代汉语持续体"着"的语义分析，见邵敬敏主编《九十年代的语法思考》，北京语言学院出版社。

戴耀晶，1998，现代汉语动作类二价动词探索，《中国语文》第 1 期。

邓守信,1983,《汉语及物性关系的语义研究》,侯方、邹韶华、侯敏译,黑龙江大学科研处。

刁晏斌,1993,“动宾式动词 + 宾语”的搭配规律,《语文建设》第6期。

丁声树等,1979,《现代汉语语法讲话》,商务印书馆。

丁喜霞、原雪梅,1998,对“动宾式动词 + 宾语”句式增多的思考,《语文建设》第3期。

董晓敏,1987,“N 的 V”功能类别质疑,《九江师专学报》第3期。

范继淹,1983,汉语语法结构的层次分析问题,见《语法研究和探索》(一),北京大学出版社。

范继淹,1986,编写谓词词典的设想,《语文导报》第6期。

范继淹、徐志敏,1980,自然语言理解的理论和方法,《国外语言学》第5期。

范继淹、徐志敏,1981,关于汉语理解的若干句法语义问题,《中国语文》第1期。

范继淹、徐志敏,1983,自然语言理解和现代语言学研究,《语言研究》第2期。

范开泰,1988,语义分析说略,见《语法研究和探索》(四),北京大学出版社。

范开泰,1990a,省略、隐含、暗示,《语言教学与研究》第2期。

范开泰,1990b,论隐含,见《语文论集》,百家出版社。

范开泰,1993,语法分析的三个平面,《语言教学与研究》第3期。

范开泰,1997,型式语义琐谈,中国语言学会第九届学术年会(南昌)论文。

范晓,1996,《三个平面的语法观》,北京语言文化大学出版社。

范晓,1963,论动词谓语句的定型问题,见《语文论丛》(二),上海教育出版社。

范晓,1987,动词研究中的几个问题,见《句型和动词》,语文出版社。

范晓,1988,语法研究中意义和形式相结合的原则,见《语法研究和探索》(四),北京大学出版社。

范晓,1991a,动词的“价”分类,见《语法研究和探索》(五),语文出版社。

范晓,1991b,《汉语的短语》,商务印书馆。

范晓,1992,VP 主语句——兼论“N 的 V”作主语,见《语法研究和探索》(六),语文出版社。

范晓,1995,胡裕树主编,《动词研究》,河南大学出版社。

冯志伟,1995,《自然语言机器翻译新论》,语文出版社。
冯志伟,1996a,《自然语言的计算机处理》,上海外语教育出版社。
冯志伟,1996b,自然语言处理中的歧义消解方法,《语言文字应用》第1期。
傅爱平,1990,词汇-功能语法,《国外语言学》第1、2期。
傅承德,1990,《论现代汉语动名短语的句法结构和语义关系的自动识别——兼论自然语言机器理解的策略》,上海师范大学博士学位论文。
傅承德,1993a,论现代汉语动名短语的句法结构和语义关系的自动识别,《语言研究》第1期。
傅承德,1993b,《词汇映射理论》评介,《国外语言学》第1期。
傅承德,1994,把词汇规则概念引入汉语语法研究,见邵敬敏主编《九十年代的语法思考》,北京语言学院出版社。
傅雨贤,1988,"Vt+N"所构成的偏正结构,见《语法研究和探索》(四),北京大学出版社。
高更生,1990,《复杂单句》,人民教育出版社。
高更生,1998,"动宾式动词+宾语"的搭配规律,《语文建设》第6期。
高照夫,1991,关于古汉语中加"之"的主谓短语,《泰安师专学报》第1期。
古川裕,1997,谈现象句和双宾语句的认知特点,《汉语学习》第1期。
顾阳,1994,论元结构理论介绍,《国外语言学》第1期。
桂诗春,1991,《实验心理语言学纲要——语言的感知、理解与产生》,湖南教育出版社。
郭曙纶,1998,《兼语式的语义分析及相关问题》,上海师范大学硕士学位论文。
郭锡良,1991,《古代汉语》(修订本)上册,天津教育出版社。
哈特曼、斯托克,1981,《语言与语言学词典》中译本,上海辞书出版社。
韩万衡,1992,《德语配价句法》,商务印书馆。
韩万衡,1993,配价论的基本概念与研究方法,《天津外国语学院学报》(创刊号)。
韩万衡,1997,德国配价论主要学派在基本问题上的观点和分歧,《国外语言学》第3期。
韩万衡、韩玉贤,1994,德国配价论与汉语配价研究,《天津外国语学院学报》第2、3期。

韩万衡、韩玉贤,1995,德汉动词配价对比词典的理论基础与编写方案,《天津外国语学院学报》第1、2期。

何自然,1988,《语用学概论》,湖南教育出版社。

贺阳,1996,形名兼类的计量考察,见胡明扬主编(1996)。

侯敏,1998,"P+NP1+的+NP2"结构的分化处理,《语言文字应用》第1期。

侯学超、吴竞成,1981,层次不同的同形结构例释,《语言学论丛》(第八辑),商务印书馆。

胡附、文炼,1990,《现代汉语语法探索》,商务印书馆。

胡明扬,1996,动名兼类的计量考察,见胡明扬主编(1996)。

胡明扬主编,1996,《词类问题考察》,北京语言学院出版社。

胡裕树、范晓,1985,试论语法研究的三个平面,《新疆师范大学学报》第2期。

胡裕树、范晓,1994,动词形容词的"名物化"和"名词化",《中国语文》第2期。

胡裕树主编,1987,《现代汉语》(增订本),上海教育出版社。

胡裕树主编,1995,《现代汉语》(重订本),上海教育出版社。

华灿,1983,"及物动词+名词"的偏正词组,《济宁师专学报》第2期。

华宏仪,1980,《实用汉语语法》,山东人民出版社。

华玉明,1997,试探动宾式动词加宾语流行的根由,《语文建设》第10期。

华宗德,1994,德语的配价省略与认知,《外国语》第5期。

黄伯荣、廖序东主编,1983,《现代汉语》,甘肃人民出版社。

黄伯荣、廖序东主编,1991,《现代汉语》(增订版),高等教育出版社。

黄国营,1981,伪定语和准定语,《语言教学与研究》第4期。

黄国营,1982,"的"字的句法、语义功能,《语文研究》第1期。

黄国营,1985,现代汉语的歧义短语,《语言研究》第1期。

霍凯特,1986,《现代语言学教程》,索振羽等译,北京大学出版社。

江新,1997,汉语的句子和课文的理解,见彭聃龄主编《汉语认知研究》,山东教育出版社。

蒋同林,1989,"$V_{动}+T_{时段}+$的$+N_{名}$"的同符异构问题,《中国语文》第1期。

金昌吉,2001,"粘宾动词"之我见,见《语言问题再认识——庆祝张斌先生从教五十周年暨八十华诞》,上海教育出版社。

靳光瑾,1997,《现代汉语动词数学抽象与语义计算》,上海交通大学博士学位论文。

孔令达,1994,“名$_1$+的+名$_2$”结构中名$_2$省略的语义规则,见邵敬敏主编《九十年代语法思考》,北京语言学院出版社。

黎锦熙,1992,《新著国语文法》(新版),商务印书馆。

李洁,1987,德语配价理论的发展及成就,《外语教学与研究》第1期。

李晋荃,1993,《语法修辞论集》,语文出版社。

李临定,1981,连动句,《语文研究》第2期。

李临定,1984,施事、受事和句法分析,《语文研究》第4期。

李临定,1986,《现代汉语句型》,商务印书馆。

李临定,1990a,《现代汉语动词》,中国社会科学出版社。

李临定,1990b,动词分类研究说略,《中国语文》第4期。

李临定,1993,《李临定自选集》,河南教育出版社。

李珊,1994,《现代汉语被字句研究》,北京大学出版社。

李铁根,1986,论VN的可扩展性及其性质,《汉语学习》第6期。

李铁根,1988,“V的N”偏正构造的分类研究,《辽宁大学学报》第3期。

李铁根,1990,关于“V了的N”偏正短语中的“了”,《汉语学习》第4期。

李铁根,1995,“V的N”与“VN”,《汉语学习》第4期。

李铁根,1999,《现代汉语时制研究》,辽宁大学出版社。

李文方,1989,试谈现代汉语中的名词状语,《承德师专学报》第3期。

李郁青,1985,浅说偏正词组作主语和宾语的问题,《成都大学学报》第1期。

利奇,G,N,1987,《语义学》,李瑞华等译,上海外语教育出版社。

廖秋忠,1984,现代汉语中动词的支配成分的省略,《中国语文》第4期。

林杏光,1994,短语结构语法,《语言文字应用》第2期。

林杏光、王玲玲、孙德金,1994,现代汉语动词大词典,北京语言学院出版社。

蔺璜,1993,三个不同平面上的歧义现象,《语文研究》第3期。

蔺璜,1996,粘状动词初探,《语文研究》第3期。

凌德祥,1999,试论双音节动宾式动词带宾语的规律,《汉语学习》第5期。

刘大为,1998,关于动宾带宾现象的一些思考(上、下),《语文建设》第1期,第3期。

刘丹青,1996,词类和词长的相关性——汉语语法的“语音平面”丛论之二,

《南京师范大学学报》(社科版)第2期。
刘宁生,1995,汉语偏正结构的认知基础及其在语序类型学上的意义,《中国语文》第2期。
刘英军,1993,汉语口语中的"SV的N"句式,《河北师范大学学报》第2期。
刘玉杰,1993a,现代汉语实词兼类的发展趋势,《求是学刊》第2期。
刘玉杰,1993b,动宾式动词与所带宾语之间的语义关系,《汉语学习》第4期。
刘月华,1988,趋向补语的语法意义,见《语法研究和探索》(四),北京大学出版社。
陆丙甫,1981,对成分分析法和层次分析法相结合的一些看法,《中国语文》第4期。
陆丙甫,1985a,流程切分和板块组合,《语文研究》第1期。
陆丙甫,1985b,名物化问题异议种种,《语文导报》第7期。
陆丙甫,1986,语句理解的同步组块过程及其数量描述,《中国语文》第2期。
陆丙甫,1987,从心理学角度看句型问题,见《句型和动词》,语文出版社。
陆丙甫,1993,《核心推导语法》,上海教育出版社。
陆俭明,1985,由指人的名词相组合造成的偏正结构,《中国语言学报》第2期。
陆俭明,1986,论句子意义的组成,《语言研究论丛》(第4辑),南开大学出版社。
陆俭明,1990,变换分析在汉语语法研究中的运用,《湖北大学学报》第3期。
陆俭明,1991a,语义特征分析在汉语语法研究中的运用,《汉语学习》第1期。
陆俭明,1991b,现代汉语不及物动词之管见,见《语法研究和探索》(五),语文出版社。
陆俭明,1993,《八十年代中国语法研究》,商务印书馆。
陆俭明,1993,《现代汉语句法论》,商务印书馆。
陆俭明,1994,同类词连用规则刍议,《中国语文》第5期。
陆俭明,1997,关于语义指向分析,《中国语言学论丛》(第一辑),北京语言文化大学出版社。
陆俭明、郭锐,2000,现代汉语语法研究所面临的挑战,见《面临新世纪挑战的现代汉语语法研究》,山东教育出版社。

陆俭明、马真，1990，谈句法歧义现象，见《汉语论丛》，华东师范大学出版社。
陆志韦等，1964，《汉语的构词法》，科学出版社。
吕必松，1993，《对外汉语教学研究》，北京语言学院出版社。
吕冀平，1985，《复杂谓语》，上海教育出版社。
吕冀平等，1956，《汉语的主语宾语问题》，中华书局。
吕叔湘，1979，《汉语语法分析问题》，商务印书馆。
吕叔湘，1982，《中国文法要略》，商务印书馆。
吕叔湘，1984a，歧义类例，《中国语文》第5期。
吕叔湘，1984b，《汉语语法论文集》，商务印书馆。
吕叔湘，1990，《吕叔湘文集》，商务印书馆。
罗昕如，1998，"动宾式动词＋宾语"规律初探，《语文建设》第5期。
马庆株，1985，述宾结构歧义初探，《语言研究》第1期。
马庆株，1992，《汉语动词和动词性结构》，北京语言学院出版社。
马庆株，1998，《汉语语义语法范畴问题》，北京语言文化大学出版社。
马希文，1989，以计算语言学为背景看语法问题，《国外语言学》第3期。
马啸，1990，[V的N]与"还是V的好"，《青海师范大学学报》第4期。
马真、陆俭明，1996，"名词＋动词"词语串浅析，《中国语文》第3期。
孟琮，1988，关于主语的语义类，见《语法研究和探索》(四)，北京大学出版社。
孟琮等，1987，《动词用法词典》，上海辞书出版社。
孟琮等，1999，《汉语动词用法词典》，商务印书馆。
孟庆海，1986，动词＋处所宾语，《中国语文》第4期。
缪小春，1982，汉语语句的理解策略，《心理科学通讯》第2期。
莫彭龄、单青，1985，三大类实词句法功能的统计分析，《南京师范大学学报》第3期。
宁春岩，1985，自然语言理解中的几个根本问题，《语言研究》第2期。
诺姆·乔姆斯基，1979，《句法结构》，邢公畹等译，中国社会科学出版社。
潘海华，1997，词汇映射理论在汉语句法研究中的应用，《现代外语》第4期。
彭聃龄，1991，《语言心理学》，北京师范大学出版社。
彭聃龄，1997，《汉语认知研究》，山东教育出版社。
彭睿，1996，名词与名词的再分类，见胡明扬主编(1996)。

齐沪扬,1996,关于“动词+趋向补语”方向价的类型及位移句句型的建立,《中国语文论丛》(第十一辑)。
齐沪扬,1998,《现代汉语空间问题研究》,学林出版社。
齐沪扬,2000,《现代汉语短语》,华东师范大学出版社。
齐沪扬、连蜀,2001,动词性短语与动词的功能比较,《上海师范大学学报》第4期。
裘荣堂,1992,谈“动+的”短语的几个问题,《中国语文》第3期。
裘荣棠,1994,名动词质疑,《汉语学习》第6期。
饶长溶,1984,动宾组合带宾语,《中国语文》第6期。
邵敬敏,1988,形式与意义四论,见《语法研究和探索》(四),北京大学出版社。
邵敬敏,1991,歧义分化语法探讨,《语言教学与研究》第1期。
邵敬敏,1995,双音节V+N结构的配价分析,见《现代汉语配价语法研究》(第一辑),北京大学出版社。
邵敬敏主编,1994,《语法研究和语法应用》,北京语言学院出版社。
邵敬敏主编,1998,《句法结构中的语义研究》,北京语言文化大学出版社。
申小龙,1986,汉语动词的分类角度,《语言教学与研究》第1期。
沈家煊,1999,《不对称和标记论》,江西教育出版社。
沈孟缨,2000,近20年来汉语语法新变,《南京师范大学学报》第3期。
沈阳,1994,现代汉语空语类研究,山东教育出版社。
沈阳,1998,领属范畴及领属性名词短语的句法作用,见邵敬敏主编(1998)。
沈阳,1999,信息处理中汉语动名语义关系分析的不同层次,《语言文字应用》第1期。
沈阳、郑定欧主编,1995,《现代汉语配价语法研究》(第一辑),北京大学出版社。
施春宏,2001,歧义现象的演绎分析——以一组层次构造歧义的系统性分析为例,《语言教学与研究》第1期。
施关淦,1980,关于“在+NP+V+N”句式的分化问题,《中国语文》第6期。
施关淦,1981,“这本书的出版”中“出版”的词性——从“向心结构理论”说起,《中国语文通讯》第4期。
施关淦,1988,现代汉语里的向心结构和离心结构,《中国语文》第4期。

石毓智,2000,《语法的认知语义基础》,江西教育出版社。
石毓智、李讷,2001,《汉语语法化的历程——形态句法发展的动因和机制》,北京大学出版社。
史锡尧,1991,结构助词“的”有时不表示修饰限制,《汉语学习》第5期。
史有为,1991,施事的分化与理解,《中国语言学报》第4期。
斯托克威尔 .R.P,1986,《句法理论基础》,吕叔湘、黄国营译,华中工学院出版社。
宋玉柱,1988,双主谓结构句和连谓式,《中国语文》第5期。
宋玉柱,1995,《语法论稿》,北京语言学院出版社,1995。
孙德金,1996,现代汉语名词做状语的考察,见胡明扬主编(1996)。
孙仁生,1985,德语动词配价语法,安徽大学油印本,1985。
孙维张,1987,现代汉语句法结构的语义重心,《内蒙古民族师院》第4期。
谭景春,1998,名形词类转变的语义基础及其相关问题,《中国语文》第6期。
陶红印,1987,相互动词及相互动词句,见《句型和动词》,语文出版社。
田野,1992,“的”的性质和它的结构功能,《盐城师专学报》第2期。
汪惠迪,1997,“动宾式动词+宾语”的规律何在?,《语文建设》第8期。
王大新,1998,从一种“可疑句式”说开去——兼谈规范的原则和方法,《语文建设》第3期。
王光全,1993a,动词直接做定语时的位置,《中国语文》第1期。
王光全,1993b,动词做定语的几个问题,《吉林师范学院学报》第2期。
王珏,2001,《现代汉语名词研究》,华东师范大学出版社。
王克仲,1988,古代汉语中的“NV”结构,《中国语文》第3期。
王力,1985,《中国现代语法》(新版),商务印书馆。
王甦、汪安圣,1992,《认知心理学》,北京大学出版社。
王维贤,1984,现代汉语的短语结构和句子结构,《语文研究》第3期。
王维贤,1985,说“省略”,《中国语文》第6期。
王维贤,1997,《现代汉语语法理论研究》,语文出版社。
王维贤、李先焜、陈宗明,1989,《语言逻辑引论》,湖北教育出版社。
王砚农、焦庞,1984,《汉语常用动词搭配词典》,外语教学与研究出版社。
王政红,1997,偏正的NV结构,《江苏教育学院学报》第4期。
王志厚,1982,名词作状语种种,《宁夏大学学报》(社会科学版)第2期。

王周明,1996,"V+N"与"V的+N"深层格式关系试析,《福建论坛》第6期。
文炼,1980,形式、意义和内容,《语文学习》第4期。
文炼,1982,词语之间的搭配关系,《中国语文》第1期。
文炼,1984,关于句子的意义和内容,《语文研究》第1期。
文炼,1986,句子的理解因素,《语文建设》第4期。
文炼,1991,句子的理解与信息分析,《语言研究》第1期。
文炼,1992,句子的理解策略,《中国语文》第4期。
文炼,1994,论名词修饰动词,《上海师范大学学报》第3期。
文炼,1995,关于分类的依据和标准,《中国语文》第4期。
文炼、胡附,1984,汉语语序研究中的几个问题,《中国语文》第3期。
文炼、袁杰,1980,谈谈动词的"向",见《汉语论丛》,华东师范大学出版社,1990。
文炼、允贻,1985,《歧义问题》,黑龙江人民出版社,1985。
文炼、允贻,1987,《语句的表达和理解》,上海教育出版社,1987。
文贞惠,1996,《"N_1+(的)+N_2"偏正结构语义句法分析》,硕士论文,1996。
吴竞存、梁伯枢,1992,《现代汉语句法结构与分析》,语文出版社。
吴平,1989,计算语言学与中文语法分析系统,《国外语言学》第3期。
吴启主,1990,连动句·兼语句,人民教育出版社。
吴为章,1984,单向动词及其句型,见《语法研究和探索》(二),北京大学出版社。
吴为章,1993,动词的"向"札记,《中国语文》第3期。
吴锡根,1998,支配式动词及其构成的句式,见范晓等编《语言研究的新思路》。
吴智君,1985,自然语言的计算机分析和理解,《语言研究》第1期。
项梦冰,1991,论"这本书的出版"中"出版"的词性,《天津师范大学学报》第4期。
谢静民,1993,古汉语主谓结构中间加"之"之后,《齐齐哈尔师院学报》第4期。
邢福义,1995,NVN造名结构及其NV|VN简省形式,见邢福义《语法问题思索集》,北京语言学院出版社。
邢福义,1995,动词做定语要带"的"字,见邢福义《语法问题思索集》,北京语言学院出版社。
邢福义,1996,《汉语语法学》,东北师范大学出版社。
邢公畹,1983,词语搭配问题是不是语法问题,见邢公畹《语言论集》,商务印书馆。
邢公畹,1997,一种似乎要流行开来的可疑句式——动宾式动词+宾语,《语文建设》第4期。
邢欣,1987,简述连动式的结构特点及分析,《新疆大学学报》第1期。
邢欣,1995,递系式,见胡裕树、范晓主编《动词研究》,河南大学出版社。
熊文华,1997,谈汉语短语的语法手段与结构方式,《云梦学刊》第2期。
徐烈炯,1988,《生成语法理论》,上海外语教育出版社。
徐烈炯,1990,词汇-函项语法,《国外语言学》第1期。
徐烈炯,1994,与空语类有关的一些汉语语法现象,《中国语文》第5期。
许德楠,1999,论 O_2V_2N 格式产生的条件,《世界汉语教学》第3期。
薛红、叶研,1988,连动式和递系式重合,《语言教学与研究》第1期。
言一兵,1965,区分"的"的同音语素问题,《中国语文》第4期。
杨成凯,1986,"兼语式"分析,见《语文论集》(二),外语教学与研究出版社。
杨成凯,1987,小句作宾语的划界问题,见《句型和动词》,1987。
杨成凯,1991a,词类的划分原则和谓词的"名物化",见《语法研究和探索》(五),语文出版社。
杨成凯,1991b,动词做主宾语是汉语的语法特点吗,《汉语学习》第6期。
杨成凯,1992,广义谓词性宾语的类型研究,《中国语文》第1期。
杨成凯,1996,连动式研究,第九次现代汉语语法讨论会(哈尔滨)论文,1996。
杨洪升,1993,动宾结构和偏正结构的辨析问题,《绥化师专学报》第3期。
杨庆蕙等,1995,《现代汉语离合词用法词典》,北京师范大学出版社,1995。
杨桐,1984,试论现代汉语中的特殊偏正词组,《华南师范大学学报》第3期。
杨锡彭,1992,粘宾动词初探,《南京大学学报》第4期。
杨晓黎,1983,V前修饰成分的考察,《安徽师范大学学报》第1期。
杨亦鸣、李大勤,1994,试论主语槽中的"NP的VP"结构,见邵敬敏主编(1994)。

姚汉铭，1981，试谈复合动词向名词转化的方式，《青海师范学院学报》第4期。

尹世超，2001，几种常见的标题格式，中国语言学会第十一届学术年会论文（扬州）。

余健萍，1957，动词作定语用"的"的问题，《语文学习》第3期。

俞敏，1982，谈谈动宾关系，见《教学语法论集—全国语法和语法教学讨论会论文汇编》，人民教育出版社。

俞士汶等，1998，《现代汉语语法信息词典详解》，清华大学出版社。

喻芳葵，1984，普通名词能否作状语，《江西大学学报》（哲学社会科学版）第4期。

袁毓林，1988，论句法的强制性——从一类N1N2名词的句法语义分析展开，《汉语学习》第1期。

袁毓林，1991，祈使句式和动词的类，《中国语文》第1期。

袁毓林，1996，语言的认知研究和计算分析，《语言文字应用》第1期。

袁毓林，1998，《语言的认知研究和计算分析》，北京大学出版社。

袁毓林、郭锐主编，现代汉语配价语法研究（第二辑），北京大学出版社，1998。

约翰内斯·恩格尔坎普，《心理语言学》，陈国鹏译，上海译文出版社，1997。

岳辉，1996，试论"V+了+T+的+N"，《北方论丛》第3期。

曾采琴，1995，定心结构与动宾结构的变换方式和意义，《暨南学报》第1期。

曾采琴，1997，定心结构与主谓结构的变换方式及意义，《广西师范大学学报》第1期。

詹斯·奥尔伍德等，1984，《语言学中的逻辑》，王维贤人译，湖北人民出版社。

詹卫东，1997，PP<被>+VP1+VP2格式歧义的自动消解，《中国语文》第6期。

詹卫东，1998a，"NP的VP"偏正结构在组句谋篇中的特点，《语文研究》第1期。

詹卫东，1998b，关于"NP的VP"偏正结构，《汉语学习》第4期。

张斌，1989，《汉语语法研究》，商务印书馆。

张斌，1998，《汉语语法学》，上海教育出版社。

张斌主编，1996，《现代汉语》，中央广播电视大学出版社。

张斌主编,2002,《新编现代汉语》,复旦大学出版社。
张伯江,1993,"N 的 V"结构的构成,《中国语文》第 4 期。
张伯江,1994a,领属结构的语义构成,《语言教学与研究》第 2 期。
张伯江,1994b,名词功能游移的生命度解释,第四届现代汉语语法研讨会论文。
张伯江,1994c,词类活用的功能解释,《中国语文》第 5 期。
张登歧,1997,汉语合成动词的结构特点,《中国语文》第 5 期。
张国宪,1989,"动 + 名"结构中单双音节动作动词功能差异初探,《中国语文》第 3 期。
张国宪,1990,单双音节动作动词搭配功能差异研究,《上海师范大学学报》第 1 期。
张国宪,1993,说隐含,《中国语文》第 2 期。
张国宪,1994,双音节动词功能增殖探讨,见邵敬敏主编(1994)。
张国宪,1996a,动词的动向范畴,第九次现代汉语语法学术讨论会(哈尔滨)论文。
张国宪,1996b,动词的句法位置与同现制约,新时期语法学者学术研讨会(武汉)论文。
张国宪,1997,"$V_{双}$ + $N_{双}$"短语的理解因素,《中国语文》第 3 期。
张国宪,1998,略论句法位置对同现关系的制约,《汉语学习》第 1 期。
张济卿,1995,论"兼语式"及其关连语法,《现代语言学》第 34、35 期。
张静,1980,《新编现代汉语》,上海教育出版社。
张静,1987,《汉语语法问题》,中国社会科学出版社。
张敏,1991,语言研究中的认知观,《国外语言学》第 4 期。
张敏,1998,《认知语言学与汉语名词短语》,中国社会科学出版社。
张世年,1995,"V 的 N"的语义和句法分析,《南京师范大学学报》第 2 期。
张寿康、林杏光,1992,《现代汉语实词搭配词典》,商务印书馆。
张晓铃,1984,N 的 V 结构试析,《杭州大学学报》(增刊)总第 2 辑,1984。
张学成,1991,动词名化和名动词,见《语法研究和探索》(五),语文出版社。
张谊生,1996,交互类短语与连介兼类词的分化,《中国语文》第 5 期。
张谊生,1998,交互动词的配价研究,见袁毓林、郭锐主编(1998)。
张谊生,2000,《现代汉语副词研究》,学林出版社。

章天明、齐沪扬，2001，“动宾组合+处所宾语”格式新解，《世界汉语教学》第2期。
赵金铭，1984，能扩展的“动+名”格式的讨论，《语言教学与研究》第2期。
赵惜微，1987，试论“N的V”词组，《北方论丛》第5期。
赵惜微，1997，N的V句语义结构分析，《学术交流》第2期。
赵元任，1979，《汉语口语语法》，吕叔湘译，商务印书馆。
郑定欧、沈阳主编，1995，现代汉语配价语法研究，北京大学出版社。
周国光、张国宪，1994，汉语的配价语法理论研究，《语文建设》第9期。
周丽萍，1999，动宾式离合词的多维考察，《上海师范大学学报》（人文学院文基班学生论文专辑）。
朱德熙，1956，现代汉语形容词研究，《语言研究》第1期。
朱德熙，1961，关于动词形容词“名物化”的问题，《北京大学学报》第4期。
朱德熙，1966，关于说“的”，《中国语文》第1期。
朱德熙，1980，汉语句法中的歧义现象，《中国语文》第2期。
朱德熙，1982，《语法讲义》，商务印书馆。
朱德熙，1983，自指与转指，《方言》第1期。
朱德熙，1984，关于向心结构的定义，《中国语文》第6期。
朱德熙，1985，《语法答问》，商务印书馆。
朱德熙，1985，现代汉语书面语里的虚化动词和名动词，《北京大学学报》第5期。
朱德熙，1990，《语法丛稿》，上海教育出版社。
朱景松，2000，现代汉语里的三价动词，见《配价理论与汉语语法研究》，语文出版社。
朱曼殊，1990，心理语言学，华东师范大学出版社。
朱曼殊、武进之，1981，影响儿童理解句子的几个因素，《心理科学通讯》第1期。
朱敏，2000，对外汉语教学中的配价研究及动宾复合动词的配价，见《对外汉语教学的理论与实践》，南京师范大学出版社。
朱小雪，1989，G. Helbig的价语法理论及其实用语法模式，《国外语言学》第1期。
邹韶华、张俊萍，1996，试论动词连用的中心，第九次现代汉语语法讨论会

(哈尔滨)论文。

Allen, James. 1987. *Natural Language Understanding*. The Benjamin / Cummings Publishing Company, Inc.

Bresnan, Joan. 1982. *Lexical-Functional Grammar: A Formal System for Grammatical Representation*, in *The Mental Representation of Grammatical Relations*. Cambridge Mass: The MIT Press.

Carlson, G. N. & M. K. Tanenhaus. 1988. *Thematic Roles and Language Comprehension*, in *Syntax and Semantics 21: Thematic Relations*. Academic Press, Inc.

Chao, Yuen Ren. 1968. *A Grammar of Spoken Chinese*. Berkeley and Los Angeles: University of California Press.

Leech, G. 1981. *Semantics: The Study of Meaning* (2nd ed.), Harmondsworth: Penguin.

Li, C. N. & S. A. Thompson. 汉语语法·递系句(黄宣范译).文鹤《语文研究》丛刊。

Li, Yafei. 1983. *On Deriving Serial Verb Constructions*, in *Serial Verb: Grammatical, Comparative and Cognitive Approaches* (*SSLS8*). Amsterdam/Philadelphia: John Benjamins Publishing Company.

Mørve Enü. 1993. 句法—语义接口，陈养铃译，《国外语言学》第3期。

Newmeyer, F. J. 1985. 评莫尔和卡林合著的《语言理解》，肖止戈译，《国外语言学》第1期。

Nirenburg, S. & L. Levin. 1991. *Syntax-Driven and Ontology-Driven Lexical Semantics*, in *Lexical Semantics and Knowledge Representation*. Berkeley, CA: First Siglex Work Shop.

Palmer, F. R. 1987. *The English Verb* (2nd. ed.), London: Longman.

Rappaport, M. & B. Levin. 1988. *What to Do with θ-Roles*, in *Syntax and Semantics 21: Thematic Relations*. Academic Press, Inc.

Steinberg, D. 1982. *Psycholinguistics—Language, mind, and world*. New York: Longman Inc.

索　引

（按汉语拼音音序排列，数码为所在章节）

J

K

L

M

N

P

Q

R

S

T

V

后　记

这本书是我和研究生们多年辛劳的结果，是我和研究生们共同拥有的科研成果。当这本书即将付印的时候，我心中是十分激动的。

现代汉语语法研究中，短语的重要性近年来逐渐为学者们重视；但选择怎样一个角度切入，对短语这种比较特殊的语法单位如何进行分析，却也成为使学者们感到困惑的问题。1988 年，当我承担了上海市教委“现代汉语短语的句法语义特征及理解策略的研究”重点科研项目，接着又承担了上海市教委博士点建设基金“面向信息处理的短语结构分析”科研项目后，我和研究生们一直在思索“如何切入”的问题。经过多次讨论，乃至多次争辩，我们决定把研究的目标放在“面向中文信息处理”上，把研究的对象放在“有形态标志的短语”上，并最后决定主要研究“与名词、动词相关的短语”。我们认识到，与名词、动词相关的短语的问题决不是一两篇论文可以解决的，这项研究也不是一两个人可以完成的。为此，我们拟订了一些“与名词、动词相关的短语”的专题，集中了 97 级、98 级 7 位研究生，之后，又加入了 99 级的 3 位研究生，共同打科研上的“歼灭战”。到 2002 年 6 月答辩结束，研究生们一共写了 10 篇“与名词、动词相关的短语”的硕士论文。

在研究生们撰写论文的同时，我自己也承接了由世界银行贷款资助的，上海普通高校九五重点教材《现代汉语短语》的撰写任务。这段时间里，我和研究生们脑子里只是“短语”两个字，想的是短语，谈的是短语，写的也是短语，不仅指导研究生写短语，自己居然也在写短语，真正做到了教学相长，研教互补。一些不宜在教材里出现的语料、语料分析和语例解释，只能在研究生们的论文中得以体现。因此,我一直有这个想法,要把“与名词、动词相关的短语”整理出版。

然而,使我感到愧疚不安的是,《现代汉语短语》作为“语法教学与分析”系列教材已在2000年由华东师范大学出版社出版,在2001年获得上海市教学成果一等奖,2002年又获得全国优秀材料二等奖,而能真正体现我和研究生们对与名词、动词相关的短语的认识和理解的这本书,却迟迟难以问世。近几年来,在繁忙的工作、研究之余,每每想到此,心中便有一种不安,一种隐痛。2002年9月,延边大学《汉语学习》的编辑姚占龙到上海师范大学攻读博士学位,他主动承担了整理本书稿的重担。此后,我和他在选篇、编排、增删、体例等问题上多次商讨,大致形成了这本书的雏形。一年之后的2003年8月,这本书才得以脱稿,其中的甘苦,也不亚于当年对研究生的指导。

2001年我被聘为北京语言大学对外汉语研究中心兼职研究员,这本书能在北京语言大学出版社出版,是研究中心对兼职研究员的学术支持,在此,我要表示深切的感谢。

赵金铭先生和范开泰先生为这本书稿惠赠序言,我十分感动。这些年来,他们在学业上对我的扶持和奖掖,我终身难忘。

感谢上海师范大学社科处,组织专家对书稿进行评审,最后决定给予本书以部分的出版资助。

本书各章节的撰写由下列人员完成:引言:姚占龙;第一章:谢白羽;第二章:唐依力;第三章:潘国英;第四章:章天明;第五章:连蜀;第六章:王爱红;索引部分:丁婵婵。

2003年8月于上海师范大学

（京）新登字157号

图书在版编目（CIP）数据

与名词动词相关的短语研究/齐沪扬等著.
-北京：北京语言大学出版社，2004
ISBN 7-5619-1321-4

Ⅰ.与…
Ⅱ.齐…
Ⅲ.汉语-短语-研究
Ⅳ.H146.3

中国版本图书馆CIP数据核字（2004）第023633号

书　　名：与名词动词相关的短语研究
责任印制：乔学军

出版发行：北京语言大学出版社
社　　址：北京市海淀区学院路15号　邮政编码100083
网　　址：http://www.blcup.com
发行部电话：82303648　82303591
E-mail：fxb@blcu.edu.cn
印　　刷：北京北林印刷厂
经　　销：全国新华书店

版　　次：2004年9月第1版　2004年9月第1次印刷
开　　本：850毫米×1168毫米　1/32　印张：11.5
字　　数：268千字　印数：1-3000册
书　　号：ISBN 7-5619-1321-4/H·04025
　　　　　2004 HW 0001
定　　价：25.00元

凡有印装质量问题本社负责调换，电话82303590。